体育与城市
互动提升论

——基于成都建设世界赛事名城

虞继光　张晁宾　李 缨　著

INTERACTIVE
PROMOTION OF SPORTS
AND CITIES

Based on Chengdu to Build
a World-Famous Sports City

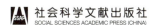
社会科学文献出版社
SOCIAL SCIENCES ACADEMIC PRESS (CHINA)

序　言

刘海贵

　　继光博士新近担纲完成了一部书稿，请我作序。作为他在复旦大学新闻传播学博士后流动站从事博士后科研工作期间的导师，我已经记不清楚这是第几次给他的论著作序了，看到学生连续多年不断有学术成果问世，心里的愉悦是不言而喻的。

　　唯一令人意外的，是在继光把书稿的目录发给我以后，从章节目录来看，这部论著跟他这些年的主要研究方向似乎没有太多关联，难道是赶时髦，借着国内许多城市建设世界赛事名城、体育名城的机会，凑数出书？我迅速就打消了这一疑虑：继光转入高校从事科研、教学工作之前，曾以"马知远"的笔名在成都新闻界打拼多年，成为当地有一定名气的体育记者，对于体育传播尤其是体育预测性报道颇有心得，当年我给博士生开设预测性新闻研究的课程时，还特意请他跟同学们交流过自己的采写经验；而且，多年来继光在体育传播领域持续耕耘，2007年即出版过专著《奥林匹克传播论》，2019年又推出了新的专著《武术精准传播研究》，至于体育传播方面的学术论文更达到几十篇之多，我们曾经合作撰写过体育传播领域的多篇学术论文，他的实践经验、学术积淀都很扎实，完全有能力把这本论著写好。

继光在微信交流中告诉我，这部书内容比较浅显，阐释的是一个看起来很容易理解的道理——各城市积极申办重大体育赛事，目的是通过这个过程进行基础设施、组织能力建设，以此促进城市全面发展；这一逻辑还可以倒过来理解，一座城市要获得大型赛事的举办机会，必然要具备一定的基础和先决条件，例如齐全的体育场馆和其他设施、较强的赛事动员和组织能力等，而这些恰好又是城市发展到一定水平的必然结果……进一步分析，还有两个因素相互关联、互为因果：城市功能不断完善、赛事丰富、体育产业发达，都能够直接促进市民素质全面提升，帮助他们实现全面发展；反过来，市民综合素质稳步提高，又对赛事顺利举办、城市全面进步发挥着重要作用，市民积极参与体育运动和健身锻炼，产生巨大的体育需求，则是体育产业飞跃发展的前提……

不过，这些"绕口令"式的逻辑关系阐述，我觉得要清晰论述起来颇为不易，那么多内容纷繁复杂、相互缠绕，如何能条分缕析、把它们区分开来？这显然很考验写作者的技巧和文字驾驭能力。细细读下来，发现几位作者在文字上的处理还是非常巧妙的，他们将全书的基本框架浓缩为"城市、体育与人（市民）的互动关系"，然后用几个很贴切的比喻，把这些要素之间的关系刻画得颇为明晰——城市是现代体育的"孵化器"、体育是城市民众的"活力源"、赛事是城市发展的"推进剂"、市民是城市体育的"主人翁"，一下子就把诸多要素的角色、定位和重要性充分凸显出来，然后充实各部分内容，使全书阐述井然有序、内容和逻辑都很严密。

在一些细节处理上，几位作者也显示出较高的技巧，人们都知道东西方体育理念存在很大反差，对于体育的看法也不尽相同，如果对比分析会非常庞杂，但作者在处理时避开了烦琐的论证和对比。例如书中论及"体育促进市民全面发展"这一重大主题时，巧妙地将顾拜旦的名篇《体育颂》与毛泽东的经典论述《体育之研究》展开比较，两篇作品发表时代接近，且作者是东西方体育理念具有代表性的人物，他们的作品很能代表不同的体育观，而他们理念上的共通之处则显示了人类对于体育功能认识的高度趋同。如此处理，不仅文字简洁，而且很有说服力。

　　该书作者在观点、文字处理上"化繁为简"的能力还直接体现在全书最后一章中。本书基于"成都建设世界赛事名城"视角展开论述，自然无法回避国内众多中心城市竞相建设赛事名城、体育名城、体育之都等现实环境，针对在此进程中找准成都市的特殊地位、彰显优势等，提出自己的对策和建议。我个人欣喜地看到，书中提出了许多建设性的意见，除了常见的夯实基础、弥补短板等观点之外，还别出心裁地提出了各城市差异竞争、协同发展等观念，让人耳目一新：国际大型赛事数量有限，国内众多城市一味强调竞争，不免形成"正面对抗"，为此有必要相互协调，在许多方面形成差异化态势，各有各的特色和优势，既能避免重复建设、资源浪费，又能在全球顶级赛事如奥运会、世界杯足球赛等申办过程中相互配合、形成合力，争取赢得赛事举办机会。实际上，这些理念对继光博士他们而言明显带有"厚积薄发"的色彩，多年从事体育新闻报道的经历，以及长期以来的思考为他们奠定了坚实的基础，许多点子都储存在头脑里，如今自然可以"信手拈来"，看似简单，却为全书意境的升华起到了关键性作用。

　　我也知道，这本论著只是继光博士学术生涯中的一个逗号，去年金秋时节在上海复旦大学举行"媒体融合发展时期新闻传播实务变革高峰论坛"时，他就跟我汇报过他的学术规划，他自己戏称为个人的"211 工程"：撰写 20 部论著，发

表 100 篇 CSSCI 来源期刊论文及 100 篇核心期刊论文，还说前两项规划进展比较顺利，目前分别完成将近八成的任务了，本书即他的第 15 本论著。我相信，凭着他的刻苦精神，未来几年里他终究能够完成自己树立的目标，让自己的学术成果名录更加丰富——我只是有一点好奇，接下来他还会不会撰写体育领域的学术专著？如果答案是确定的，他究竟会写什么内容呢？或许，过不了多久我们就能知晓结果。

我期待继光博士再出新的论著。

是为序。

2020 年暮春于沪上复旦园

（刘海贵教授　复旦大学新闻学院教授、院学位委员会主席、博士生导师，国家二级教授，国家社科基金重大招标课题首席专家，2016 年荣获第四届范敬宜新闻教育奖良师奖。）

目 录
CONTENTS

绪 论

城市、体育与人的互动关系

"成都建设世界赛事名城"是本书研究的直接切入视角，各种体育赛事，尤其是大型体育赛事所表现出的媒介意义显而易见，它们能迅速提高举办城市的知名度和美誉度，增强城市软实力和影响力。人们也应该清醒地认识到，赛事不能脱离体育单独存在。体育是赛事与城市之间必不可少的中介和纽带，一座城市如果没有营造出良好的体育氛围，没有形成良好的体育精神、气质，很难获得重要体育组织的青睐，难以赢得承办重大体育赛事的机会。体育是赛事的上位概念，探讨城市与赛事的相互关联，必然要着重分析城市、体育之间的互动关系。本书对"互动"的定义采纳社会互动论的基本观点：两个或两个以上的个体存在相关关系，且相互采取行动，便形成社会互动，即通过各种表现相互依赖性的行为，在社会运行过程相互交往、彼此沟通。① 在此意义下，城市、体育之间应当着重构建一种良性的互

---

① 邓伟志主编《社会学辞典》，上海辞书出版社，2009，第37页。

动关系：城市为体育运动提供基础支撑，体育则极大地助力城市发展和进步。

其实，在城市、体育良性互动关系构建过程中，还有一个重要甚至最为关键的核心要素不可或缺，那就是人。因此，本书真正探讨的是体育、城市与人（市民）之间的良性互动关系：城市的发展、体育的兴盛，最终要服务于人这一主体，从不同层面促进人的全面发展、进步；而市民整体素质得到较大幅度提高，同样有助于当地体育运动蓬勃发展，进而对城市建设、发展起到积极的推动作用，几大要素在如此互动过程中实现互相促进、相互提升，达到更完善的状态。

一　城市与体育

人类体育大体上可划分为古代体育、现代体育两大类，两者表现出许多共同点，都是以身体为表现形式的自我活动，都以发展人类身体为主要目标。但是，古代体育缺乏高度的自觉性，不乏来自动物时代的本性；现代体育则不仅仅是一种身体运动，更被认为是社会教育体系的有机组成部分，形成了特色文化，从这一视角考察，现代体育更符合现代人类的需求。实际上，无论是古代竞技体育的发展与繁盛，还是现代体育的滥觞和发展都与城市有着密切的关联，完全可以说城市是体育兴起的重要基础。

城市被认为是人类的伟大创造之一，也是人类社会进入文明时代的鲜明标志。在现代人心目中，"城市"是统一的地理概念，是人口集聚、周密分布而形成的较大规模的居民点，区域内还有比较明确的功能区分，一般都有住宅区、商业区和工业区等，公共设施较为集中、完备往往是城市与乡村的重要差别。但在古代，即"城市"发展的最初阶段，"城"与"市"

有着明显的分野。"城"是作为军事地标而树立起来的,是用城墙等圈、围起来的特定地域,主要用于军事防卫,保护其间的人们平安生活,免受侵略和掠夺;"市"则是人们进行交易的场所,《易经·系辞下》曰:"日中为市,致天下之民,聚天下之货,交易而退,各得其所。"这种原始的集市最初可能没有固定地点,但随着交易行为常态化,人们必然会固定地点、时间,以便顺畅地进行物品交换,被人们选中的固定地点通常是交通便捷、人员往来众多的道口、要冲或码头等,"市"的地理地位逐渐稳固,在这里除了互换物品,开展信息交流也是应有之义。

固然,人类早期的"城"和"市"在功能上可以截然区分,但其融合是不可阻挡的历史潮流。随着时间的推移,人类逐渐发现自身的安全保障与衣食住行等同等重要,必须有机结合、相辅相成,才能充分提高生活质量。从根本上说,城市的起源包括因"城"而"市"和因"市"而"城"两类,最终都能满足人们对于生活便利、安全保障的双重需要。因"城"而"市"指城市形成是"先有城后有市",在古代的战略要地和边塞要冲等处,人们修筑"城墙",圈地为城,居住在里面安全就有了保障,这种状况理所当然吸引更多人来此定居,人们要满足自己的衣食住行等日常生活需要,不免与他人开展交易活动,在城内选择适当的区域、地点为"市"成为必然。因"市"而"城"的发展路径则相反,固定的"市"为人们提供了交易中心和聚集中心,生活必需品变得丰富,极大地改善了生活条件,但这里没有城墙作为屏障,居民安全缺乏保障,在此背景下人们可能自行筑城,也可能借助官方力量修筑城墙,从而获得"城"的护卫,由此在"市"的基础上形成"城"。

早在农耕时代,城市雏形已经逐渐出现,但其核心作用与现代城市迥然不同。当时城市的重要功能是军事防御和物品交换，在人类经济生活中发挥着消费中心的作用，生产功能尚不够发达，由于当时人类生产力水平较为低下，能够用于交换的商品并不充裕，人们对于城市的依存程度自然也不高，桎梏了城市的人口聚集作用，城市发展较为缓慢。有人论述道：在中国古代，"城"与"市"自逐渐开始结合到最终"合二为一"，经历了几百年之久。春秋战国之际，才是中国历史上具有真正意义的城市诞生之时。①

　　按照学者的分析，"真正意义上的城市诞生"有一些基本的表征，例如社会生产发展到一定程度，促进"城市"区域内人口明显增多、聚居点显著增加，区域内手工业与商业都得到较快发展。这些既可以被视为社会发展的结果，也可以被理解为社会进一步发展、进步的起点，因为它们会促使人们的理念转变、逐步认识到借助"市"开展商品交换的价值和意义：一方面可以为统治集团提供便利、舒适的生活条件，另一方面可以使城墙圈定的区域增强自给自足的能力，从而强化防卫能力，避免因为被敌人围困而失去生活保障能力。在我国春秋战国时期诸侯国林立的社会背景下，工商业发展与诸侯国的富强形成了直接且密切的关系，区域内部手工业作坊出现并增多、商业兴起及商品交换活跃，在很大程度上可以辅助甚至拓展"城墙的防御功能"，由此促进形成统一、有机的复合体——城市。

　　具有有机整体性的城市形成之后，其职能、成分和基本特征等日趋复杂、多样化，不仅在事实上成为国家或地区的政治、经济和文化的相对中心，而且是行政、生产、文化、居住

---

　　① 张全明：《论中国古代城市形成的三个阶段》，《华中师范大学学报》（人文社会科学版）1998 年第 1 期。

和交通等系统在空间上的统一体，还是人们在生产和生活方面利用和改造自然的有机联系的环境。①

真正意义上的城市兴起是人类走向成熟的重要标志之一。就经济角度而言，它为稳定、频繁的物品交换提供条件，是人类经济发展到一定阶段的产物；从居住环境来看，它为人们大规模集中居住提供了便利，是人类群居生活走向高级阶段的表现；从总体上看，城市更能同时满足人们享有日常生活便利、获得安全保障的基本需求，是人类社会进一步走向文明的标志。

真正意义上的城市形成以后，不仅作为一个特定的地域空间存在，而且作为一种重要的社会组织形式存在。城市在更加集中的空间区域内容纳数量较多的居民，在这一场所内居住的居民同时得以享受城市提供的安全保障等公共服务，居民被公共服务"屏障"起来而安居乐业。此外，城市积聚了更大规模的物质和文化力量，也借助空间区域的拉近大大提高了人类各方面沟通的效率：城市提供了一个物资、信息汇聚的处所，城市内部以及其与外界都存在人员、物资、信息和社会活动的交往与流通。

从人类文明演进的视角来看，城市是人类的生存方式，人类历史上的城市化进程对于体育的影响是非常深刻的。因为城市为体育资源的集中、有效匹配提供了现实可能性，如果没有城市作为物理空间载体，众多体育资源难以汇聚在一起以供给人们使用、消费。体育起源于人类的生产劳动，发展于人类的游戏活动，最终形成于人类的社会化生产，脱离了生产劳动、游戏活动的带有自觉性的竞技体育运动，需要一定的公众基

----

① 张全明：《论中国古代城市形成的三个阶段》，《华中师范大学学报》（人文社会科学版）1998 年第 1 期。

础，尤其需要相对稳定的参与群体，也需要专门的运动场地与公共设施等，同时还有赖于体育文化和意识的传播与累积，这些都注定了体育只能在城市广泛铺开，因而竞技体育也是城市文化的产物。古代诸多竞技体育运动都出现在当时的中心城市，例如被公认为足球前身的蹴鞠就起源于齐国都成临淄，《战国策》记载临淄人民生活富庶殷实，人们除了爱好蹴鞠之外，还以斗鸡、走犬、六博等为乐。古希腊的例子更加明显，古代奥林匹克运动会就是在城邦的基础上诞生的。希腊一度建立了200多个城邦，各城邦之间战争不断，为此各城邦都积极训练士兵，而体育是培养士兵的有力手段。战争促进了希腊体育运动的开展，古代奥林匹克运动会比赛项目带有明显的军事烙印，后来才逐渐变为代表和平与友谊的体育盛会。

现代体育的兴起是人类进入文明社会的重要标志之一，工业革命对其产生了至关重要的影响。发端于英国的工业革命促成了工业化和城市化，直接推动了现代体育的形成。第一，工业革命创造了巨大的物质财富，惠及社会各阶层，最突出的表现是中下层人民生活水准提高，拥有一定的空余时间参加体育运动和其他休闲活动，这一社会变化导致先前的体育贵族化色彩日益淡薄，为实现体育大众化奠定了基础。第二，工业革命带来的产业变革和发展刺激了人口流动，大量农村人口流入城市，促使城市规模进一步扩大，居民数量急速增加，为开展大型体育竞技活动提供了基础条件和参与人群。第三，工业革命促进了科技进步和制造水平的提升，使建造舒适、先进的体育场馆，生产安全、成套的运动器械成为可能，为人们参与体育运动提供了极大的便利条件。第四，工业革命带动了基础设施尤其交通条件的改善，体育人口流动更趋便捷，体育运动由区域性逐步拓宽到全国性、世界性，运动规模迅速扩展。第五，工业革命促进了通信、传媒业的发展，体育日渐商业化、产业化，对更多市民产生了强大的吸引力。此后，以城市为中心的体育运动体系稳步建立，并对周边形成了极大的辐射力。

二 体育与市民

市民是一座城市的灵魂，其素质直接影响着城市的整体水准和对外形象，并在很大程度上制约着城市的发展高度、速度和进度等。体育对于市民发展的重要促进作用，在很大程度上体现为体育运动能够提升市民素质：无论是作为个体还是作为群体的市民，都能够从体育中得到诸多好处，无论具体形式是亲身参与体育运动，还是仅仅观赏体育竞赛、演出，欣赏他人的体育活动。

尽管"体育"一词耳熟能详，但在学术层面"体育"有狭义和广义两种迥然不同的含义。

如果仅仅将体育运动视为人类生命运动的一种高级行为方式，这种活动促使生命运动自由、自觉，人们通过持续参加体育锻炼使自己体魄强健、精力旺盛，获得生生不息的活力，推动自身全面发展，则对应了狭义的"体育"概念。在这一概念下，体育就是身体教育，是通过身体活动，增强体质，传授锻炼身体的知识、技能、技术，培养道德和意志品质的有目的有计划的教育过程。它是教育的组成部分，是培养全面发展的人的一个重要方面。[①] 人们通常以这个概念评价体育及其社会功能体现。

如果将体育看成一种复杂的社会文化现象，它以身体与智力活动为基本手段，不仅促进全面发育、提高身体素质与运动能力、提升自身所接受的教育水平，而且能够改善生活方式、提高生活质量，则对应广义的"体育"概念。广义的体育即

---

① 体育概论编写组编《体育概论》，北京体育大学出版社，2013，第12页。

体育文化活动，它以身体练习为基本手段，以增强体质、促进人的全面发展、丰富社会文化生活和促进精神文明建设为目的，是一种有意识、有组织的社会活动。它是社会总文化的一部分，其发展受到社会政治和经济的制约，也为社会的政治和经济服务。作为体育文化的组成部分，体育是根据人生理、心理发展规律，以专门性的身体活动为基本手段，增强体质，发展人体运动能力，提高人们生活质量的一种有目的、有价值的社会活动。①

其实，不管是将体育视为身体活动，还是将其看成文化活动，都对人们具有重要的价值和意义。现代社会要求人的素质适应社会发展的需要，身心全面发展、具有现代人格，即达到智商和情商"双高"。体育在此过程中显然不能"缺席"，对于市民个人而言，体育运动是使人体机能、体能处于最佳状态的有效手段，科学合理的体育运动不仅能够促使个体四肢发达、身体健康，而且有助于增进智力、充沛精力，使人的社会适应能力更强，因而是提高生活质量、保证健康生活方式的重要方式。由于体育已成为现代生活方式的一个重要标志，市民群体都自觉坚持锻炼身体、强健体魄，能够反映一座城市、一个国家的文明，显示社会的进步。

体育还是现代社会里人们重要的休闲手段。一方面，现代科技迅猛发展极大地提高了生产率，使人们获得了更多余暇；另一方面，工作、劳动过程中人们的紧张程度等也在不断增加，人们往往感受到比以往更大的工作压力。在这种背景下，人们普遍渴望高雅、文明、健康、有益的休闲方式，以缓解紧张的工作节奏带来的巨大的压力，寻求身心放松、人性回归。

---

① 颜天民：《体育概论、体育史、奥林匹克运动、体育法规》，广西师范大学出版社，2000，第3页。

人们在体育运动中自由地宣泄压抑，感受生命的活力和潜能，体验发自内心的愉悦，这些都让人们把体育运动作为休闲的核心方式之一，具体方式并不局限于自身参与体育锻炼，通过欣赏高水平的体育竞赛或表演等感受力与美，同样可以获得愉悦感。

良好的体育精神同样是体育带给市民的宝贵财富。体育精神是通过体育运动形成并集中体现为人类力量、智慧与进取心理等最积极的意识的总和，它既包括了人类挑战自然、与自然抗争不屈服的精神，也包括了人类不断向自身挑战的精神。在体育运动中，拼搏、奋进都不可或缺，奥运格言"更快、更高、更强"直接表达了自强不息、超越自我的拼搏精神，时刻鼓舞、感染着人们投身于火热的体育运动；体育运动鼓励竞争，奖励胜利，但同样强调规则，追求"公开、公平、公正"的竞争，随时向人们灌输规则意识和自律准则；许多体育运动是团体项目，需要团队合作完成，在运动中既需要展示自我、张扬个性，充分发挥个人的运动天赋和潜能，也需要与队友紧密配合、相互支持、相互协作。现代社会充满了挑战、竞争，同时需要团结与协作，良好的体育精神能够深刻地影响、指导人类的生活方式和生存态度，对于人们形成适当的处世态度和原则有积极作用。

三 市民与体育

市民对于体育的重要性同样不可小觑，他们并非被动地被体育改变，而是主动介入体育运动，在其中发挥主体地位。

当今世界，衡量一个国家是否属于"世界体育强国"，主要考察三大标准：一是竞技体育的成绩，主要表现为奥运会等大型赛事上取得的成绩；二是体育产业的强弱，其中一项重要指标是职业联赛的发展水平；三是社会体育、群众体育的发展水平,核心指标是体育人口数量。由此可见,自觉成为"体育人口",是市民介入体育运动、为体育发展做出贡献最直接的表征。

按照通常的定义,体育人口是指在一定时期、一定地域,经常从事体育锻炼、健身娱乐,接受体育教育,参加运动训练和竞赛,以及其他与体育事业有密切关系的、具有统计意义的社会群体。[①] 体育人口是一项重要的社会体育指标,反映了人们对体育的参与程度及亲和程度,体育人口数量不断增加,则表明该区域内人们对于体育兴趣增大,关注度提高,与体育运动的关联更密切。

毫无疑问,个人能否被计入"体育人口",与社会环境和个人理念直接相关,因此体育人口的数量不仅受经济社会发展的制约,也与人们较为稳固的体育观念、体育素养有关。我国城乡之间经济、文化等存在较大差距,体育人口的比例也呈现明显大反差,1996 年进行的一项统计调查显示,我国城镇中有 51.23% 的人口参加过体育活动,而农村人口参加过体育活动者仅占 28.97%。国家体育总局发布的《2007 年中国城乡居民参加体育锻炼现状调查公报》采用"经常参加体育锻炼的人"指标替代先前广泛使用的"体育人口"指标,将每周参加体育锻炼频度 3 次及以上,每次体育锻炼持续时间 30 分钟及以上,每次体育锻炼的运动强度达到中等及以上的人,称为"经常参加体育锻炼的人"。在此项指标映照之下,城镇居民有 13.1% 达到"经常锻炼"的标准,乡村居民为 4.1%,城乡差异较大;同时,我国自觉参与体育运动的成年人明显不足,国内学者曾指出:我国的体育人口,如果不算在校学生,连

---

① 卢元镇主编《体育社会学》(第二版),高等教育出版社,2006,第 89 ~ 90 页。

10%都达不到。① 综观全球，经济、社会发展与城市化水平也是影响体育人口比例的核心要素，美国、日本、芬兰、澳大利亚、新西兰等发达国家体育人口通常占全国总人口的70%以上，我国与这些国家相比存在显著差距。

尽管"体育人口"只是衡量社会体育、群众体育的重要指标，但其与竞技体育、体育产业关联度颇高。

按照最简单的两分法，体育人口可以分为实质性体育人口与非实质性体育人口两大类。前者是指直接参加各种身体活动、具身从事体育实践的人，他们在日常生活中采取某种特定的身体练习方法进行体育运动和锻炼，力图提高运动技能、增强体质，进而增进身心健康，改善生活方式，促进人的全面协调完善发展。这些人通常是体育人口的主体，他们既有较好的体育态度、运动锻炼的习惯，又掌握了体育的基本技术和知识，具备了进一步学习体育运动技能的条件，如果这些人处于青少年阶段，完全有机会向更高层次迈进，充实本国本地区竞技体育人才队伍，推动竞技体育水准提升。德国是世界知名的足球运动强国，男女足球运动水准均位居世界前列，一个重要因素是德国拥有坚实的足球金字塔"塔基"——860万足球协会成员，其中至少360万人每天都能踢一场比赛。② 我国号称"乒乓球王国"，同样离不开稳固的"塔基"，保守估计中国乒乓球迷总数在3亿左右，现任中国乒乓球协会主席刘国梁曾说：中国有8000万人会经常打乒乓球，这个数字足以超过世界上许多国家的人口总数，参加乒乓球运动的人多，专业选手选拔自然游刃有余，最优秀的乒乓球运动员是经过层层选拔进入国家队的，中国长期占据全球乒乓球竞技的巅峰

① 张伟：《我国体育人口不到10%》，《新民周刊》2009年11月4日。
② 程彤辉、王烨捷：《中外教练直戳校园足球软肋》，《中国青年报》2015年7月13日，第8版。

也顺理成章。

非实质性体育人口又称"间接体育人口"，其最显著的特征是"动口不动手"，这些人对竞技体育饶有兴趣，对体育运动和竞赛津津乐道，但不直接参与体育运动和锻炼，心甘情愿做体育比赛的观众、看客等。这些人仍然是体育、赛事的有机组成部分，现代的体育竞赛不单是运动员、运动队之间的较量，观众的参与、观看也是不可或缺的部分。间接体育人口作为体育运动尤其是职业体育运动项目的球迷、拥趸等，同样是体育运动发展的重要推动力量，他们的呐喊、鼓励能为运动员在赛场上的竞技带来巨大动力，许多运动员、运动队尤其是职业选手们在主场比赛中往往能取得更好的成绩，为此球迷、粉丝等被视为竞技体育运动重要的参与者之一，许多职业体育俱乐部都积极培育粉丝队伍和群体、尊重他们、与之建立良好关系。俱乐部采取多种路径服务球迷、善待粉丝，优先为他们提供职业联赛的赛季主场套票，经常性地举办各种互动活动增进感情，甚至在客场比赛时为球迷包大巴、包机，送他们去客场为球队助威。

将球迷、粉丝等视为运动队的有机组成部分，也是世界上许多体育组织的一致态度，这一点通过反证可以清晰地看出来。1985年，英格兰利物浦队和意大利尤文图斯队在比利时海瑟尔足球场进行欧洲冠军杯决赛，赛前双方球迷发生激烈冲突，伤亡惨重，死者中包括意大利人32名、比利时人4名、法国人2名、爱尔兰人1名，还有300余人受伤，史称"海瑟尔惨案"，决赛因此推迟1小时进行。事后，欧洲足联对英格兰所有职业球队进行了严厉的处罚——禁止参加欧洲三大杯赛5年，利物浦队更是长达7年被阻止在欧洲三大杯赛之外。此外，由于出现球迷违规、闹事等情形，主队经常遭遇"空场处罚"——球迷不被允许进场观看比赛，从而失去巨大的支持力量。显然这也是将球迷和运动队视为一体的表现。

人们对于体育运动的兴趣、关注度日益增进和提高，自觉亲近体育的意识逐渐浓厚，必然刺激体育消费，推动体育产业发展。在现代社会里，人们愿意把更多的时间、精力和金钱投入体育运动中，不仅购买运动器材和装备、租用运动场馆和设施、付费接受体育运动技能和健身训练等，为参与体育运动提供基础条件，而且通过支付门票和交通、住宿费用，或购买电视和网络节目等方式观赏高水平体育竞赛和表演，丰富自己的体育文化生活。实际上，这些不仅直接促进体育产业发展，而且对当地经济发展、生产总值提升及城市整体进步等做出一定贡献。

总之，在当今世界，城市、体育与人等要素之间存在紧密的关联，在诸多方面相互影响、互为前提和基础。这些要素之间形成良好的互动关系，实现和谐发展，既有利于体育发展、城市进步，所在城市的市民也能从中受益，得到全面发展。

第一章

城市：现代体育的"孵化器"

　　人类社会发展到一定阶段后，城市开始出现，它与农村有着本质的区别，主要体现为生产要素在较为集中、狭窄的地域内高度聚合，由此带动该空间内各种设施紧密分布，呈现高密度状态，这些都与农村表现出的零散状态迥然不同。城市逐渐发展、形成一定规模后，人们相互间的交流、需求大幅度增加，先前"自给自足"的生产方式被打破，由此拉动生产分工细化、专业化趋势逐渐形成，生产效率显著提高，这种生产方式能够创造更多的物质财富，促进经济繁荣，进而使城市内的居民可以享受到更高质量的生活，城市逐渐成为整个区域内的经济体系和社会发展中心。

　　早在古希腊时期，人们对于城市的中心地位和功能就有较为深刻的认识，为此对城市给出了这样的定义：城市是一个为美好的生活而保持很小规模的社区，社区的规模和范围应当使其中的居民既有节制又能自由自在地享受轻松的生活。[1] 著名哲学家亚里士多德也曾言："人们来到城市是为了生活，人们居住在城市是为了生活得更好。"现代人常说的"城市让生活更美好"大体上应该来源于此。

　　人们寻求美好生活体现在许多方面，能够得到各种参与体育的机会自然也在其列，城市恰好通过多种图景促进体育运动的发展，极大地满足了人们的这一需求。人们通常认为，原始体育起源于人类的生产劳动，但现代体育最终形成于社会化生产，从这个意义上可以说体育是源于乡村、成于城市，城市决

---

[1]　张京祥：《西方城市规划思想史纲》，东南大学出版社，2005，第7页。

定了体育的发展状况和所处阶段，尤其现代体育更是伴随着城市化进程而发展。有学者进一步论述说：现代体育与城市的发展有着密不可分的内在联系，无论是竞技体育、商业体育还是大众运动，越是在城市建设发达的地方，发展得越好。体育是一种更适合在城市中开展的活动，即体育的城市化。①

这一点是不言而喻的，城市经济的发展与财富的积累是现代体育得以稳步发展的决定性因素，它从两个方面促进现代体育不断发展：第一，城市为体育运动培养了"人"即市民这一至关重要的要素，世界各国的城市化都与工业化相伴而生，机器大生产极大地提高了生产效率，劳动时间减少了，人们有了大量的余暇，对于体育产生了现实需要，这种社会需求直接刺激了现代体育的发展；第二，为满足市民对于体育运动的需求，城市不断提供开展体育运动所需的各种设施和条件，既包括运动场地、器械等基础性的物质条件，也包括运动技能培训、表演等方面的服务，后来又开拓了传媒服务等，驱动着对体育运动、赛事及体育产业的消费升级。总之，在最基础的层面上，体育的发展依托于城市的兴起，得益于城市社会经济的发展。

城市为体育运动造就"人"

体育是身体各部位的有意识运动，这在形式上与早期人类在体力劳动中的奔跑、跳跃、攀爬、投掷等动作似乎没有实质区别，但进一步分析则不难发现它们其实存在本质上的差别：体力劳动的终极目标是谋求生存，满足自身及家人、族群成员

---

① 何金廖、张修枫、陈剑峰：《体育与城市：德国城市绿色空间与大众体育综合发展策略》，《国际城市规划》2017 年第 5 期。

的物质生活需求，其对象主要是客观世界及其他生物，而体育则是有组织、有计划锻炼身心的一种社会活动，目的是促进身体机能发展、增强体质，从而达到提升运动技能、愉悦身心等效果，其主要目标是改造主观世界。从人类发展历程来看，人类无时无刻不在从事着体力劳动，同时随时在进行各种适应环境的活动诸如对付猛兽、同类袭扰，开展人身防卫，同疾病做斗争，以及教育、娱乐、宗教祭祀等。实施这些行为都需要健康的身体，人们为此开展各种运动强健身体，最早的原始体育也由此产生，其源泉是基于人类多方面的本能需要，功利性目的颇为明显。

但现代体育是在人类深刻认识到体育锻炼重要性，自觉参与体育运动，以谋求更加美好、高质量生活的背景下产生的，工业革命引发的巨大社会变革，是现代体育形成、发展的现实需要和条件。

人类社会大致上经历了天然经济、自然经济与工业经济三种反差巨大的社会形态。在人类社会形成初期，人们只知向大自然索取天然物品，维系人类生存所需的一切物品都是天然产物，自身几乎没有任何能力生产别的生活物质，这种社会即为天然经济社会。此后，人类逐渐学会了种植、畜养及手工制作，在一定范围及程度上改变了绝对依赖大自然获取生存物品的状况，农牧业、手工业逐渐成为人类的主要谋生手段，但人们生产出来的物品基本上仍然处于自然形态；这一时期人类生产活动仍主要建立在自然形成的家庭、村落等基础上，由此形成若干相对独立的自然经济单位，极少有较大范围的社会交往，这种社会形态可以称为自然经济社会。工业革命则推动人类社会逐步进入工业经济社会，"工业"不仅仅是一种生产、劳动方式，更是直接构建起一种社会形态，其显著特点是人类的衣、食、住、行以及娱乐活动等，都脱离了自然物质和自然状态，人工制品取而代之成为人们日常生活、学习、娱乐等活动的必需品。当然，如今也有人提出了"后工业经济"的概念，强调第三产业已经成为经济的主导。

天然经济、自然经济和工业经济三种不同的社会形态，都有与之相适应的体育生活方式。天然经济社会里，人类劳动能力低下，必须随环境的改变而四处奔波，所以原始的体育活动都是集体行动，且功利性极强，纯粹出于个人兴趣的游戏娱乐，几乎没有。而在自然经济时代，生产能力明显增强，人类生活的质量得到提高，闲暇时间随之增加，社会分工初步出现，相对独立的体育活动方式也随之形成，但在自然经济社会中人们在空间结构上表现出封闭性，在时间结构上存在简单重复性，由此形成体育活动极强的地域性，民俗性、体育组织结构和运行中的宗法血缘性，以及程度不等的对于宗教或军事的依附性等特征。①

工业革命以及随后兴起的工业化社会，在整体上加剧了社会生活变革，也因此彻底改变了体育生活的面貌。工业社会总体上各种变化迅速而剧烈，人员和物质在大范围内频繁交往、流通，同时它是普遍化和个性化并存、文化教育在普及基础上逐步高度发达的新社会，这样的社会形态需要与之相适应的体育生活方式，传统的体育生活方式已经无法适应这一需要，新的社会发展作为重要的基础条件，最终促成了现代体育。现代体育的重要特征之一便是体育与民众深入结合，公众广泛参与体育活动，而城市化为现代体育做出的重大贡献之一，是造就了大批量参与体育运动的"人"——市民，他们以自身的需求直接推动了体育的大众化和普及化，促进了体育的极大发展。

---

① 谭华：《现代体育形成的前提条件》，《成都体育学院学报》1995 年第 1 期。

一　市民阶层的兴起

从人类进步的角度来看，城市市民阶层的形成与发展对历史发展有重要的影响。实际上在古代和近代，人类曾经出现过不同意义上的"市民阶层"，其对于体育的影响方式固然存在巨大差异，但它们在整体上推动体育发展是不争的事实。

（一）欧洲古代市民阶层与体育

全球范围内较早形成市民阶层的地区当属地处欧洲的古希腊，因为当时社会属于古典意义上的市民社会，是与野蛮的部落生活相对的生活状况——按照古罗马著名政治家、哲学家西塞罗的观点，市民社会不仅指单个国家，而且是发达到出现城市的文明政治共同体的生活状况。

由于市民的形成要以一定的地理空间——城市作为母体，因此人们通常认为欧洲的"市民阶层"早在公元前8世纪开始的古希腊城邦时代就已经萌生，有人对古希腊文化展开考察和分析后发现，在其体育发展进程中，城邦发挥了关键性的作用。

古代希腊城邦一般是以一座城市为中心、连带周边乡村地区而形成的独立国家。当时希腊半岛上城邦林立，彼此之间不断爆发战争，为此各城邦都运用体育手段培养士兵，战争促进了当地体育运动的开展，由此使古希腊成为世界上最早对体育运动表现出狂热兴趣的国家，古代奥林匹克运动会诞生在这里也顺理成章。它将准备兵源的军事训练和体育竞技演变成为传递和平、友谊精神的运动会，但在比赛项目设置上仍然延续了明显的军事烙印，包括跑步、战车竞速、拳击、摔跤、赛马等。

古代奥林匹克运动会的参加者即运动员必须是自由人，意味着这些人都是有独立经济地位，且拥有独立人格的市民，他们参加体育竞技不是被强迫的，也并非把体育当作谋生手段，而是基于对体育运动的热爱，追求个体人性的完美——当然也不是完全没有功利性目的。在当时城邦林立的环境下，市民的体育能力与军事实力存在紧密关联，一旦某城邦的市民身体羸弱，就可能在城邦之间的战争中失败，市民也可能沦为奴隶，因此他们积极参加体育运动在很大程度上也是在保卫自己的自由人身份，表现出为荣誉而运动的特征。

　　古罗马时期同样存在市民阶层，他们对于体育运动依旧酷爱，这一时期甚至诞生了博彩形式的彩票，在皇室和市民阶层的商界中流行，这从侧面显示出古罗马体育竞技极为活跃。但是，古代奥林匹克运动会发展到古罗马时期出现了严重的分野，其和平、友谊等特色几乎荡然无存，暴力传统却进一步上升，到古罗马时期变成集体嗜血、观摩死亡的竞技场。殊死角斗、以命相搏的角斗是古罗马时期最著名的竞技项目，角斗士两两登场格斗，失败者通常会被胜者杀死，场面非常血腥；战车比赛同样危险性极高：战车很不牢靠，车手不时需要应付很急的转弯，有时还要绕开故意设置的路障，赛场上事故频发，许多赛车手死于非命。因此，古罗马时期的角斗士、赛车手都由奴隶出任，贵族和市民阶层等则作为观众，观看那些角斗时长剑割喉、赛车时人仰马翻的惊险场面，以此寻求刺激。

　　在西罗马帝国灭亡后，在长达数百年的时间里，西欧农业、工商业普遍衰落，罗马时期的很多城市变成了废墟，市民阶层也失去了附丽的基础。不过从 10 世纪开始，随着农业技术发展、农业剩余产品增加，商业贸易发展，人口迅速增长，西欧地区一些旧的城市逐渐复苏，许多新城市也不断产生，尤其那些以手工业和商业为中心的城市发展更快，因为手工业者和商人构成了这些城市的基本居民——市民，他们大多是由周边农村的农民"转身"而来，市民阶层自然再度兴起。这一时期在意大利、法兰西、英格兰、德意志等地相继出现了许多著名城市，其中意大利最为突出，佛罗伦萨、威尼斯等都是世界闻名的近代城市，文艺复兴运动也率先在意大利兴起，文艺复兴运动借助复兴古代希腊、罗马文化的形式来表达思想、文化主张，争取体育权利、复兴古典体育也是其重要组成部分。

（二）中国古代市民阶层与体育

中国古代社会出现城市颇早，且中国最初的"市民"概念大致包括在比较固定的市场谋生的人群，以及在城市中从事服务业的人群。由此不难看出中国古代"市民"在城市开展体育运动其实也很早就有记录了，可以追溯到先秦时期一些工商业城市里，如文献记载齐国都城临淄的市民娱乐状况："其民无不吹竽……斗鸡走狗，六博蹋鞠者。"足见当时城市居民已经开展了许多体育活动。到了汉朝，蹴鞠和围棋等体育运动已经在以成都为中心的四川地区流行开来；东汉时期川人李尤著《蹴鞠铭》，其中有这样的句子"建长立平，其例有常，不以亲疏，不有阿私，端心平意，莫怨其非"。该文被认为是今天还能看到的有关汉代蹴鞠运动开展的最经典的记载。在成都体育学院博物馆里，还陈列着一套极为珍贵的文物——汉代围棋。

但是，市民阶层没有紧跟城市居民的出现而形成，当城市发展到一定阶段，经济繁荣达到一定程度后，具有相对独立性和群体特征的市民阶层才逐渐形成。为了与"市民阶层"概念相适应，人们将市民理解为绝大多数是工商业者，或主体成员是工商业者：市民"社会成分或职业构成，纯为工商业者，至少绝大多数是工商业者，而不包括工商业者之外的其他城居人

024 体育与城市互动提升论 | 基于成都建设世界赛事名城

口——诸如官绅军吏之家"。① 由于中国历代封建王朝长期奉行
"重农抑商"的经济指导思想，推行"农本商末"的政策，限制
工商业发展，主要从事小商品生产、靠出卖产品换取其他生活用
品以维持生活的手工业者，以及专事商业和贸易的商人在中国古
代社会里形成市民阶层的过程非常缓慢，甚至可以说从先秦开始
持续了近千年实践。对中国市民阶层何时形成有不同说法，都不
大明确，比较普遍的看法是宋元以后特别是明清时期普遍兴起，
唐宋时期应该是市民阶层的萌芽和形成时期。②

　　唐朝中叶以来，我国城市商业经济日益繁盛，城市规模不
断扩大，商市范围迅速扩充，市民云集于此。进入宋朝以后，
由于各地城市人口急剧增加，整个社会的城市化进程也在加
快。城市的繁荣使市民群体迅猛发展，成为人口空前壮大的市
民阶层，随之对于文化生活产生了诸多需求。③ 历史发展也正
是如此，社会上"有钱有闲"的市民阶层逐渐形成，其娱乐
的欲望为娱乐业兴盛提供了条件，文化消闲构成了市民主要的
日常生活方式，消闲、娱乐、猎奇是市民文化的基本特征，作
为大众文化生活之一的体育随之兴盛起来。市民对各种体育运
动产生了热切需求：宋代市民阶层不断壮大，为城镇娱乐、健
身、节令习俗中体育活动的开展创造了条件，蹴鞠、击球、角
抵、风筝、秋千、竞渡、围棋、象棋等都是广大市民喜闻乐见
的体育活动。④

　　宋代民间体育活动大力发展，标志着我国体育进入了新纪
元。"瓦舍"是宋代的大众文化娱乐场所，是城市商品经济发

---

① 郭正忠：《唐宋时期城市的居民结构》，《史学月刊》1986 年第 2 期。

② 宁欣：《中国古代市民争取话语权的努力——对唐朝"罢市"的考察》，
　　《中国经济史研究》2009 年第 3 期。

③ 徐臣攀：《中国古代市民与市民城市——以市民从业与消费为中心》，
　　《西部学刊》2018 年第 12 期。

④ 任刚：《宋代诗词中的体育活动解读》，《语文建设》2014 年第 8 期。

展和市民文化发展需要相结合的产物，其内表演的各项活动中，体育文化占主导地位。蹴鞠运动是宋代最具典型性的大众体育运动项目，在全国范围内迅速发展，南宋时还出现了数十家社团性质的蹴鞠社，这些以娱乐体育活动为主的体育组织的形成原因，主要在于相对稳定的社会环境、市民阶层的壮大以及城市文化生活的高度发展、行会组织的大发展。[1] 宋代蹴鞠运动的兴盛，不仅促进了球类运动的发展，丰富了市民文化娱乐生活，而且在一定程度上表现出体育的大众化、职业化、娱乐化等特征。

成都历来是中国重要商贸中心，素有"一扬二益"之誉。在唐朝末年、五代时期，与战乱频仍的中原地区相比，四川比较安宁，成都遂以繁庶甲于西南，以游乐之俗名闻天下，在体育文化方面也有很大发展，"邀游"活动是唐宋时期成都独特的游乐文化习俗，其中就伴随着各种体育表演活动。[2]

无论在古代的欧洲，还是在古代中国，城市均以其生产的活跃、经济的繁荣，引领市民享受丰富多彩的文化娱乐生活，为市民阶层开展多种体育活动提供了"温床"。

二　市民体育意识的觉醒

古今中外，城市都是商业、文化、知识传播的中心，它推动着整个社会走向现代化的进程，这一趋势也要求居住在城市的市民必须确立一种新的生活方式与之相适应，因而在市民经常参与体育运动的同时，体育意识也随之觉醒。

体育意识是指人们形成一种意识，充分认识到体育能够促

① 林伯原：《试论两宋民间结社组织的体育活动》，《体育科学》1987年第2期。
② 郝勤、宋秀平、李杨：《古代四川的民间体育竞技》，《华西都市报》2016年8月13日，第9版。

进人身体、心理和社会性等多方面全面发展。对于体育所具有的这些功能的深刻认识是众多民众积极参加体育活动的内在动力。同时，市民广泛参与体育运动，在很大程度上是受其主观存在的市民意识支配的，市民意识是指社会中的个体自觉意识到自己是独立的、自由的、平等的社会主体，具有自己独立的价值追求。市民这种观念体系的形成与其生活的城市是紧密相关的，具体体现在两种维度：一种是权利意识，将参与体育运动作为自身获得权利、行使权利的表征；另一种则是责任意识，认为自己承担着某种责任，应当自觉参与体育运动，否则有负于自己应尽的责任。

（一）民众将参与体育视为获得权利

体育运动逐步走向现代文明，有许多方面的影响因素，其中之一是权利意识和观念的渗透，既有统治者、管理者主动向民众开放权利的一面，更多则是民众尤其是市民主动争取权利的结果。

将体育参与视为权利的理念在人类历史上很早就出现了，古希腊大力发展体育事业，在丰富城邦市民文化娱乐活动的目标之外，还有为其提供政治参与途径、提高他们参与政治意识等方面的目的。在古代罗马的竞技场上，体育也是与平等、自由等权利直接联系在一起的，一个突出的表征是参与竞技的奴隶在较量中获得了优胜，就可能争得自由。

在竞技体育运动开展之初，对于参赛者是有各种限制性条件的，只有少数人有资格参加各种竞技活动，古希腊体育竞技的参与者大多是贵族青年，普通老百姓很难获得参与资格。古代奥林匹克运动会仅限男性参加，且在比赛过程中完全赤身裸体，女性完全被排除在赛场外，既不允许参赛，也不允许观看比赛，甚至规定偷看比赛会被处以死刑，在此背景下，就有女性开展抗争、争取参与权。有人就此分析：将女性禁锢在奥运会之外是对其生命欲求的压制和惩罚，而女性对于参与权的争取反映和表现了人类对生命欲望的渴求。① 勇敢参赛的女性是斯巴达国王阿格希洛斯的妹妹茜妮丝卡，她从小酷爱驾车，向往参加奥运会，于是女扮男装参加了公元前 396 年举行的第 96 届古代奥运会，并且凭借精良技术一举战胜所有男选手夺冠，她的女性身份被发现后几乎被处死，由于其兄长的显赫地位而获得赦免，人们承认她是古代奥运会第一位女冠军，还破例为她立了塑像。凑巧的是，第一位成功赢得观看权的女性（未被处死）也诞生于第 96 届古代奥运会：费列尼卡的父亲、丈夫都是著名拳击家，其儿庇西特鲁斯受到熏陶也成为拳击高手，在儿子参加奥运会拳击决赛时，费列尼卡同样女扮男装混入赛场为儿子加油。庇西特鲁斯赢得拳击比赛冠军后，费列尼卡情不自禁上前拥抱、亲吻他，暴露了自己的女性身份，当即遭到逮捕并被判死刑。由于其父亲、丈夫，特别是儿子在奥运会上有出色贡献，加上诸位长老说情，她的死刑最终被赦免，费列尼卡也被载入史册。

古希腊人在文化、体育等领域的全面开拓，使人们领悟到城市生活的本质以及社区生活的无穷乐趣。后来，人类大范围争取体育运动权利的行为，就表现出文艺复兴时期人们对于古希腊时代体育运动状况的向往，由此为获得同等权利而进行了不懈努力。

欧洲进入漫长的中世纪以后，神权对世俗表现出绝对的统治力：人不过是神的奴仆；肉体强壮者常心灵卑下；只有彻底实行禁欲主义的人，才能使自己灵魂获救……这些腐朽的

---

① 刘叶郁：《规约的惩罚：古代奥运会拒绝女性参与的社会学解读》，《南京体育学院学报》（社会科学版）2016 年第 2 期。

观念严重阻碍了人们从事体育运动、强健身体。而文艺复兴运动以"人文主义"作为旗帜和纲领，充分肯定了人和人世的合理性，以发展人性和人体为己任的现代体育最终形成并获得发展。

人文主义者在研究和整理古希腊、古罗马的灿烂文明时，发现古希腊、古罗马有丰富的体育文化遗产，众多哲人的体育思想更是备受重视和推崇，尤维纳利斯的名言"健全的精神寓于健全的身体"被人们普遍信奉，尤其古希腊在体育运动中注重身心协调发展、讲究匀称健美的体型，创造丰富多彩的运动形式，以及大面积开展体育教育等做法和体制，都为人文主义者们所赞许——在人文主义者看来，体育不再是闲暇时的消遣，而可以成为人文主义教育的一部分。

在体育成为人文主义教育组成部分的进程中，人们在对人自身尊严、价值重新认识的过程中肯定了"体育是以人为核心的运动"，由此在理念上实现了从"灵肉对立"到"灵肉一体"的根本性转变，并通过批判禁欲主义、倡导尘世享乐促使人们认识到体育是追求幸福、满足人性需求的手段，是新兴的生活方式。

同时，文艺复兴时期新兴的资产阶级和市民阶层，有争取经济与政治利益的冲动和欲望，当时社会倡导人的意志自由和个性解放，而体育能促进人的身心的全面发展，因此他们普遍希望自己可进行更多的体育娱乐活动，为自己争取其他权利提供基础性物质条件。在如此背景下，体育运动在很大程度上充当了当时广大市民阶层和资产阶级争取各种权利的工具与手段，广泛参与体育本身也成为一种权利的表征，而绝大多数人平等享有体育权利，则是体育方式从先前囿于贵族的生活圈子转变到为大多数民众所共享，最终形成现代体育的必要前提。

（二）责任意识下的民众体育参与

将体育运动参与视为个体应当承担的责任，这种观念在人类历史上同样由来已久，古希腊时期的斯巴达人堪称这方面的先驱。斯巴达政权直接干预城邦公民的私人、家庭生活，婚姻和家庭的目标就是为城邦培养健康、强壮、能够成为战士的人，为此斯巴达范围内的体育运动与军事训练高度相融，儿童七周岁以后就被编入儿童营，由国家派专人负责教育，其学习内容包括跑跳、骑马、摔打、投掷、游泳、角力等，意在使受训者的头颈、手臂、肩膀、腰、腿脚等部位都得到充分锻炼，身体得到全面、协调发展，后世将这种体育教育模式称为"军国民体育"。20 世纪初该模式在中国风行一时。如此情形在古希腊各城邦屡见不鲜，运动健身之所以成为古希腊最为时尚的活动，一方面在于古希腊人本身就爱好运动健身，另一方面也因为半岛上战火频仍，需要大量身体强壮的士兵，健身在很大程度上是在承担责任，为国家储备兵源。

其实，在古代漫长的"冷兵器时代"，许多体育运动项目都是士兵操练的"保留节目"，例如骑射、劈杀、格斗、举重等，以此锻炼体能、增强体质，培养尚武精神。中国全面实行科举制度后，从唐朝起增设"武举"科目，选拔有武艺的人才入仕，唐代"武举"考试科目有马射、步射、平射、马枪、负重、摔跤等，直接刺激民间人士大量习练这些项目，其在身体活动形式上也是体育运动的表现。尽管这些人从事上述项目的身体运动主要是为了谋求仕途，但同样反映了强身、报国等责任担当意识。欧洲的情形也类似，市民们为准备服兵役进行身体锻炼，练习以剑术为主的种种武艺；射箭是战争中所必须具备的技能之一，14 世纪初英国国王命令健壮的市民在空闲时练习射箭。

1840 年鸦片战争后，中国逐渐沦为半殖民地半封建社会，当时统治中国的清王朝腐朽、衰弱不堪，生气全无，而中国人素来信奉"国与民一体"，民强则国强，国衰则民弱。1903 年秋天，陈天华在《警世钟》中对此愤然呐喊。陈独秀也曾用"病夫"一词为当时国人的身体担忧："余每见吾国曾受教育之青年，手无搏鸡之力，心无一夫之雄；白面纤腰，妩媚若处子；畏寒怯热，柔弱若病夫：以如此心身薄弱之国民，将何以任重而致远乎？"①

在当时特定的历史背景下，以"尚武"为核心主张的军国民体育被认为是能够改善国民体质的有效良药。许多人认同这样的观点：在中华民族的发展史上，只要尚武精神兴，必然民富兵强，国运昌盛；一旦尚武精神衰，不免民弱兵废，国运颓萎。蒋百里发表文章直接宣传军国民体育："尚武者，军国民之本分也。自其浅者言之，则奖励体育之发达。"② 梁启超则介绍西方国家的举措："欧洲诸国，靡不汲汲从事于体育。体操而外，凡击剑、驰马、踢蹴、角抵、习射击枪、游泳竞渡诸戏，无不加意奖励，务使举国之人，皆具军国民之资格。"③ 刘师培更直接说道："我们中国的百姓，不晓得尚武的道理，就不能一天立国了。所以，由我看起来，军国民的教育，是现在教育中顶要紧的。"④

在这一时期，许多教育家也坚定奉行军国民教育思想。蔡元培提出培养"完全人格，首在体育"的主张："今经科学发明，人之智慧学术，皆由人之脑质运用之力而出，故脑力盛则

① 陈独秀：《今日之教育方针》，《青年杂志》1915 年 10 月 15 日，第 1 卷第 2 号。
② 蒋百里：《军国民之教育》，《新民丛报》1902 年第 22 号。
③ 梁启超：《新民说》，辽宁人民出版社，1994，第 183 页。
④ 刘师培：《军国民的教育》，《中国白话报》1904 年第 10 期。

智力富，身体弱则脑力衰，新教育之所以注意体操运动，实基于此。"① 辛亥革命后蔡元培担任中华民国教育部长，曾撰文对军国民主义进行详尽阐释："譬之人身，军国民主义者，筋骨也，用以自卫。"且古今中外尽皆如此："六艺之射御，军国民主义也。""希腊人之教育为体操与美术，即军国民主义与美育也。""兵式体操，军国民主义也；普通体操，则兼美育与军国民主义二者。"② 国内另一著名教育家张伯苓同样笃信"强国必先强种，强种必先强身"的理念："国民体魄衰弱，精神萎靡。工作效率低落，服务年龄短促，原因固属多端，要以国人不重体育为其主要原因。南开学校自成立以来，即以重视体育，为国人倡，以期个个学生有坚强之体魄，及健全之精神……"③ 清华大学校长梅贻琦也指出："体育至关重要，人所尽知，特别在我国目前的国势之下，外患紧迫之时，体育尤应人人去讲求。身体健强，才能担当艰巨工作，否则任何事业都谈不到。"体育"看起来觉得平常，其实即救国的根本。"④

　　在如此氛围中，西方体育项目和竞赛活动等大量传入中国，中国大城市的市民、军队和学校陆续开展各种体育活动、组织各类体育竞赛。许多人参与其中不仅仅是让自己更健康、强壮，促进人们强身健体的另一重要动力则来源于人们的一种理念：民众的身体是对个人、国家具有基础性意义的最重要的因素。为此，20 世纪初中国形成了"耻文弱"的社会风气，"体育救国救种"的意识非常浓郁，全社会普遍认为只有让中国体育事业发达了，中国人身体强壮起来，才能让民族精神振

① 蔡元培：《在浙江旅津公学演说词》，《大公报》1917 年 7 月 14 日。
② 蔡元培：《对于新教育之意见》，《东方杂志》1912 年第 8 卷第 10 期。
③ 王文俊等：《张伯苓教育言论选集》，南开大学出版社，1984，第 244 页。
④ 梅贻琦：《中国人的教育》，中国工人出版社，2016，第 158 页。

奋起来，实现中华民族的复兴，实现国家富强，中国才能真正对抗西方列强。换言之，当时人们表现出一种责任意识，认为自己积极参加体育运动是在担当洗雪耻辱、振兴中华的责任，这为现代体育在中国普及提供了社会基础。

三　自由的职业体育人产生

在满足人类基本的衣食住行等物质需要之外，文化娱乐等精神需求也是不可或缺的，而城市的文化娱乐始终与体育紧密相关。

世界文明古国很早就兴起了各种体育娱乐活动。在古埃及，最高统治者——法老直接参与狩猎、划船、下棋等活动，娱乐体育也是他们享乐生活的重要内容。当时已经出现了职业的体育表演者，他们为法老表演摔跤、翻筋斗、射箭、戏球、体操、斗牛以及舞蹈等，其中还有许多妇女。但是，这些人与后来的职业体育人有本质的区别，他们的体育表演行为必须供法老们享乐之用，而没有自主选择的余地。古罗马的角斗士堪称这类人的典型，他们都是奴隶，没有人身自由，只能在奴隶主、贵族的驱使下进行残酷的角斗，任由"观众"欣赏"你死我活"的血腥场面，因此作为角斗士的斯巴达克会反抗这种命运，带领其他角斗士揭竿而起，发动起义。

不过，随着城市经济的迅速发展，"有钱有闲"的市民阶层在东西方开始出现，他们的生活方式和习惯带动社会形成了及时行乐、娱乐至上的风气，这些市民不但自身参与体育运动，而且非常乐意观看他人进行体育表演和竞技，由此催生了以体育活动为职业的人群，我国宋代社会就出现这样的态势。在宋朝市民体育体系里，既有在瓦舍等娱乐场所开展体育竞赛和表演的人员，也有"路岐人"构成的社会底层体育活动传承者与表演者。

宋代的瓦舍是一种大众文化娱乐的综合性演出场所，内部由不同的专业艺人圈成许多小圈子，称为"勾栏"，一个勾栏即一个演出场所。瓦舍在北宋中期已特别兴盛，据《东京梦华录》记载，当时在京城汴梁有大小 50 余座瓦舍，大的可容纳数千名观众，瓦舍区域内进行的表演内容繁杂、形式多样，体育活动占据主导地位，可以分为娱乐、竞技和杂技等三大类。

在瓦舍中表演的体育活动大都是为满足市民们娱乐、休闲等需要的，主要包括武术、舞蹈、棋类、投壶等，这些体育活动通常带有很大的娱乐性和观赏性。与此同时，宋代蹴鞠运动大力发展，城市中出现了进行蹴鞠表演的专业艺人，其中不少人是私人性质的，他们经常在瓦舍中表演，以卖艺糊口。此外，瓦舍中还时常进行相扑、举重等竞技活动，这些活动大都运动激烈、竞技性强，自然博得市民的好感。宋代瓦舍还有技巧表演和马术表演等杂技类体育表演项目，以展现表演者的柔韧性、准确度、灵巧性等为主，表演中出现许多高难度动作，惊险而刺激。

宋代瓦舍体育文化活动的最大特点是表演职业化，数量庞大的专业艺人为市民提供了精湛的体育技艺表演。他们表演的体育项目丰富多彩，满足了市民对多元化体育娱乐的需求，而且以独特的体育技能为自己提供谋生手段。同时在瓦舍勾栏中，艺人云集、自由竞争，有助于促进艺人们不断提高自己的体育技艺和表演技能。[①]

而路岐人则是游走四方，以各种娱乐性杂耍、角抵、马戏等谋生的艺人。虽然路岐人足迹遍布城乡各处，但由于城市人口众多，他们更习惯于在城市区域内的教场、街市等地进行表演，他们的存在使体育表演走进寻常百姓生活，同样使处于社

① 张学军：《宋代瓦舍与体育》，《体育文化导刊》2009 年第 11 期。

会底层的市民群体得以观赏、娱乐，甚至进行体育活动。路岐人不仅为体育运动培养大批基层观众，他们自身也是瓦舍体育艺人的后备军。[①]

瓦舍艺人、路岐人等介入体育活动圈子，逐渐孕育出一种不同于贵族口味与士人情调的市民文化，而且在很大程度上改变了体育的发展路径。由专门的艺人进行表演，以商业化模式向广大市民传播，使市民成为体育活动的观众，极大地增加了城市普通人与体育接触的机会，形成以体育观赏、体育娱乐为主要目的的市民体育活动。

总之，人是体育运动全过程中不可缺少的核心要素，而城市的发展直接促进市民人数剧增，市民阶层逐步形成，他们的体育意识和自觉不断增强，同时以城市为中心出现了专门从事体育活动、以此谋生的自主的职业体育人，这些都为体育运动进一步发展、兴盛奠定了坚实的基础。

另外，为了满足广大社会成员对于体育运动的需求，实现和维护公众的体育利益，以政府为核心的公共部门要着力提供各种体育公共服务，其基本模式是运用公共权力，通过多种方式与途径，为公众创造不同形态的公共体育物品、服务项目等。由于城乡差别的客观存在，城市及市民获得的体育公共服务明显超过乡村，而我国体育公共产品供给以政府主导模式为主，城市与农村的差别更大。

城市创设体育运动物质基础

人类大规模开展体育运动，自然需要各种必备的设施如场

---

① 赵新平：《从路岐人、瓦舍、会社看宋代市民体育的开展状况》，《成都体育学院学报》2009 年第 10 期。

地、运动器材和装备等，这些构成了体育公共服务的重要内容。在城市范围内，这些设施明显较乡村等更加完整、齐备，为市民参与体育运动提供了更便捷的物质基础。

一　体育场馆的建设

市民要进行运动、健身，或开展其他体育活动，必然需要适当的场地等，体育运动场馆等基础设施是开展城市体育活动的基础。随着市民体育活动逐步兴起，世界各地相继建设了大批体育场馆。

（一）西方体育场馆建设

在西方，很早就开始建设专门的体育运动设施，为市民参与体育活动提供便利。早在古希腊时期，各城邦就开始建设供人们从事体育锻炼的运动场，为了举办古代奥运会，奥林匹亚城还建设了体育建筑群；体育馆也是希腊式城市的地标建筑之一，是专为 18 岁以上的男运动员进行体育训练和竞赛建造的。体育场是古希腊特有的城邦公共空间和文化载体，全盛时期的雅典大规模兴建城市公共建筑，以营造更趋积极完善的公共生活氛围，雅典卫城堪称西方古典建筑群体组合的最高艺术典范，其中就有体育场等建筑。体育场不仅方便市民观看比赛，还可以为其他类型的公众集会提供大型的公共空间，人们在此举办聚会、探讨哲学等。它们在一定程度上发挥了文化教育中心的功能，积极传播希腊文化，并成为希腊生活方式得以维系的重要媒介。

古罗马时期最著名的体育建筑则是斗兽场，它是供人们观看斗兽或奴隶角斗的地方，占地面积约 2 万平方米，圆周长约527 米，可以容纳近 9 万名观众，它也是古罗马帝国的标志性建筑物之一。古罗马还建有赛马场，现在所知最大、最好的赛马场是公元前 1 世纪建于罗马城的马克西穆斯赛马场，据说能容纳 15 万 ~ 25 万名观众。

进入中世纪以后，欧洲体育运动走向衰落，一些体育场也沦为要塞；但随着工业革命的到来，欧洲体育场馆建设再度掀起热潮。工业革命带来社会劳动生产率的普遍提高，人们得以从繁重的物质生产劳动中解放出来，普通民众的工作和业余时间开始清晰地区分开来，他们自觉寻求业余时间的休闲娱乐活动。体育作为一种劳动补偿，有利于人们在紧张劳作之余获得放松，因而作为一种健康、文明的休闲方式被广大市民接受，而大批市民萌生对体育运动的兴趣和爱好，对于体育场地等基础设施的需求陡然增加；与此同时，工业革命促进了科学技术进步，建造安全、舒适、先进的体育场馆在技术上已经不再困难。为此，欧洲各国政府纷纷通过城市治理为社会提供运动基础设施，体育建筑在欧洲大地上星罗棋布，例如 1811 年在柏林建成了世界上第一座现代化体育馆。

在较长时期里，建设现代化体育场馆的主要目的都是为体育竞技活动提供专业化场地，因此伴随着现代奥运会的举办，历届奥运会承办国纷纷建设或改造出一批高标准、大规模的体育场馆，如巴西里约热内卢的马拉卡纳体育场被认为是世界上规模最大的体育场，可容纳观众 15 万人；而美国密歇根州庞蒂亚克体育馆则有 "世界上最大的体育馆" 之誉，可容纳观众 8 万人。如此做法为城市增添了许多漂亮的地标性建筑，但也表现出一些负面影响，例如加拿大蒙特利尔市获得 1976 年夏季奥运会举办权之后，在修建场馆、置办赛事等方面都出现了严重超支的状况，最终负债高达 10 亿美元，许多年才清偿全部债务。

此后，西方体育基础设施建设的理念逐渐转变，体育场馆往往与城市公园建设、小区绿地开发相结合，形成 "场园一体化"格局。改变了以城市为中心、一味追求大型体育场馆的倾向，形成以社区为主、以中小型为主建设体育场馆的指导思想。体育场馆建在社区，为群众参加体育活动创造有利条件。[1]

（二）中国体育场馆建设

与西方很早就建设专业体育场馆的传统不同，中国古代几乎没有专门为体育运动而设置的场所，古代的演武厅、校场等地固然可以供给人们进行体育活动，但其主要用途是军事训练，宋代的瓦舍等场所同样不是单纯的体育设施。此外，皇宫等地也有仅供皇室达官们享用的体育场所，例如西晋陆机《鞠歌行序》里称："汉宫门有含章鞠室、灵芝鞠室。"唐朝皇家宫苑里多建有体育场，如长安宫城内的球场亭，西苑的梨园，大明宫的东内苑、麟德殿、清恩殿、飞龙院等处，都有球场供帝王贵族打球。[2] 但这些运动场地都不具有公共性。

在如此背景下，现代体育在清末民初传入中国时，公园成为市民开展体育运动的重要公共场所。上海开埠后于 1868 年建成并开放了外滩花园（今黄浦公园），这是中国第一个城市公园。此后各通商口岸城市在租界区域内相继建设公园，这些公园通常都建有体育场，提供给外侨锻炼、娱乐之用，但不对中国人开放。国人受到极大刺激，在 19 世纪末开始建设自己的公园，范围也从沿海城市延展到内陆地区，例如 1910 年成都将军玉昆因"谋公共娱乐，藉作旗民生计"而设立少城公园（今人民公园）。

现代体育和公园都是现代城市公共生活的重要组成部分，两者发生联系、公园成为当时国内市民的体育活动基地就成为

---

① 阎世铎、陈雪玲、董新平：《欧洲体育场馆的"二次革命"》，《国际市场》1997 年第 10 期。

② 倪方六：《中国古代体育场是啥模样》，《北京晚报》2015 年 10 月 8 日。

必然。这一模式也是在延续西方的做法：公园本是应对工业
化、城市化带来的城市环境恶化的产物，从 19 世纪 30 年代
起，公园与公众健康、体育锻炼的关联度显著增加，各种体育
设施成为公园建设的有机组成部分，公园的一大功能即满足市
民开展体育活动的需要。①

国内城市开建公园后，一方面为市民提供了宽敞、健康的
体育运动空间，并且为举办各类赛事提供场地，各种体育活动
的蓬勃发展则为公园提供重要公共活动，丰富其内容。有人归
纳认为，国内公园对城市体育发展具有巨大推动作用：初期公
园是城市公共体育场的重要载体，其附设公共体育场供市民参
加体育锻炼，促进了现代体育在广大市民群体中的传播；且公
园作为公共空间，体现了公共、公平、自由的社会原则，满足
了市民对体育生活方式现代化的要求。② 成都少城公园就集休
闲娱乐、文化教育、运动健身等功能于一身，园内辟设了跑道
和篮球、足球、网球三个球场，场边还有单杠、双杠和跳远沙
坑等，成为成都市第一个体育场，当地许多重要体育活动都在
此举行，公园内还建立了国术馆等。③

此后，随着社会各界对于体育运动的倡导，现代体育在国
内得到更广泛的传播，公园中的公共体育场已经无法满足社会
各界开展多层次体育运动的需要，一批城市公共体育场馆开始
兴建，如基督教青年会于 1910 年在成都修建了有体育运动设
施的会所等，但公园依然是各地城市公共体育场的有益补充。

进入民国以后，政府层面开始倡导建设公共体育场，如

---

① 冯培明：《清末民初的城市公园与现代体育的发展》，《体育学刊》2016
年第 5 期。

② 冯培明：《论清末民初我国城市公园与现代体育的发展》，华南师范大学
硕士学位论文，2009。

③ 李德英：《公共空间与大众文化：以近代成都少城公园为例》，载《第二
届世界中国学论坛论文集》（上海，2006），第 182～193 页。

1913 年教育部为提倡社会体育，在创办京师通俗图书馆时，还附设了一所公共体育场。① 此后，逐步在全国范围内形成了由中央体育场、省市立公共体育场、县立公共体育场等构成的体系。有研究者梳理的统计数据显示，1936 年全国共有公共体育场 2863 个。② 而且体育场利用率非常高，频繁举办各种运动会，如上海体育场每年计划组织的赛事就包括 25 项田径赛、19 项球类比赛、10 项武术比赛、8 项游泳赛、1 项滑冰赛等，完全达到了每周都有赛事活动的高频率。在民国时期，国内规模较大的公共体育场包括南京中央体育场、上海江湾体育场和北京先农坛体育场等，先后举办过多届全国运动会。此外，清华大学等学校也建立了各自的体育场馆。

新中国成立以来，我国体育场馆建设继续呈现快速发展态势。2011 年时我国各类公共体育场馆有 110 多万个，而到了 2018 年体育场馆总数约为 205.4 万个，几乎翻番。不过，体育场馆数量虽然很庞大，但人均面积远远不足，国家体育总局群体司和上海体育学院联合编撰的《中国群众体育发展报告（2018）》中披露的数据显示，2017 年全国人均体育场地面积只有 1.66 平方米，与美国人均体育场地面积 16 平方米、日本 19 平方米差距很大，距离国务院确定的 2025 年全国人均体育场地面积达到 2 平方米目标也有较大缺口，因此今后一个时期我国仍将积极进行体育场馆建设。在具体的建设规划方面，国内体育部门曾经对民众对于体育场馆建设的需求进行抽样调查，结果显示希望建设社区（乡镇）健身活动中心的比例最高，达到 65.2%。为此专家建议，未来国内体育场馆发展有必要倡导分散建设的模式，不仅让城市居民公平享受体育场馆

① 梁松尚：《民国时期的体育场研究》，《体育文化导刊》2016 年第 8 期。
② 梁松尚：《民国时期的体育场研究》，《体育文化导刊》2016 年第 8 期。

资源，就近参与运动健身活动，也可以有效扩大赛后使用半径，提升场馆的使用效率。

在我国，城乡居民在体育场地的人均占有面积方面始终存在明显差距。《第六次全国体育场地普查数据公报》相关统计数据显示，到2013年底，全国体育场地总面积19.49亿平方米，其中位于城镇的体育场地面积为13.37亿平方米，占比68.61%；而分布在乡村的体育场地面积为6.12亿平方米，占比31.39%。就体育场地面积分布而言，城市的总量是乡村的两倍多，地域分布的差异也直接影响了人均占地面积。

二 开展体育教育的学校

在"城市促进体育发展"的体系中，学校表现出双重推进作用。一是基础性的地理空间设施，任何学校都是具体的物理空间，且拥有数量、面积不等的体育运动场地。这一点从我国2013年底发布的《第六次全国体育场地普查数据公报》的统计数据可以清晰地看出，当时国内属于教育系统管辖范围内的体育场馆有66.05万个，在全国占比为38.98%；而这些体育场馆总面积达到10.56亿平方米，在全国占比高达53.01%，完全占据全国体育场地的"半壁江山"。二是学校作为教育机构，开展各种类型的体育教育活动，为不同人群参与体育运动提供指导、帮助等，其主要职能是服务。实际上，学校的这两重角色在体育发展进程中始终是相伴而行的，很难截然分开。

早期人类社会没有专门的学校，但已经出现了较为原始、初级的体育教育，因为原始人类要向新生或加入群体的成员传授生产、生活技能，通常要对他们进行身体运动方面的能力培训和提升，通过这种体育教育促使他们掌握觅食、逃生或者对抗等方面的能力。随着人类社会稳步发展，体育教育活动逐渐成为一种自觉行为，相应也出现了学校，古代中国和西方都是如此,而且都呈现从城市向乡村扩展的态势。

(一) 西方学校体育教育的发展

古希腊人酷爱体育,体育活动丰富多彩,而且举办了古代奥运会,自然也需要开展对应的体育教育活动。因此在城邦时期的雅典等地,学校里非常重视对奴隶主子弟进行体育等方面的教育,因为当时人们形成了如此理念:竞技运动和体操不仅是男人的职业,还是具有神的血统的希腊人的责任,它保证人身心的和谐,并培养人的美德。[1] 奴隶主的孩子们 7 岁进入学校,每天都要参加体育锻炼,在老师的带领下进行赛跑、投掷、跳跃、爬绳、角力和球类比赛等,这些活动大都是以游戏形式进行的,契合孩子们追求快乐、愉悦的心理特征;到了13 岁以后,一些孩子就会升入体操学校,耗费大量时间和精力学习五项竞技(角力、赛跑、跳跃、掷铁饼和投标枪),同时还要学习游泳、射箭、骑马、驾车等。等到他们从体操学校毕业,通常都能成为体格健硕、身强力壮的青年了。在古希腊,体育馆也被设计为更高层次的体育教育机构,完成体操学校学业的学生,如果有志于进一步深造,可以到这里接受培养,这里的学制一般为 2 ~ 3 年,他们不但可以通过体育训练增强体力、提高运动技能,而且可以开展学术研究,深化对于体育的理解和认知。体育馆有专门的体育教师,他们大多是退役的竞技高手,能够培训出高水平的运动员。[2]

在古罗马时期,也有专门选拔角斗士的所谓"学校",它们起初由商人投资设立,后来逐渐被国家接管。在此接受竞技训练的角斗士没有独立的地位,训练者会对他们进行非常严苛

---

[1] 尼科斯·亚罗尔斯:《古希腊的体育教育》,阿凡译,《体育文化导刊》1990 年第 3 期。

[2] 张锐:《古希腊雅典的体育教育》,《中国学校体育》1995 年第 1 期。

的训练，角斗士们需要不断学习、训练，最终选择合适的兵器作为武器，角斗士在饮食上也被加以控制。因此，此类"学校"其实更像是监狱，斯巴达克和他的伙伴们当初就是冲出角斗士"学校"发动起义的。

欧洲进入漫长的中世纪后，体育在社会教育中的地位明显降低，但在武士教育中仍包含许多体育的内容，如世俗封建主对于骑士展开"七技"教育（击剑、投枪、骑马、游泳、打猎、下棋、吟诗），其主要内容都在体育范围之内。

文艺复兴极大地推动了欧洲体育教育的发展，文艺复兴早期的意大利人文主义者维多里诺被认为是"史上第一个现代体育教师"，他认为可以通过游戏引起学生兴趣，激发其学习责任感。爱游戏是学生的天性，因而他开办的宫廷学校被称为"快乐之家"，各种体育运动项目和其他身体锻炼行为都被认为是高尚的；他亲自带领学生开展骑马、跑、跳、击剑、射击、游泳、角力、跳舞和球类活动等，其形式已经非常接近于现代体育教育。经过维多里诺实践，体育逐渐成为高等教育的有机组成部分，首次获得与科学教育同等的地位。

此后，捷克人夸美纽斯推动学校体育由活动到课程的转变，而英国教育家洛克则是西方教育史上第一个提出德、智、体三育并重而体育为先的人。德国教育家巴塞多继承、发展了这些思想，认为儿童从小要锻炼身体，积极开展户外活动和游戏，培养克服困难的习惯，他于1774年在德绍创办了第一所"博爱学校"，率先将体育列为学校教育的正式课程。巴塞多将古希腊体操、传统骑士项目和民间游戏等融合在一起，并加以改造和发展，组合成协调、统一的体育锻炼项目，创造出著名的"德绍五项"即跑步、跳高、攀登、平衡、负重，学校还利用每年暑假两个月的时间让学生进行野外体育活动，在这里还产生了最早的专门体育教师。该学校的最大贡献在于有效解决了对大多数儿童实施体育教育的方法问题，"德绍五项"后来成为闻名于世的学校体育课程雏形，该学校实施的体育则被认为是"近代学校体育的开端"。[①] 此后，体育成为现代学校教育的重要内容，号称"现代体育之父"的英国教育家托马斯·阿诺德主张：没有身体运动的教育就不能称为教育。为此他在拉格比公共学校进行教育改革，在欧洲第一次将田径等竞技体育项目列入学校课程，让体育从社会走进学校。[②]

（二）中国学校体育教育的演进

在古代中国，体育教育似乎呈现更明显的功利性，其与军事训练、科举考试的关联很密切。

在商周奴隶制社会时期，从事宗教、祭祀活动与储备军力、相互交战是各国的大事，为此《左传》有言："国之大事，在祀与戎。"为增强军力，当时社会上已经形成了较为完备的奴隶制武士教育，如《孟子·滕文公上》所言："设为庠序学校以教之；庠者养也，校者教也，序者射也；夏曰校，殷曰序，周曰庠，学则三代共之，皆所以明人伦也。"按照这里的理解，殷商时期的学校主要就是习射之地。在西周时期则形成"礼、乐、射、御、书、数"并重的"六艺"教育模式，"射、御"明显是为军事目的服务的身体运动项目，当时的贵族学校普遍管制严格，要求学生在学校中食宿，不得任意外出。学校有专门的射箭练习场，"大学"的射箭场分为陆上和水上两大类，陆上射箭场称为"射卢"或"宣府"；水上（实

---

① 李伟艳、郎勇春：《现代学校体育育人思想的发展研究》，《当代体育科技》2018 年第 22 期。

② 包振宇：《奥林匹克五环的锻造与救赎——工业革命与现代奥林匹克运动关系解读》，《天津体育学院学报》2012 年第 5 期。

为水中小岛）射箭场称为"辟雍"与"泮宫"。小学的专门射习场称为"序"。

孔子是我国历史上第一位提倡体育的著名教育家，[1] 其教育思想同样体现出体育为军事服务的思想，他主张人才培养要在仁、知、勇三个方面下功夫，其中"勇"基本上属于体育的范畴。孔子教育学生要学习"射、御"之术，而这些技术本身是体育，又能作为武艺用于军事实战，所以孔子还说过"善人教民七年，亦可以即戎矣"。此外，孔子还经常与弟子们一起从事登山、郊游等体育活动。不过，从总体上看，孔子只是将"射、御"等体育练习作为培养人们良好品性，即培养"仁"和"礼"的必要补充。

此后，随着武举制度开设，宋神宗熙宁五年（公元1072年）时我国古代专门习武的学校创设，到北宋末年在各州郡都设立了武学。由于存在明确的功利性，武学的学习科目与武举考试内容高度一致，除了步射、马射之外，还有马上武艺等项目。在明清时期也有类似举措，如朱元璋提出要恢复"六艺"教育，而清朝统治者要求文科考试要先试骑射，带动相关学校开展体育教育。[2]

不过，我国传统的私塾教育体系并未将体育纳入其中，打球、踢球、放风筝等活动更被与"赌博"或"玩物丧志"等相提并论，明确规定不许进入校门。直到鸦片战争以后，清政府开始进行"洋务运动"，国内多地兴办新式学堂，体育才逐渐步入校园，如1864年美国传教士在山东开办的登州文会馆被认为是国内最早开设体操课程的交互学校，而国人张焕纶于1878年在上海开办的正蒙书院是中国最早的新式小学的萌芽，

---

① 黄渭铭：《孔子在体育方面的思想》，《体育文化导刊》1984年第3期。
② 李开文、李易：《中国古代学校中的体育教学思想——文武兼备　学以致用》，《文山师范高等专科学校学报》2009年第4期。

该校于 1884 年开设了击球、投壶、习射、超距、八段锦等体育和军事训练。但在这一阶段，体育并未完全剔除功利性目标，作为人格完善教育的一部分，反而背负了"体育救国""强国强种"等艰巨使命。

20 世纪初，国内许多学校增设体育课程，如位于成都的四川高等学堂在 1906 年起附设体操科，随后更改为四川体育专门学堂，其口号就是"养成体操教员，以振尚武精神"，在校学生除了学习国文、数学、生理卫生、修身、音乐等课程外，还专门学习瑞典体操、普通体操、木棒、哑铃、单杠、双杠、木马、舞蹈、足球、兵式体操等体育内容，朱德元帅就是该校的毕业生之一。在此期间，我国近代第一所体育专业学校——中国体操学校也于 1908 年在上海创办，其创办人是我国近代著名体育教育家徐一冰等人，学校以"增强中华民族体质，洗刷'东亚病夫'耻辱"为办学宗旨，力图"提倡正当体育，发挥全国尚武精神，养成完全体操教师，以备体育界专门人才"，学生在读期间开设的体育术科课程主要有：兵式体操、器械体操（单杠、木马、哑铃、棍棒、木环等）、瑞典体操、射击术、拳术等，该校是 20 世纪初中国社会最有影响力的一所体育专门人才学校，培养了大量体育专门人才。

清末民初，我国学校体育运动逐步被纳入教育宗旨，成为在校学生进修学业的必修内容。这一趋势对于我国体育发展具有重要意义：其一，各级各类学生的体育教育和训练经常化，其锻炼意识更加主动；其二，学校体育开始向社会辐射，公众更关心体育、参与体育运动，体育运动在中华大地上受到前所未有的重视，各种体育竞赛、运动会等蓬勃开展，全民族体育素质得到稳步提升。

新中国成立后，正规的青少年业余体育训练体系正式发轫。1955 年国家体委在北京、天津、上海试办了 3 所青少业余体育训练学校，随后进入规模化、制度化阶段。与此同时，国内教育系统主导的业余体育训练也逐渐展开，目前该体系已经包括各类业余体校、传统体育项目学校和体育后备人才试点学校以及试办高水平运动队的试点高校等，它们构成了我国体育后备人才培养的主体。

三 运动器材的生产与消费

运动器材是体育运动过程中需要使用的各种器械、装备及用品的总称。体育器材与体育运动呈现相互依存、互相促进的发展关系：其一，体育运动普及、运动项目多样化作为重要动因，促使体育器材产业迅速发展，其种类、规格等不断增加；其二，质量优良、性能稳定、安全可靠的体育器材推动体育运动发展，既保证器械的标准化、规范化，使竞技比赛在公正和激烈的情况下顺利进行，还可以促进运动水平提高，助力运动员挑战极限、创造佳绩。

在早期人类社会，体育活动与生产劳动、军事战斗等并没有截然分开，人们尚没有使用专门用品开展体育活动的自觉，因此体育活动使用的器材大多起源于劳动工具和战斗武器，只是当这些器具被用于身体锻炼，以增强体力、健壮体格时，无形中实现了功能的转变，转化为体育器械，例如石球、弓箭、舟、矛、标枪等都是如此，因此初期体育运动无须专门的运动器械。

不过，随着人类体育活动的深化，人们愈发认识到各种体育器材的重要性，它们是开展体育活动最基本的物质保障，其质量、规范性等均与体育运动有着密切的关系，尤其对于强调公平的体育竞技更是如此，很难想象两名运动员使用的铁饼重量、规格不一，他们之间的较量能够顺利展开，为此人们开始制造专门的体育器材。在此进程中，城市不仅是各种运动器材的生产中心，也是运动器材消费的主要区域，其对于体育产业发展的重要作用可见一斑。

实际上，世界各国民间生产运动器材的历史都非常悠久，我国东汉时期蹴鞠的用球就形成了一定模式，外壳用皮革制成，里面填充羽毛等轻质物品；而隋唐时期伴随着生产技术水平的提高，体育器材的生产技术又得到改进，如唐代制球工艺出现了两大改进：一是把两片皮合成球壳改为八片尖皮，球的形状更圆；二是把球壳内塞毛发改为放一个动物尿泡，使之成为气球，球体轻了，就可以踢高。

欧洲文艺复兴及工业革命后，现代体育稳步发展，体育器材逐渐产业化，其技术发展总体上遵循几个方面的准则——满足效用，提升效率，有益健康等，如今全球体育器材产业已经非常发达，一批行业巨头赢得了世界声誉。

源自德国的阿迪达斯曾经长期占据"世界第一运动品牌"的宝座，自 1948 年创立以来，阿迪达斯先后助力无数运动员缔造佳绩，成就了许多体坛传奇。其创办人 AdiDassler 既是技术高超的制鞋家，也是喜好运动的运动迷，他的梦想就是"为运动家们设计制作最合适的运动鞋"。在此理念引导下，他于 1920 年设计出第一双运动鞋，此后不断研发新产品，其设计的运动鞋得到很多顶尖选手青睐，由此在运动场上赢得极佳的口碑。

与阿迪达斯的品牌系知名工匠创立不同，美国体育器材巨头耐克的创立者是专业从事体育运动的人员。比尔·鲍尔曼自 1947 年从俄勒冈大学毕业后一直留校担任田径教练，而菲尔·奈特则是田径队员，两人于 1963 年共同创立了一家"蓝带体育用品公司"，主营体育用品，1972 年耐克公司正式成立，目前该公司生产的体育用品涵盖了服装、鞋类、运动器材等多个门类。耐克公司一直将"激励全球每一位运动员并为

其献上最好产品"视为自己的职责和使命，并坚信只有运用
先进技术才能生产出最优质的产品，为此投入大量的人力、
物力用于新产品研发。耐克首创的气垫技术给体育界带来了
一场革命，这也在很大程度上帮助该公司实现"逆袭"，超
越阿迪达斯成为世界第一体育运动品牌。公开的统计数据显
示，2017 财年耐克公司销售额达到 344 亿美元，继续稳居世
界头号宝座，而阿迪达斯以 212 亿欧元（约合 263 亿美元）
排名次席，这两大巨头占据全球约 56% 的市场份额，远远领
先于其他品牌。

　　现代体育传入中国后，国内长期没有形成体育器材生产体
系，主要依靠境外输入的体育产品。1910 年，先前专事修补
体育用具的陈林记鞋匠铺改造成专门的体育用品生产和销售
厂，这成为一个时代的开端；1915 年保定步云工厂开始制造
网球拍、标枪、铁饼、铜球等。1916 年孙润生在天津自制篮
球、排球、足球和垒球等球具，后来产品销路颇佳，遂于
1920 年开设利生体育用品工厂，产品种类逐步增加。① 此外，
1913 年建立的上海李高记皮球厂、1922 年建立的天津春合体
育用器厂等也是国内较早开始缝制足球、篮球、排球的专业
厂家。

　　新中国成立后，体育器材生产稳步发展，逐渐在上海、天
津、北京、广州、哈尔滨、齐齐哈尔等地形成现代体育器材生
产基地。20 世纪 80 年代初，伴随着改革开放的步伐，我国体
育用品迈入产业化阶段，如今我国已经成为全球最大的体育用
品制造国家，还是全球独立生产体育用品种类最多的国家，主
要产品包括球类、专项运动器材及配件、训练健身器材、运动

---

　　①　苏肖晴、易剑东：《中国近代体育用品的生产与销售》，《体育文史》
1997 年第 3 期。

防护用具以及其他体育用品等，许多体育器材中外驰名，成为奥运会等大型赛事的选用产品，预计到 2022 年我国体育用品行业收入规模将突破 2000 亿元。我国著名体育运动员李宁退役后创业，打造了以自己名字命名的体育用品著名品牌，从 2017 财年的业绩来看，李宁公司的销售额为 89 亿元，在本土品牌中仅次于销售额为 167 亿元的安踏，高居次席。

城市提供核心体育服务

现代体育有许多显著区别于古代体育的基本特征，诸如规则完备、体育活动组织严密、民众参与广泛等，这些在很大程度上得益于高效的服务行为，而提供这些服务的组织和机构同样集中在城市。体育组织和机构通过制定、完善各体育运动项目的竞赛规则，以及举办赛事和其他体育交流活动等，推动体育运动在全社会铺开，而各种传媒机构等则为体育活动尤其是体育赛事提供信息传播、推广服务，扩展其辐射范围和影响力，这些因素相互作用，最终促使现代体育风靡世界。

一　体育规则制定与活动组织

人类早期的体育运动脱胎于生产劳动和军事活动，因此在基本方式上表现出相近之处，在东西方世界跑跳、投掷、射箭、角力等活动都是最早的体育运动项目。不过，具体在怎样进行体育运动尤其是如何开展体育竞技等方面，仍表现鲜明的地域性特征。由于地理、民族习俗、文化传统等存在巨大差异，相同或近似体育运动项目的规则并不相同，有时甚至差异较大，如果组织来自多个地区的选手进行较量，一个基础条件是对其进行体育化改造，即为这些运动项目制定合理的竞赛规则，使之逐步规范化、文明化，然后组织、举办跨地域的体育赛事及其他交流活动才成为可能等。

(一) 体育竞赛规则的制定和统一

体育运动需要制定较为完备的规则，使体育运动和竞技在规范、文明的氛围中进行，基本原因来源于两个方面：降低暴力和血腥程度，便于开展体育交流和沟通。

在古代，许多体育运动项目延续了军事战斗的格局，其中包含了很多暴力和搏斗因素，一些比赛中运动员甚至以死相搏。古代奥运会上就曾多次出现选手死亡的场面，例如在公元前496年的拳击决赛中，一名叫克里阿马迪的选手用左胳膊夹住对方脖子，右拳猛打，竟把对方当场打死。古代奥运会出现了"死后夺冠"的拳击冠军阿瑞奇安——决赛中，阿瑞奇安被对手卡住咽喉而透不过气，但他屏住最后一口气，扭断对方的脚踝骨，对方疼痛倒地认输；就在对手表态认输后，阿瑞奇安气绝身亡。由于阿瑞奇安死前对方已经认输，因而死者阿瑞奇安最终被宣布为冠军。而到了古罗马时代，角斗更成为选手搏命、观众嗜血的残酷竞技，几乎角斗士之间的每一场较量都以死亡为结局，血腥程度非常之高。但是，如此血腥和残暴迎合了观众，因而在当时大行其道。

不过，随着社会的发展和进步，人们对于体育的认知逐步加深，血腥和暴力的体育文化被摒弃。人们认为体育不仅仅通过身体的剧烈运动、对抗带来精神、情感的释放和宣泄，更要确保运动者在此过程中不受伤害、无损健康。另外，社会发展到一定阶段后，体育与军事脱钩成为大趋势，其自觉性增强，逐渐转向社会控制、休闲和娱乐等目标，在此背景下迫切需要制定较为文明的规则。

另外，人类许多从古代延续至今的体育项目，其竞赛规则在不同时期存在显著差别。从现代体育竞赛的标准来看，古代许多项目的规则明显不合适，无法适应当下的竞技要求：在我国古代，射箭比赛曾以"射礼"的方式出现，其比赛规则跟现代大不一样，选手们比赛时更注重射箭动作的优雅，合乎音乐节拍，且要对周围的长辈、上级毕恭毕敬，甚至需要故意输给他们以示尊敬。这似乎更像是一种礼节，而失去了公平竞赛、全力争胜的体育精神。著名的"田忌赛马"故事也显示了竞赛规则不够完备、存在欠缺，孙膑才得以提醒田忌钻了空子，最终战胜了实力更强的齐王。为了变革如此局面，人们也在探索制定适当的竞赛规则。

拳击比赛规则的变迁就充分印证了体育竞赛规则日趋规范化、文明化的发展方向。古代奥运会拳击比赛限制很少，最初只有两条规则：不准抓对方眼睛，不准用嘴咬。就在克里阿马迪打死对手那一年，拳击比赛增加了一条限制性规则"不能长时间压制对方"，克里阿马迪最终被取消冠军资格，原因并非他打死了人，而是违犯了这一规则，构成技术犯规。而且当时拳击比赛不按选手体重区分级别，身高体壮的拳击手往往占据很大优势，而个子小的运动员则几乎无法借助技巧获胜。

后来，拳击比赛规则逐渐改良。公元 12 世纪，意大利传教士圣倍纳丁废止了古罗马时代的拳击野蛮训练方法，向大家提倡赤手拳击；他还开设拳击训练学校，在举办拳击比赛时担任裁判工作，在可能出现危险情形时命令停止比赛，以防止不必要的伤害事故发生。而英国人布劳顿制定了世界上最早的职业拳击运动比赛规则，新增了"不准打击已经倒地者"和"不准打击腰部以下任何部位"等规定；他还设计了拳击手套以使选手少受伤害。由于布劳顿对拳击运动的健康发展起了重要作用，后人尊称他为"拳击之父"。

其实，拳击比赛规则的演变是工业化背景下，运动项目竞相对传统竞赛文本化规则进行改造的一个缩影。现代体育的一个基本方向是朝着有节制的体能碰撞与人道主义方向发展，激烈的对抗项目如拳击甚至足球等都经历了规则改造，如 1863 年英国足球协会颁发第一套全国规则，禁止了绊人、踢人、推搡等粗野动作。①

在世界体育发展史上，英国人对于现代体育的最大贡献便是统一了先前的体育运动规则，为许多运动项目制定了较为合理、完善的竞赛规则，使体育比赛规则从无到有、从模糊到清晰，越来越规范化，为运动员平等参与、公平竞争奠定了基础。同时，体育竞赛规则的完备，也促使体育参与者的伦理得到较大幅度的提升，他们在比赛、竞技过程中自我控制、自我约束的意识不断增强，意识到争取体育比赛胜利很重要，同时要使自己、对手都免遭伤害，自觉摒弃一味蛮勇、暴力宣泄等不良行为。也正因为如此，体育竞赛才能够从最初明显带有争强好胜、斗勇斗狠等色彩的活动发展到如今的切磋技艺、友好竞争。

（二）体育机构有效组织交流活动

在古代，体育竞技活动基本上都是由官方组织的，即使享誉世界的古代奥运会也不例外。公元前 776 年，伯罗奔尼撒的统治者伊菲图斯努力使宗教与体育竞技合为一体，为此组织大规模体育竞技活动即古代奥运会，并决定每 4 年举行一次。在我国情形大体上也是如此，除官方组织武举比试之外，皇帝等人还会根据自己的喜好组织体育竞技活动等，例如唐中宗、唐玄宗等多位唐代皇帝都嗜好马球，或亲自与属下打马球，或组织属下进行马球比赛等。在中世纪的欧洲，骑士体育是重要内

---

① 张新：《论现代体育"文明竞赛"的历史生成》，《成都体育学院学报》2019 年第 6 期。

容之一，各国官方经常组织骑士展开体育竞技，主要方式便是骑士比武，国王和大贵族借此展示自己的实力，而骑士们不仅可以展示武艺，而且能获得奖品和荣誉，并赢得贵妇人青睐。[1]

在宋朝，国内一些大都市经济发达，人们追求休闲生活，市井体育逐渐活跃，这种体育生活方式表现出群众性、社会性和广泛参与性等特点，由此推动城市开始出现民间体育组织——"社"。据记载，南宋京城临安有多种"社"，如有关弓、弩的"踏弩社""水弩社"，打拳使棒的"英略社"，蹴鞠的"圆社""齐云社"等。[2] 在这些体育组织中，蹴鞠项目的社团显得非常特别，据说南宋时全国有数十家类似于"圆社""齐云社"的蹴鞠社团，普遍有严密的规章制度，在职能方面则兼备了现代的单项体育协会、俱乐部的双重功能：这些社团要求入社的成员遵守社规、不能做危险动作，在团体内部进行踢球技巧训练等，这些职能接近于现在的职业俱乐部；而它们同时担负了制定技术标准、竞赛规程等职责，负责规定参赛的人数、制定比赛规则等，且承担组织比赛和交流、提倡体育道德等多方面的任务，这些则类似于行业体育协会。总之，大批民间体育社团的成立标志着当时市民体育发展到一个新阶段。

几乎同时，欧洲也出现了有组织的体育组织和协会。如1042年在比利时根特成立了击剑协会，1299年英国成立草地滚球俱乐部，1399年成立弗兰德射箭学会等，这些机构随之举办了多种形式的体育活动和比赛等。

英国是工业革命的发祥地，英国人也对现代体育发展做出

① 张丽萍：《欧洲中世纪基督教文化对体育的全面影响》，《当代体育科技》2012年第36期。
② 文瑾：《宋代市井体育休闲文化考略》，《新闻爱好者》2009年第16期。

054 体育与城市互动提升论｜基于成都建设世界赛事名城

了巨大贡献，其主要路径除了制定、完备体育竞赛规则之外，还在于英国在许多体育项目上都建立了比较规范的体育组织机构，然后由这些机构组织赛事和体育活动等，而且这两者几乎是同步展开的，由此逐步使体育运动摆脱了皇权、宗教势力的控制，走向世俗化、大众化。除了前面已经提及的拳击、足球运动之外，网球也比较典型。1873 年英国人沃尔特·克洛普顿·温菲尔德改进早期的网球打法，使之成为夏天在草坪上进行的一种体育活动，这一年也被认为是现代网球元年；随后英国各地纷纷建立网球运动俱乐部，1875 年更建立了全英网球运动俱乐部。次年，一些著名网球运动俱乐部派代表研讨、制定了全英统一的网球规则，为此后开展网球活动、进行训练和比赛提供了基本尺度，世界著名的温布尔登网球公开赛前身——全英草地网球男子单打锦标赛也从 1877 年开始举办。

19 世纪后半叶，随着"世界市场"的形成，国家、民族及地域间的壁垒逐渐被打破，体育超越国界成为大趋势，国家之间的体育交流和比赛日渐频繁，体育国际化成为潮流。出于开展国际体育竞赛和交流的需要，一些国际性体育组织相继诞生。首先出现的是单项体育组织，如 1881 年成立了第一个国际单项体育组织——国际体操联合会，而 1892 年国际赛艇联合会和滑冰联盟相继成立，它们都负责组织本项目的国际竞技活动，使运动竞赛摆脱了原来的区域限制。随后在 1894 年 6 月，国际奥林匹克委员会在法国巴黎宣告成立，并相继组织了夏季、冬季、残疾人和青少年奥林匹克运动会等，极大地拓展了世界体育竞赛版图。1904 年 5 月，同样在法国巴黎成立了国际足球联合会，其主办的世界杯足球赛广受追捧，成为全球范围内能够与夏季奥运会媲美的赛事之一。

总之，体育运动规则的统一与完善，各种专业体育组织的出现，为现代体育稳步发展提供了必要前提和条件，它们促使体育竞技或其他交流活动能够在较大范围内展开，各地民众能够共享体育运动带来的乐趣和各种实际受益，诸如健康的身体、充沛的体力和饱满的精神等。

二 体育传播服务促进民众共享

体育要真正成为公众的生活方式，同样有两个基本维度：其一是广大民众自觉投身体育运动，将锻炼身体、增强体魄作为自己的日常生活；其二是从参与性体育向观赏性体育转变，这在很大程度上推动了职业体育的形成。职业体育是西方工业文明、市民社会的产物，一些竞技运动项目具有独特的观赏性，人们对其表现出普遍、强烈的观赏需求，愿意付费观看，这是职业体育产生的基本动因。

在实践中，这两个维度的实现都需要大众传播提供媒介服务，后者尤其突出。到现在为止，各类机构性传播媒体都存在于城市，其服务呈现从城市向乡村辐射的态势，传播媒介对于体育发展的重要贡献体现在两个方面：一是它向公众传递各种体育信息，扩大体育运动的覆盖面和影响力，为体育运动赢得民众支持；二是一些体育机构赛事等可以直接向传媒机构，特别是电视和网络传播机构收取高额的转播费用，传媒机构成为体育运动的重要"金主"。

（一）传播为体育赢得公众

从古代开始，各种体育活动尤其是体育竞技都离不开传播，体育需要借助信息传播扩大辐射面，被更大范围内的人群知悉。

奥运会从诞生开始就与信息传播结下了不解之缘，自觉通过传播扩大自身的影响。早在公元前776年到公元393年的古代奥运会期间，希腊人就专门设立新闻发布官，并由专人向各城邦及时传递最新的奥运消息。① 而 1896 年第一届现代奥运会在雅典举行时，创办于 1894 年的国际奥委会季刊《通讯》承担了传播奥运文化、报道奥运信息的重要使命，希腊雅典的《信使报》则是刊登首届现代奥运会信息的主要报纸。②

另外，随着各地市民对于体育运动的兴趣逐渐高涨，近代报纸等大众传播媒介意识到体育报道非常重要，是赢得读者和广告的重要手段。有人考证 1744 年报纸就首次报道了体育活动，而在我国近代报纸的发展过程中，报纸对于体育的报道也非常突出：1850 年 11 月 16 日，创刊不久的上海第一张近代英文报刊《北华捷报》刊登了秋季赛马大会海报，并于 30 日刊登了《1850 年秋季赛马大会赛事报道》；1861 创刊的《上海新报》是上海第一张中文商业性报纸，也是最早进行体育与运动信息报道的中文报纸——1863 年 11 月，上海举办赛马比赛，《上海新报》即刊登了赛马比赛消息。1872 年 4 月 30 日创办的《申报》是中国近代最重要的报纸之一，在其创刊当天就报道了赛马消息，题为"驰马角胜"。③ 作为历史的记录者，《申报》将体育赛事报道作为体育报道长期的新闻热点，记录了体育在中国从传入到兴盛的全过程。

在报纸之后出现的广播、电视等媒介，同样与体育紧密结缘，在其兴起之初就高度关注体育报道。

1920 年创办的美国 KDKA 广播电台是世界上最早的商业电台，开播不久便报道了拳击赛，开创了体育比赛的实况转播，很快促使市民形成了一个习惯：每逢比赛日，人们早早坐

① 郝勤：《体育新闻学》，高等教育出版社，2004，第 14 页。
② 郝勤：《体育新闻学》，高等教育出版社，2004，第 19 页。
③ 鲁威人：《体育新闻报道基础教程》，中国国际广播出版社，2017，第 16~17 页。

在收音机前，收听对于拳击手们精彩对决的实况解说。此后在1924年巴黎奥运会上首次进行了商业无线广播。

1936年柏林奥运会电视技术与奥运会第一次"亲密接触"，纳粹德国政府为了自我吹嘘的需要，决定使用当时尚不成熟的电视技术进行转播，25个大屏幕被架设在柏林各处，允许当地人免费观看比赛，赛场内的竞赛实况则以电影摄影方式拍摄后对外传输，统计数据显示，收视人数达到了16.2万人次。这次实验性的电视转播取得了初步成功，使奥运会新闻传播进入了全新阶段。

与广播介入体育报道相比，电视对体育运动的广泛报道更引起社会轰动，电视缩短了体育活动与普通大众的距离，使体育运动的传播速度加快，社会覆盖面加大；体育日益依赖于电视媒体，电视成为大众了解体育的首要途径。有人描述：电视传播将体育比赛由小圈子的、贵族式的活动变成了一个普罗大众的"公共领域"，体育变成"电视体育"是这场变革的核心。"公众对体育运动的兴趣，被电视及有线电视刺激起来之后，到现在已变得空前热烈。"[1] 不仅在美国如此，中国同样如此。1958年5月1日，我国第一家电视台——北京电视台（中央电视台前身）成立后，6月19日即进行了第一次体育转播，现场直播了"八一"男女篮球队和北京男女篮球队的友谊比赛，这是新中国第一次电视体育转播，受到广泛欢迎。

有人曾如此解释：电视更强调感觉，它比印刷媒介更需要受众的介入与参与。一些观众竟然对节目主持人的问候和告别做出应答，好像亲临现场一样。[2] 电视善于表达"在场的真"的特色，这在体育传播中表现得尤其明显。面对电视屏幕，人

---

[1] 〔美〕朱利安·哈瑞斯等：《全能记者必备》，宋晓男等译，中国新闻出版社，1988，第310页。

[2] 王逢振主编《电视与权力》，天津社会科学院出版社，2000，第145页。

们完全有理由把自己当成情景中的一个角色："它（电视直播）非常及时。通过它，你可以耳闻目睹。电视观众实际上成了赛事的参与者。"① 鉴于电视传播的巨大威力，已故国际足联主席阿维兰热曾深有感触地说过一句话："如果没有广告和电视，职业足球就不可能成为世界第一运动。"已故国际奥委会主席萨马兰奇也曾表示：将来体育运动必然会分化为两类，一类是适合电视口味的体育运动，另一类是不适合电视的体育运动；体育运动只有在第一种情况下才有可能加速发展，否则，要么衰落，要么踏步不前。

之后，历次技术革命所带来的大众媒介的进步都被直接应用到体育传播当中，电视与体育的勾连愈发密切：1956 年墨尔本奥运会，首次尝试通过卫星对奥运会在电视进行实况转播。1964 年东京奥运会期间，第三颗"辛科姆"卫星顺利完成电视信号传输任务，卫星直播从此成为奥运会信息传播的核心部分。

电视与体育的结合一度被认为是"天作之合"，但网络媒体仍然以不可遏制的发展势头改变了这一状况。如今众多网络用户已经习惯在网络上接收各种体育信息，而且网络媒体可以提供海量信息，以往传统媒体偏重于竞技体育报道，对于群众体育或曰社会体育关注不足的格局被彻底打破。人们能够通过网络媒体接收到各种公众体育活动的信息报道、视频直播等，许多网络媒体还介绍、传授体育运动方面的诸多知识，直接指导人们开展体育锻炼、修复疲劳，以及预防运动损伤等。

（二）传媒机构为体育提供资金

电视、网络媒体等一方面传播体育信息，扩大其影响，另

---

① 〔美〕杰克·海敦：《怎样当好新闻记者》，伍任译，新华出版社，1980，第 169 页。

一方面还耗费巨资购买赛事转播权，为体育提供丰厚资金，成为体育运动尤其是一些热门职业体育运动项目和赛事的重要"金主"。

体育赛事转播权是一项重要的民事权利，通常是指体育组织或赛事主办方许可他人通过电视、广播或新媒体渠道现场直播、转播、录像并从中获取报酬的权利。[①] 目前，赛事转播权有偿转让已经成为大型体育赛事或职业体育组织非常重要的收入来源，且市场前景看好，转播权经营成功与否往往是决定一项体育赛事、一个体育组织能否营利的关键要素，例如2014年巴西世界杯足球赛收入约为40亿美元，其中竟然有将近2/3的收入来自赛事转播权出让，其重要性可见一斑。

出让赛事转播权的基本理念在于体育赛事被认为是一种娱乐产品，而赛事组织者享有独有、排他的转播权，其他人需要支付对价才能获得此项权益。如此理念形成自然有深刻的社会背景，即商业体育大发展，公众对于体育的兴趣高涨，电视机构等能够通过体育传播活动获得高额回报。

首先发现如此巨大商机的是国际奥委会，1948年伦敦奥运会时它就意识到允许电视机构转播奥运会可以获得经济收入，为此向转播赛事的英国BBC开出了1500英镑的账单，对方也同意支付，虽然最终并未兑现，但毕竟开了先河。1956年墨尔本奥运会，电视台和主办方在电视转播权转让问题上出现了巨大争议，电视台认为无线广播台享有以新闻而非娱乐的方式免费转播奥运会的权利，因此拒绝购买转播权，由于谈判破裂，1956年墨尔本奥运会没有在包括美国在内的国家转播。[②]

---

① 李金宝：《体育赛事转播权法律性质认定的困境》，《电视研究》2015年第10期。
② 洪建平：《奥运转播：在经济和技术之间》，《传媒》2008年第4期。

　　1958 年新增加的《奥林匹克宪章》第 49 条规定了体育赛事电视转播权：电视直接引用奥运会的现场内容不得超过 3 分钟，电视台或电影可以在 24 小时内插播奥运会新闻内容 3 段。电视台播放的新闻越过了宪章规定的界限，就变成了娱乐。作为娱乐现场直播奥运会的权利须经国际奥委会承认，由奥运会组委会售出，所得到利润按既定方案分配。此后，电视转播权出让收入成为现代奥运会的主要经济支柱，在 20 世纪 80 年代初占到奥运会总收入的 95%。后来这一比例有所下降，出让金额却呈现大幅度上扬的势头，从 1960 年罗马奥运会时的十万美元级跃升到十亿美元级，2011 年，美国 NBC 以 43.8 亿美元一举获得了 2014~2020 年共四届奥运会的电视转播权。

　　与国际奥委会类似，随着世界杯足球赛在全球的影响力迅速提升，国际足联也开始着力经营世界杯电视转播权，价格随之飙升。1987 年瑞士国际体育代理公司以 3.4 亿美元的高价买进 1990 年、1994 年、1998 年三届世界杯的电视转播权，而到了 2018 年俄罗斯世界杯，电视转播权出让的金额已经超过 30 亿美元。此外，在欧美等国的热门职业联赛、职业体育俱乐部经营中，出售电视转播权的收入也占据重要位置。

　　电视曾经被认为是重大体育赛事最重要的"金主"，为了保证电视机构的利益，包括奥运会在内的许多重要赛事都曾做出让步，包括为了电视直播更改某些比赛的开赛时间、限制网络媒体的报道等。但 2008 年北京奥运会时，国际奥委会首次将新媒体作为独立转播机构列入奥运会转播体系，单独授予新媒体奥运会转播权，新媒体转播权营销由此成为驱动奥运会转播权销售的新型引擎。其他赛事也通过新媒体转播权营销获利巨大，如国内网络巨头腾讯体育为拿到 2020~2025 年的 NBA 赛事网络独家转播权，付出了 15 亿美元的巨资，网络媒体机构已然成为全球各大体育赛事新的"财东"。

从不同层面考量，各种传播媒介及其提供的传播服务都是现代体育发展重要的加速器、推进剂。

总之，城市是人类社会发展的重要标志，是一定区域内的经济、社会和文化聚集中心。马克思说过："城市本身表明了人口、生产工具、资本、享乐和需求的集中。"① 城市不仅变革了人类的生产关系和生产方式，也极大地改变了人们的生活方式。1933 年制定的《雅典宪章》指出，城市有四大功能——居住、工作、交通、游憩，而在游憩这个方面，娱乐的功能显得非常重要，游憩是城市生活连接娱乐空间的重要方式。

德国学者诺贝特·埃利亚斯曾提出："一种叫体育的英国娱乐方式竟然在 19 世纪铸就了世界性的休闲运动，这种现象用什么来解释呢？"② 其实，美国学者刘易斯·芒福德的话在一定程度上能够回答他的提问：城市是一部具体的、真实的人类文化的记录簿。③ 城市文化是以人为核心的，市民阶层迅速扩大以后，大众文化随之崛起，休闲成为社会消费的重要组成部分，娱乐的数量与质量直接关系到每个城市居民的生活品质，体育作为健康、文明的休闲方式成为市民生活必需品，大多数人因此选择欣赏、消费、参与体育。另外，现代体育必须以大多数人平等享有体育的权利为前提，只有当科技发展、工业革命让劳动力集中到城市，市民拥有自由支配的闲余时间、形成娱乐活动的自觉意识和现实需要，现代体育才具备兴起和繁盛的基础。而城市恰好促成了市民休闲需求与现代体育发展

---

① 中共中央马恩列斯著作编译局编《马克思恩格斯选集》（第一卷），人民出版社，1972，第 56 页。

② 〔德〕诺贝特·埃利亚斯：《论文明、权力与知识——诺贝特·埃利亚斯文选》，刘佳林译，南京大学出版社，2005，第 153 页。

③ 〔美〕刘易斯·芒福德：《城市发展史——起源、演变和前景》，宋俊岭、倪文彦译，中国建筑工业出版社，2005，第 32 页。

的有机结合，既把体育作为公共产品提供给市民，也利用市民阶层对体育运动的普遍参与热情推动了现代体育、商业体育和职业体育的快速发展。

近代中国各方面明显落后于西方，直至清末民初时近代市民阶层才逐步形成，这些人出于社会归属和尊重的需求，从心理上主动接近体育，在行动上则表现为积极参与体育运动，尤其当体育逐渐褪去军事和尚武的痕迹后，作为一种生活方式融入社会、市民生活，更对体育运动在中国的发展产生了重要影响。成都的情形同样如此，排球、网球和游泳等运动项目传入后受到市民普遍欢迎，爱好体育、崇尚休闲显示出市民对生活品质的追求和向往，体育竞技活动不仅强健了市民的体魄，而且西方人好争好动、自由开放的国民性格通过体育活动对中国市民产生了潜移默化的作用，塑造了其日益现代化的性格。体育活动不仅丰富了市民的娱乐生活，而且促进了城市生活方式向现代化转变。[1]

如果从最终目标而言，城市把体育推向市民的意味更浓郁。顺应市民将体育运动作为重要生活方式的发展趋势，城市在特定的物理空间合理配置体育资源，最大限度地满足市民以及周边人群多样化的体育娱乐需要，体现"以人为本"的原则；实际上，城市满足市民体育娱乐需求的过程，就是助力现代体育发展的过程。对于现代体育发展影响重大的几个要素，诸如比赛规则的制定、体育基础设施的完善、组织管理机构的设立、体育文化和教育的发展、公众参与度提高等均有赖于城市化，都是在城市主导下完成的。

---

[1]　余文倩：《西风渐进：民国时期成都市民的娱乐生活——以现代体育的传入与流行为中心》，《成都大学学报》2011年第3期。

第二章

体育：城市民众的"活力源"

　　城市、体育与市民三者构成一个颇为紧密的关系网络，各要素之间必然相互作用、互相影响。城市是人类社会发展的中心和动力，城市是人创造出来并为人们服务的，因此城市发展的目的和价值在于不断满足人的需求，以人为中心提升环境质量和城市竞争力，全面提高人民的生活质量。

　　体育作为城市的重要功能之一，是城市活力和魅力所在，对于现代城市、市民产生了多方面的积极影响。首先体育能够促进人的全面发展，使其身心健康、和谐发展，对于市民综合素质的提升具有重要意义；其次体育能够推动人的社会化，使市民与城市紧密相融，由此增强城市的凝聚力、向心力，强化市民对于城市的认同感、获得感等；最后体育运动催生的庞大消费产业对于城市经济发展具有极大刺激、推动作用，有助于促进城市经济转型，提升城市的经济活力。

体育促进市民全面发展

　　体育的外在形式是身体活动或运用，也可以说这就是它的媒介，如果仅仅从活动行为和方式本身分析，体育运动不过是一种自身的强健、自身潜在能力的开发过程，伏尔泰的名言"生命在于运动"即鲜明地体现了这一点；但是，体育不仅是一种运动，或者说是增强体质的一种手段，它更是一种生活方式，具有浓厚的文化价值。从根本上说，体育运动作为一种实践活动，除开发和释放人类自身生物能量之外，还能够极大地促进人的全面、自由、和谐的发展，是人的身心的完美展开和全面实现，也是个体人格与社会人格的和谐统一。

概言之，体育是通过人和为了人而对人的本质真正占有的过程，是人向自身、向社会的人的"复归过程"。早在 2500 多年前，古希腊奥林匹亚阿尔菲斯河岸的岩壁上，就镌刻着一段流传千古的经典名言："如果你想聪明，跑步吧！如果你想强壮，跑步吧！如果你想健康，跑步吧！"这段话直观地表述了体育所具有的多重社会功能。

从社会学的角度考量，体育是一种非常重要、有特色的社会文化现象，也是一种很有意义的教育过程，以培养完善的社会公民为终极目标。萨马兰奇先生曾这样定义体育的本质："体育是生活，是生命，是健康，是友谊，是教育。"① 因而体育对于人尤其是群体性与交往性特征更强的市民必然产生积极影响和正面促进。

一　体育对人的终身教育功能

从各种体育活动的性质、形态与目的上看，现代体育由学校体育（体育教育）、竞技体育和大众体育（也可称社会体育）三大部分组成，这使体育与人的关联度非常之高，可以说体育贯穿了人的终生，对于人的成长和发展、人格完善等都起着非常重要的作用，因此著名体育家、教育家马约翰先生曾经说："体育是塑造人、教育人最有效、最有趣的方式。"

（一）体育教育功能概述

作为一种重要的教育方式，体育引导人们自觉、主动参加体育运动或活动，形成健康、快乐的生活方式，更重要的是培养良好的运动精神，参与体育运动有助于提升身体素质，培养

---

① 季芳：《如何提升公共体育服务？》，《人民日报》2013 年 1 月 9 日。

平等意识、竞争意识和群体意识等。

近代以来，众多教育家们都非常重视体育，认为体育具有很强的教育功能。捷克近代教育家夸美纽斯就倡导"健全的精神寓于健全的身体"① 的思想，英国人洛克则第一次提出了"德、智、体""三位一体"的教育构想，而英国空想社会主义者和教育家欧文也强调，体育要与生产劳动相结合，从而实现人的全面发展，并通过自己的实践活动对这一思想进行了探索。马克思肯定了欧文的探索行为："生产劳动同智育和体育相结合，它不仅是提高社会生产的一种方法，而且是造就全面发展的人的唯一方法。"②

在中国近代，严复是第一个提出"教育救国"的思想启蒙家和教育家，他提出教育能够"以康强之体，贮精湛之心"，为此要通过发展教育"鼓民力、开民智、兴民德"，"是以讲教育者，其事常分三宗：曰体育，曰智育；曰德育，三者并重"。其体育思想则以"鼓民力"为核心展开，为此他明确表示"今者，论一国富强之效，而以其民之手足体力为之基。"③ 1906 年，著名学者王国维发表《论教育之宗旨》一文，第一次提出了德、智、体、美"四育"并重的教育思想，其逻辑链条如下：教育的宗旨在于使人成为"完全之人物"，而"完全之人物"精神与身体必不可不为调和之发达，身体发达通过体育教育，而精神发达则依靠智育、德育（即意育）和美育（即情育）。而在 1912 年，时任临时政府教育总长的蔡元培撰写《对于新教育之意见》一文，提出为培养共和国

---

① 〔捷〕夸美纽斯：《大教学论》，傅任敢译，教育科学出版社，1999，第71 页。

② 马克思、恩格斯：《马克思恩格斯全集》（第二十三卷），人民出版社，1972，第 530 页。

③ 王栻：《严复集》，中华书局，1986，第 30、689 页。

国民，要实施"五育并举"的教育方针，"五育"即军国民教育、实利主义教育、公民道德教育、世界观教育和美育，其中军国民教育便是体育，而实利主义教育则是智育。

人们曾经将体育的教育功能归纳成几个方面：体育运动能够促进人们养成良好的生活习惯，并且有助于促成个性形成、培养进取精神和竞争精神等，尤其通过社会规范、社会角色教育等促进人的社会化。体育的这些功能和作用可以进一步阐释如下。

第一，体育是一种重要的物质基础条件，能够促进人的运动及其能力全面发展。首先，体育直接以身体活动为形式和手段，契合人体生长发育、技能形成与提高等规律，在运动中增强锻炼者的体质，并促进其心理、品质也发生相应的变化，为智力水平的提高和思想境界的升华奠定必要的基础，从而为德育和智育的发展提供条件。其次，体育是一项促进人类健康和幸福的文化运动，在相当程度上是人类回归自然的行为和活动，有效实现了人与自然的和谐统一。最后，体育对人类个体能力和集体能力具有极大的促进作用，体育为人类的自我发展创造了很好的机会和氛围，为人类个体能力的提高和强化提供了充分的条件，人们通过体育运动获得了"实现自我"与"超越自我"的满足感。体育运动还能够实现集体能力的共同增长，大量的体育运动项目是集体、团队完成的，集体能力的整合、团结合作的重要性在体育竞技中得到直观且鲜明的体现。

第二，体育是增加社会交往、丰富社会关系的重要纽带。首先，人是社会的动物，交流与沟通是人的社会性的重要表现，而体育作为一种有目的、有意识的社会活动，为人们的社会交往提供了优良的载体。人们参与体育活动的过程，无论是与同伴的默契配合，还是与对手的斗智斗勇，都直接扩大了人们社会交往的范围，满足了其交往、合作的需要。其次，现代体育追求公平竞争、规则严明、尺度清晰，着力培养良好的竞争秩序，人们如果认真遵循体育规则、践行体育精神，则社会交往活动有望更加和谐。

第三，体育能够促进人的个性自由发展。首先，体育能够在物理机能方面达到增强体质的效果，这是体育最为基础、最直接外显的功能，无须赘述。其次，体育能够促进个人心理的发展和完善，体育运动在帮助人们获得持续健康身体的同时，促进人们及时调节意志消沉和沮丧等不良情绪和心理状态，保持心情舒畅、精神愉悦，积蓄积极力量，使自身的认知、情感、意志等心理因素得到健康发展，使人的身心保持最佳状态。最后，体育是实现个人价值和社会价值的重要手段，体育运动尤其是竞技体育需要运动员在公平的环境中刻苦努力，经受身体和心理的严峻考验，通过坚持不懈的奋斗达到运动成绩的高峰，实现力与美的完美结合，展示个人魅力，在此过程中自我的努力、自我的价值都能得到充分展现。此外，人们在体育中的成就还能得到社会的认同，实现社会价值，奖牌、鲜花、掌声和运动员饱含激动与幸福的泪水证明了运动员的自我价值，见证了社会对运动员努力与成绩的肯定与认同，是其社会价值的高度体现。

（二）奥林匹克精神彰显教育功能

法国人顾拜旦被后人赞誉为"现代奥林匹克之父"，其最大贡献在于推动全世界范围内复兴奥林匹克运动，为人类提供了一种主流体育文化。实际上，借助体育对人们特别是青少年开展教育则是顾拜旦复兴奥林匹克运动的初衷。

顾拜旦出身于法国贵族家庭，其童年时代即遭遇了惨烈的普法战争，普法战争失败后，法国积蓄各种力量，伺机向德国复仇。顾拜旦深知，两国一旦再战，整个欧洲都将被牵连进去，这显然不是他希望看到的局面，他渴望激发人们的和平意愿，壮大世界的和平力量；同时，他希望祖国（法国）强盛起来。在顾拜旦看来，强盛法国的核心途径便是振兴法国的教育，使法国青年具有强健的体魄和美好的心灵。

顾拜旦从青少年时期起，就潜心钻研不同教育体系，曾经前往英国学习，并在此期间潜心研究了英国的教育史，并撰写过有关 18 世纪英国儿童教育家汤姆士·阿诺特之教育思想的学术论文。阿诺特曾经说过这样一句话："运动是青年自我教育的一种活动"，这句话燃起了顾拜旦致力于体育教育的火花，他考察了当时英国的教育及体育的状况，对那里学校经常组织体育课、课外体育活动和郊游等行为非常赞赏，希望能够在法国各学校中也设置体育课，培养学生集体主义思想和刻苦锻炼、强健体魄的精神，为此他强调将体育纳入教育的范畴，先后发表两部重要论著，主张在学校中开展体育运动，并以体育为重点来改革教育体系。恰好在这个时期，古代奥运会遗址被发掘出来，顾拜旦也专门前往考察，从而真切地认识到，古希腊人组织竞赛活动，不仅是为了锻炼体格和显示一种壮观场面，而且是为了教育人——体育竞赛活动能磨炼人的意志，培养人的个性，又能锻炼身体，是教育人的良好方式，于是他全身心地投入复兴奥林匹克运动的事业中，也更坚定地认为"在现代生活中最重要的是教育"。

顾拜旦认识到奥林匹克精神与纯粹的竞技精神存在明显的差异：纯粹的竞技精神只能带给运动员心理上自得其乐的悦乐感，奥林匹克精神却能带给人们美感、荣誉感等，而这正是顾拜旦心中崇尚的精神，他曾热情地讴歌、赞美体育是美丽、艺术、正义、勇敢、荣誉、乐趣、活力、进步与和平的化身。

顾拜旦的另一伟大之处在于，作为一位卓越的教育家，教育思想始终是其体育思想的核心。顾拜旦曾明确阐释自己"敲响重开奥林匹克时代钟声的原因"：基于改革教育的愿望。换言之，他希望通过复兴奥林匹克运动，锻炼人的性格，培养人的道德，发展古希腊人的理想——"美丽、健康"，实现改变传统教育方法与内容，促进青少年全面、均衡、协调发展等效果。其实，在顾拜旦的理念中，奥林匹克运动的教育对象不只是那些参加体育运动的人，还应该包括人民大众，为此在1919年他提出了"一切体育为大众"的思想，使奥林匹克的教育功能延展到全体社会成员。

1892年，顾拜旦正式提出了复兴奥林匹克运动的具体构想，这堪称人类体育史上最辉煌的壮举之一。他在演说中阐明：现代奥运会应该像古代奥运会那样，以团结、和平和友谊为宗旨，为此顾拜旦全面继承了古代奥运会的优秀文化遗产，吸收了古代奥运会公平竞争、奋勇拼搏、身心和谐发展等传统思想，并保留奥运会名称、奥林匹亚德周期、圣火传递和宣誓仪式等。更加值得称道的是，顾拜旦深刻地认识到古代奥运会的局限性，因此他提出现代奥运会应该比古代奥运会有所发展和创新，必须让奥运会现代化，而不要进行笨拙、简单的模仿和复原。

作为顾拜旦复兴奥林匹克运动的标志性成果，1894年6月国际奥委会在法国巴黎成立，这是一个国际性的、非政府的、非营利性的组织，《奥林匹克宪章》明文规定，国际奥委会的宗旨是"鼓励组织和发展体育运动和组织竞赛；在奥林匹克理想指导下，鼓舞和领导体育运动，从而促进和加强各国运动员之间的友谊"。

作为人类体育文化的杰出代表，奥林匹克运动表现出非常丰富的内涵，其中之一便是突出了体育的教育功能，已故国际奥委会主席萨马兰奇曾说："奥林匹克运动是超越竞技运动的，特别是在最广泛、最完全的意义上来讲，它是不能与教育分离的。它将身体活动、艺术和精神融为一体而倾向于一个完整的人。"现代奥林匹克运动从一开始就高度重视体育的教育功能，其纲领性文件《奥林匹克宪章》明确提出："奥林匹克主义是增强体质、意志和精神，并使之全面均衡发展的一种生活哲学。奥林匹克主义谋求体育运动文化与教育相融合，创造一种以奋斗为乐、发挥良好榜样的教育作用，并尊重基本公德原则为基础的生活方式。"

在奥林匹克教育体系中，青少年是接受教育的主体人群，其教育模式是通过传播奥林匹克理想，以新的角度、新的方式教育青少年，促进青少年身心健康、和谐发展。青少年是社会中最活跃也是最不稳定的社会群体，这一群体有极大的可塑性和模仿力，他们羡慕英雄、崇拜英雄，而且渴望成为英雄，奥林匹克主义则将树立"良好的榜样"作为一种重要的教育方式，力图给全世界的青少年提供奥林匹克选手——这些活生生的现实中的英雄榜样，让他们去模仿、去学习，通过对奥运选手的学习，取得教育效果。现任国际奥委会主席托马斯·巴赫曾说过，干净的运动员是奥林匹克运动的形象大使、行为模范。奥林匹克精神的传播，就是通过运动员的鲜活榜样示范，引领青少年认同奥林匹克价值观，从而影响整个社会。

由此可见，奥运选手的榜样示范作用和奥林匹克文化氛围的熏陶一样，意在进一步强化奥林匹克运动的教育功能。我国已故著名奥运活动家何振梁先生高度强调奥林匹克运动的教育本质，认为现代奥林匹克运动的目的就是通过奥运会教育青年、鼓舞社会，何振梁指出，优秀运动员要成为青少年的榜样，"中国优秀运动员的良好道德风尚、拼搏精神，确实为青少年和社会各个方面提供了良好的榜样，对青少年今后的发展有积极的影响"。①

　　为进一步彰显体育运动的教育功能，2001 年，时任国际奥委会主席罗格倡议举办青年奥运会，以在青少年中广泛传播"卓越、友谊、尊重"的奥林匹克理念，使之成为青少年的共同理想，树立健康向上的青少年榜样，鼓励和引导青少年积极参与体育运动，以奥林匹克的价值观来生活，从运动中收获健康的生活方式，并成为奥林匹克主义的大使。为实现这一目标，历届青年奥运会都推选出一批运动员榜样，为参赛的青年选手和其他青少年提供支持、指导和建议，国际奥委会在2014 年 3 月遴选出 37 位南京青年奥运会运动员榜样人物，其中许多人选是中国青少年熟悉的著名体育运动员，包括奥运冠军吴敏霞、雷声、吴静钰，以及"世界足球小姐"孙雯，乒乓球世界冠军王励勤等。

二　体育社会功能对人的促进作用

　　体育文化是人们在体育生活和体育实践过程中，为谋求身心健康发展，通过竞技性、娱乐性、教育性等手段，以身体形态变化和动作技能所表现出来的具有运动属性的文化。已故国际奥委会主席萨马兰奇说过奥林匹克运动就是文化加体育，奥林匹克精神作为奥林匹克运动的核心，是世界体育文化中的主流文化，其目的在于促进人类的精神发展，以此造就全面发展的人。在 1912 年斯德哥尔摩第五届奥林匹克运动会上，顾拜旦使用其德文笔名霍罗德和艾歇巴赫发表了著名的《体育颂》②，热情讴歌了体育的多种社会功能。有意思的是，在1917 年 4 月 1 日出版的《新青年》第三卷第二号上，当时还

---

① 肖春飞：《何振梁三说刘翔》，《济南时报》2008 年 3 月 17 日，第 8 版。
② 《体育颂》中文译本由詹汝琮翻译，发表于《新体育》杂志 1982 年第 8 期。本节引用的《体育颂》文字均来自该版本。

很年轻的毛泽东同样以"二十八画生"的笔名发表了《体育之研究》，学术界通常认为是其业师杨昌济推荐给陈独秀而得以刊登的。①

《体育颂》和《体育之研究》在问世时间上颇为接近，更重要的是尽管体裁不同，《体育颂》是一首散文诗，《体育之研究》则是比较规范的学理性文章，但两者在体育功能的认知方面表现出许多内在共通之处：毛泽东运用传统的东方智慧和思维方式，提出了体育能够全面塑造人等一系列观点，与扎根于西方文化土壤的奥林匹克精神高度契合，殊途同归。

（一）对体育本质的高度认同

体育的本质是什么，其在现代社会文明中具有何种作用和地位，这是深入探讨体育问题时难以逾越的话题。在毛泽东和顾拜旦的两篇不朽佳作中，这个问题得到了几乎一致的解释：体育是一种重要的社会文化，具有强大的体验效能和教育功能，其实质是通过运动促进人的和谐发展，进而促进人与社会、人与自然的和谐。

顾拜旦复兴奥林匹克运动的根本目标之一，便是重建古希腊时期形成的奥林匹克理想。他在 1908 年指出："奥林匹克理想，在我们看来是一个很强的体育文化概念，它一部分建立在你们如此向往并称为公平竞争的骑士精神，另一部分建立于对优美与崇高狂热崇拜的美学思想。"这番话充分表明奥林匹克理想一是要公正竞赛，建立一种可控、合理的社会竞争机制，二是持续对美和崇高的追求，即"热爱体育本身及其教育价值"和"追求人类的完善"。后来，顾拜旦的愿望通过《奥林

---

① 牛永刚、和海珍：《毛泽东撰写〈体育之研究〉原因考略》，《体育文化导刊》2014 年第 5 期。

匹克宪章》得到进一步的明确："奥林匹克的目标是将体育运动置于为人的和谐发展服务的位置，以期建成一个和平的维护人的尊严的社会。"

《体育颂》作为一篇传诵已久、言辞优美的散文诗，不乏对体育"维护人的尊严"本质的热情赞颂。

啊，体育，你就是培育人类的沃地！你通过最直接的途径，增强民族体质，矫正畸形躯体，防病患于未然，使运动员得到启迪；让后代长得茁壮有力，继往开来，夺取桂冠的荣誉。

啊，体育，你就是进步！为了人类的日新月异，身体和精神的改变要同时抓起，你规定良好的生活习惯，要求人们对过度行为引起警惕。你告诉人们遵守规则，发挥人类最大的能力而又无损健康的肌体。

与顾拜旦的思路高度合拍，毛泽东也充分认识到体育在整体教育中的极端重要性。1916 年 12 月，毛泽东在给朋友黎锦熙的信中即提出了"德智体应全面发展""体弱可以变体强""身心可以并完"等辩证的体育思想，而在《体育之研究》中他更为透彻地论述了这一点："体育一道，配德育与智育，而德智皆寄于体，无体是无德智也。"此言毫不隐讳德智均寄托在身体，没有强健的体魄就没有德智。随后他继续阐发自己的观点："体者，为知识之载而为道德之寓者也。其载知识也如车，其寓道德也如舍。体者，载知识之车而寓道德之舍也。"有此铺垫后，毛泽东写道："体育于吾人实占第一之位置。体强壮而后学问道德之进修勇而收效远。"

此外，毛泽东在论文中直接抨击了先前教育中的错误理念："三育并重，然昔之为学者，详德智而略于体。"然后，他道出了文章中最精辟、个人色彩最浓郁的一段话——"近人有言曰：文明其精神，野蛮其体魄。此言是也。欲文明其精神，先自野蛮其体魄。苟野蛮其体魄矣，则文明之精神随之。"人们通常认为，毛泽东提出这一观点深受陈独秀1915年在《青年杂志》第一卷第二号上发表的《今日之教育方针》中专门探讨中华民族体格培养和体育价值一节内容的影响，陈文中一大亮点便是"兽性主义"——"兽性之特长谓何？曰意志顽狠，善斗不屈也；曰体魄强健，力抗自然也；曰信赖本能，不依他为活也；曰顺性率真，不饰伪自文也。""强大之族，人性兽性，同时发展。其他或仅保兽性。或独尊人性。而兽性全失，是皆堕落衰弱之民也。"毛泽东在《体育之研究》中着力强调的"野蛮其体魄"堪称对"兽性主义"的具体阐发和升华。其实，这一思想完全可以追溯到更早——鸦片战争之后，中国长期处于积贫积弱的状态下，一些爱国人士认识到，中国的国力，弱就弱在经济不强、军事不强、体质不强，1902年梁启超在《新民论》中就说过"四万万人，而不能得一完备之体格，呜呼！其人皆为病夫，其国安得不为病国也"，提出了"勇武刚强，乃中国第一急务"的口号。

顾拜旦和毛泽东对于体育的教育本质功能的阐释，在日后均得到高度认同，如今奥林匹克运动的内涵早已远远超出体育的边界，成为社会文化的一部分，而毛泽东后来也充分揭示了体育在全面发展的教育中的辩证关系，1957年他在《关于正确处理人民内部矛盾的问题》中明确提出："我们的教育方针，应该使受教育者在德育、智育、体育几方面都得到发展，成为有社会主义觉悟的有文化的劳动者。"

（二）对身心均衡发展的不同表达

奥林匹克的精神实质是"使体育为人和社会的和谐发展服务"，均衡发展的身体观是古代奥运会留下的重要遗产，它强调了对人的尊重，强调了人的自然属性中的肉体与精神的结合，并强调通过体育实现身体、精神、意志等素质均衡发展的人生目标。[1] 对于这一理念，《体育颂》与《体育之研究》做了不同的表述，但其思想内涵是高度相通的：顾拜旦教导人们一方面要看重人体的外形美，另一方面要通过体育锻炼塑造崇高的心灵美，实现"二者和谐统一"；毛泽东则提出"体育者，人类自其养生之道，使身体平均发达"，以及"勤体育则强筋骨，强筋骨则体质可变，弱可转强，身心可以并完"等观点，"身心可以并完"在纵向上与中国传统的"身心一统""内外兼修"等哲学思想一脉相承，在横向上则与"二者和谐统一"形成了内在的默契。

在《体育颂》中，顾拜旦大声疾呼体育锻炼和运动竞赛不只是单纯实现身强力壮的外在效果，还能够发挥净化、美化人们思想情操、锻造人们心灵美的内在作用。为此，他生动地将体育的功能外化成"美丽""正义""勇气""乐趣"等种种可以体味的具象，让人们真切地感受到体育运动带来的身心和谐统一的锻炼和修炼效果。

啊，体育，你就是美丽！你塑造的人体变得高尚还是卑鄙，要看它是被可耻的欲望引向堕落；还是由健康的力量悉心培育。没有匀称协调，便谈不上什么美丽。你的作用无与伦比，可使二者和谐统一；可使人体运动富有节律；使动作变得优美，柔中含有刚毅。

啊，体育，你就是正义！你体现了社会生活中追求不到的公平合理。任何人不可超过速度一分一秒，逾越高度一分一厘，取得成功的关键，只能是体力与精神融为一体。

---

[1] 北京冬奥申委：《奥林匹克价值观的系统建构与教育价值》，http://news. youth. cn/gn/201503/t20150328_6551245. htm。

啊，体育，你就是勇气！肌肉用力的全部含义是勇于搏击。若不为此，敏捷、强健有何用？肌肉发达有何益？我们所说的勇气，不是冒险家押上全部赌注似的蛮干，而是经过慎重的深思熟虑。

……

啊，体育，你就是乐趣！想起你，内心充满欢喜，血液循环加剧，思路更加开阔，条理更加清晰。你可使忧伤的人散心解闷，你可使快乐的人生活更加甜蜜。

由于《体育之研究》是说理性的论文，辞藻上自然不及《体育颂》华丽——通篇以吟咏文字为主，其更强调以理服人，但该文仍然以递进关系的表述，将体育对于个体修行的功效归纳为"强筋骨""增知识""调感情""强意志"几个层次，对于国家则能造就身体强健、精神刚毅的国民。

其一，体育可以"强筋骨"。这其实就是指体育运动对于强健身体具有明显的作用，"于积极方面，则勤自锻炼，增益其所不能。久之遂变而为强矣"。体育运动"强筋骨"能够促进"体壮兵强"，可以起到一定的保家卫国的作用。

其二，体育可以"增知识"。从这个层面看，体育对于人们的塑造功效已然超越了外在的健身、塑形的层次，进入对人体内心的培育效果，"今世百科之学，无论学校独修，总须力能胜任。力能胜任者，体之强者也。不能胜任者，其弱者也。强弱分，而所任之区域以殊矣"。

其三，体育可以"调感情"。毛泽东论述道："古人以理性制之，……然理性出于心，心存乎体。常观羸弱之人，往往为感情所役，而无力以自拔；五官不全及肢体有缺者，多困于一偏之情，而理性不足以救之。故身体健全，感情斯正，可谓不易之理。"正面解释了身体健康对于情感控制的积极效用。

其四，体育可以"强意志"。毛泽东将其称为"体育之大效"，并且阐释道："体育之主旨，武勇也。武勇之目，若猛烈，若不畏，若敢为，若耐久，皆意志之事……要皆可于日常体育之小基之。"概要地论述了体育对于意志培养的重要价值。

在递进式阐明体育的四大主要功效后，毛泽东归纳说："筋骨者，吾人之身；知识、感情、意志者，吾人之心。身心皆适，是谓俱泰。故夫体育非他，养乎吾生、乐乎吾心而已。"主旨鲜明地道出了体育运动促使"身心可以并完"的思想。

在顾拜旦等现代奥林匹克运动先驱的一再呼吁下，奥林匹克逐步成为世人认同的一种生活态度，它强调人通过自我锻炼、持续运动而拥有健康的体魄、乐观的精神和对美好生活的热爱与追求。毛泽东"身心可以并完"的思想也延续到他成为国家核心领导人以后的治国理念上：1950 年 6 月 19 日，他给时任教育部长马叙伦写信，"要各校注意健康第一，学习第二"；1951 年 1 月 15 日，毛泽东就学生健康问题再次写信给马叙伦说："提出健康第一，学习第二的方针，我以为是正确的"。① 此外，毛泽东还多次提出要使青年身体好、学习好、工作好，这也是"三好学生"标准的来历。这些言行，无疑是毛泽东早年关于体育四大主要功效的观点的延续和深化。

（三）对于体育参与精神的一致推崇

既然同时强调体育具有重要的教育功能，且对于人们身心和谐、内外兼修发挥着关键性的作用，呼吁体育与公众的结合自然成为顾拜旦和毛泽东的一致想法，对于体育运动中参与精神的推崇与肯定也成为他们各自体育思想中的有机组

① 季浏：《"欲文明其精神，必先野蛮其体魄"》，《文汇报》2007 年 4 月 2 日。

成部分。

许多人知道奥林匹克运动会是全球最重要的体育赛事，却不了解奥运会只是奥林匹克运动的一个分支，真正的奥林匹克运动是对大众而言的，其响亮的口号便是"体育为大众"，旨在为人类提供一个体育沟通和交流的平台，因而其目标并非让少数人去争夺金牌，而是为所有愿意展示自我的人提供舞台和机会，让不同年龄和性别的人们都去参与体育锻炼、享受体育运动带来的健康和身心愉悦。

奥林匹克运动中有一句广为流传的名言——"重要的是参加，而不是取胜。"这句话最早出现在 1908 年伦敦圣保罗大教堂的一次宗教仪式上，当时宾夕法尼亚主教说了一段话："在奥林匹克运动会上，取胜不像参加那样重要。"此言引起了顾拜旦的深思，后来他解释道："正如在生活中最重要的事情不是胜利，而是奋斗；不是征服，而是奋力拼搏。"这句话迅速成为奥林匹克格言之一，因为它充满哲理，不仅强调了体育和生活中奋斗的重要性，也体现了在奋斗中分享快乐的精神；这句话还显示出参加运动是所有人的权利，任何人都享有参与体育锻炼与竞赛的权利——对于体育运动而言，重在参与，而非取胜。

由于篇幅短小，《体育颂》没有像讴歌体育的教育本质、社会功能那样，连续颂扬奥林匹克参与精神，但对于交流、沟通有一定的表达。

啊，体育，你就是和平！你在各民族间建立愉快的联系。你在有节制、有组织、有技艺的体力较量中产生，使全世界的青年学会相互尊重和学习，使不同民族特质成为高尚而公平竞赛的动力！

不过，参与原则如今已然成为奥林匹克精神的核心组成部分之一，国际奥委会通过一系列文件、仪式和赛事设置等，彰显其对参与精神的极度弘扬。第一，1979 年国际奥委会出版的《奥林匹克评论》（第 40 期）强调，会旗和五个环的含义是，象征五大洲的团结，全世界的运动员以公正、坦率的比赛和友好精神，在奥运会上相聚一堂。第二，奥林匹克运动的主要对象是全世界的青少年，这一群体有极大的可塑性和模仿力，他们羡慕、崇拜英雄，且渴望成为英雄。奥林匹克主义抓住了这种特点，将树立"良好的榜样"作为一种重要的教育方式，感染青少年热爱体育。第三，2001 年，时任国际奥委会主席罗格倡议举办青年奥运会，以在青少年中广泛传播"卓越、友谊、尊重"的奥林匹克理念，鼓励和引导青少年积极参与体育运动。

毛泽东的《体育之研究》直接关涉体育运动参与精神的文字颇多，包含"巢林止于一枝，饮河止于满腹""运动之方法贵少""日以为常，使此运动之观念，相连而不绝，今日之运动，承乎昨日之运动，而又引起明日之运动""运动既久，成效大著，发生自己价值之念"等多处论述，突出"重在参与"的观念；论文中还强调体育运动应该"高质轻负"，参与目的不在锦标，而在增强体质、使自己身心愉悦，"兴味者运动之始，快乐者运动之终。兴味生于进行，快乐生于结果"。

毛泽东始终把体育运动与国民素质、国家命运联系在一起，高度重视体育运动与广大群众的结合。抗日战争中，他为《解放日报》体育专刊题词："发展体育运动，提高人民体质"；新中国成立后，他要求体育工作把"体育是关系六亿人民健康的大事"来抓，1952 年中华全国体育总会成立，他为大会题词："发展体育运动、增强人民体质。"这些题词明确了我国体育事业的根本目的和发展方向，推动了我国体育运动的发展。① 正是毛泽东等历代国家领导人对于群众体育运动的高度重视、对于体育参与精神的一再强调，极大地推动了我国全民健身运动的兴起和蓬勃发展，促使体育在提高人民身体素质和健康水平、促进人的全面发展，丰富人民精神文化生活、推动经济社会发展，激励全国各族人民弘扬追求卓越、突破自我等精神方面，发挥出不可替代的重要作用。

应该说，体育对人的全面、和谐发展的促进作用，对于所有社会成员都是适用的，并不仅限于城市人口；但是，城市人口聚集性更强，人员更加密集，而且在城市生产方式中，工业、服务业等居于绝对的主导地位，这对于人们的合作、竞争等精神和态度要求更高，由此也促使体育对于人的综合养成的功能在市民中往往体现得更加明显。

体育增强城市幸福感

城市各项功能组合起来，就是让生活更美好，城市发展的终极目标也是让市民感到生活质量得到全面提高，有充足的幸福感和获得感，更加认同、热爱自己的城市。有人以古希腊城邦为例阐述这一点：古希腊人在城市精神、文化、体育、艺术等领域的全面开拓，使人们领悟到城市生活的真正本质以及社区生活的无穷乐趣，并且由一种集体的自尊心理和确信依靠集体就能战胜外界强大压力的信念，生发出对社区整体的自我崇拜以及对城邦精神的尊崇与向往。②

进入现代社会，体育在推动城市与市民之间构建良好互动

---

① 林伟：《毛泽东对奥运会的贡献我们不会忘记》，http://cpc.people.com.cn/GB/64093/64103/7682241.html。
② 王亚夫：《古希腊时期的城市规划思想》，https://www.sohu.com/a/252261238_100210613。

关系方面的作用愈发明显，"体育赋能城市"已然成为人们的共识。"赋能"的基本含义是为某一主体赋予某种能力和能量，如此理解"体育赋能城市"，可以认为体育是一种关键性的元素，其介入和作用能够促进城市的各项功能发挥得更好，这是由城市发展的需要和体育的特殊功能共同决定的。体育具有健身、娱乐、怡情养性、增强社会交往、促进个体社会化等多方面的功能和作用，可以从身体状况和文化素养两个方面提升市民的素质；而人是城市发展的主体，城市的繁荣、稳定与整体文明程度的提升，从根本上取决于市民综合素质。由此可以发现在城市发展进程中，体育有极大的发挥空间。"体育赋能城市"在多个方面表现出具体功用：其一，极大地丰富市民业余生活，助力推动整个城市保持健康状态，并在此过程中助力完善城市功能，提升城市管理水平；其二，倡导体育健康生活，让市民拥有美好的获得感，从而强化对于城市的认同，助力提升城市幸福感和凝聚力。体育运动还会催生一系列消费行为，形成巨大的体育产业，带动城市经济发展和转型，为城市增强经济活力，这是"体育赋能城市"在经济领域的表现，本文将在下一节详尽论述。

一 体育助力市民健康生活

社会发展以人为本，城市发展也以满足市民各方面的需求为重要依归，工业化、科技进步等确实在很大程度上实现了这一目标，人们的劳动强度降低、体力劳动减少，社会生产率却稳步提高，社会财富逐步增多，满足了人们在物质层面的需求。但是，这种发展趋势也带来了一些消极影响，非常突出的一点是越来越多的人从体力劳动转向脑力劳动等，体育活动与大多数人的工作脱钩；另外，城市生活节奏明显加快，人们往往选择更快捷的出行方式，电梯取代了楼梯，汽车取代了步行，自身的主动运动却减少了，尤其是"网络时代"的到来，上网极大地挤占了人们的空余时间，直接阻碍了人们从事体育活动。世界卫生组织负责人曾指出"长时间工作、交通工具发达、智能手机普及等夺走了人们运动的机会"，居民特别是城市居民身体活动量明显减少，美国"运动是良医"咨询委员会主席罗伯特·萨利斯则提出，运动不足是一种全球"流行病"。[①]《柳叶刀·全球卫生》杂志上的一项研究显示，2016年全球超过1/4的成年人（约有14亿人）缺乏锻炼，尤其是高收入国家的成年人"最不活跃"。[②] 在我国同样存在这种情形，运动人口数量偏少，许多人存在身体透支情况，城市人口中亚健康情况比较普遍。

（一）体育运动最能增进健康

在现代社会里，运动不足已经成为威胁大众健康的重要原因。大量数据表明，人们缺乏运动会增加滋生疾病的风险，一个人如果长期缺乏锻炼，其身体内的组织器官机能下降幅度可能达到30%，而心脑血管疾病、糖尿病、肥胖症以及多种癌症都与缺乏锻炼、运动不足有密切关系。更严重的是，全球每年有300多万人因为缺乏锻炼而死亡，缺乏运动和锻炼被世界卫生组织列为全球第四大死亡风险因素，而前三大死因是高血压、吸烟、高血糖，其中的高血压与高血糖在一定程度上也与运动不足存在直接关联。

这种状况对于城市、社会都是不利的，人综合素质的发展和提高对于城市、整个社会的持续发展具有举足轻重的作用，为此全球都在寻求有效的破解路径。在杭州召开的2017中国

---

① 贾晓宏：《运动不足是最大的"流行病"》，《北京晚报》2015年8月24日。
② 任璇：《全球14亿人缺乏锻炼!》，《健康时报》2018年9月11日，第2版。

(国际）休闲发展论坛上，世界休闲组织名誉主席德雷克·卡塞提出，城市可持续发展的财富，包括健康、公平、智慧、绿色和安全等"五要素"，实现市民的健康被列在第一位，我国也已提出建设"健康中国"的目标。

提升人民群众健康水平的路径和方法固然有很多，但引导民众自觉参与体育运动和锻炼，养成以健身活动促进健康、提高身体素质的新理念，促使健康的关口前移、预防疾病的关口前移，则被认为是其中最直接有效的一种方式。体育锻炼的重要意义和作用在于增强个人的体质，提高健康水平，既可以克服现代生活中运动不足的问题，也能够提高机体对外界环境变化的适应能力和抵抗能力。为此，有人将运动锻炼比喻为增进健康的"万能处方"，认为参与运动能够同时降低血压、血糖、血脂，预防癌症，改善睡眠质量等，甚至可以防治40余种慢性疾病。美国一项研究显示：在运动健身中多投入1元钱，就可以在医疗中减少7~8元的投入。① 在国内，上海等城市体育部门大力推进"社区主动健康计划"，把运动对疾病的预防工作放到更重要的位置，通过"治未病"使更多的人少生病，更健康。②

在治疗焦虑症及抑郁症方面，运动的功效也足以媲美药物：它可产生能量，激发乐观情绪，使人保持积极的生活态度。这是因为运动促使身体合成血清素和多巴胺，这些正是决定快乐情绪的脑内化学物质，从而帮助改善抑郁，舒缓压力。运动还可降低皮质醇含量，有助于提高记忆力和专注力，提高做事效率。③ 换言之，自觉、主动参与运动，预防疾病、保持

---

① 郑轶、陈晨曦：《体育改革深化　内涵更丰富功能更多元》，《人民日报》2016年12月30日。

② 阙政：《全民健身：让市民享受美好时代》，《新民周刊》2019年第19期。

③ 《运动是最好的抗衰老药》，《大河健康报》2018年11月30日，第13版。

健康是非常有效且低成本、高效益的。

在此情形下，我国全面推行"全民健身工程"，引导广大人民群众通过持续锻炼，改变生活方式，主动获得身心健康。当前体育成为重要的民生工程、民心工程，担负起强健人民体魄、实现幸福生活的重要责任，"我运动，我快乐，我健康，我幸福"成为一个响亮的口号。在民众生活节奏更快、体力劳动和其他体育活动更缺乏的城市，为市民提供更便利的体育运动和锻炼显得尤其必要，成为满足市民需求，保障广大市民健康生活、工作的重要职责和使命。2004 年颁布的《上海市全民健身发展纲要》中，首次提出了"体育生活化，生活体育化"的十字理念，为体育切实造福市民、满足市民不断提高生活质量的需求提供了有益的思路。

（二）公共服务促进"体育生活化"

要长久维持一个城市的活力和繁荣，必须注重提高普通市民的生活质量。现阶段，市民对于体育表现出强烈的渴望，他们希望通过运动健身、参加体育活动，获得健康的体质，也寻找到健康的生活方式，体育在人们日常生活中的重要地位日渐突出。"体育生活化"是一种全新的体育理念，强调各类体育锻炼、身体活动都是积极、有益的健身活动，体育活动融入市民的生活，可以让市民的生活方式更健康，生活结构更趋合理，为医治各种"文明病"、"城市病"和市民"肌肉饥饿"提供最基本、最有效的手段，如此则将最初即源于生活的体育真正回归市民生活，使体育活动与市民的日常生活建立起更加紧密的联系，使体育成为市民日常生活中须臾不能离开的"第五元素"，与衣食住行一样不可缺少。"体育生活化"的核心思想是体育渗透生活、体育养成生活，体育活动与市民生活逐渐形成水乳交融的紧密关系，倡导市民自觉将体育作为一种生活方式。

"工欲善其事，必先利其器"，要在实践中做到"体育生活化"，倡导体育活动回归市民生活，城市的管理者、体育活动组织者等有必要为市民提供多种公共服务，为市民自觉参加体育健身活动夯实各方面的基础：积极传播、推广生活化的锻炼方式，让市民学会简便易行的身体锻炼、体质测试方法和手段等，真正掌握科学健身的"金钥匙"；更重要的是，各城市要努力完善各类体育公共产品，扩大其有效供给，满足市民参与体育活动、开展身体锻炼的现实需要。

从 1995 年起，我国开始实施"全民健身计划"，经常性参加体育活动的城乡居民逐渐增多，但多数居民在参加体育活动时表现出盲目性，不懂得如何有效开展体育健身活动。为此，国家体育总局发布了《全民健身指南》，这是国家层面发布的体育健身活动指南，具备权威性、科学性、个性化和实用性等特点，能够引导居民科学地从事体育健身活动、养成良好的健身活动习惯。2017 年对外公布的新版《全民健身指南》为居民提出了安全性、全面发展、循序渐进和个性化等健身原则，将体育健身活动项目归纳为有氧运动、力量练习、球类运动、中国传统运动方式、牵拉练习等五大类，并对活动强度等进行评估，供居民根据自身实际状况选择合理的健身方式和强度，最大限度发挥体育健身的正面效果。这一版《全民健身指南》还有武大靖、马龙、傅园慧等世界冠军做示范动作的视频，更便利居民学习和实践。

与推介体育健身活动的方式方法相比，为城乡居民提供充足的体育设施，积极开展社区体育建设，让更多人享受到城市发展、体育发展的成果，显得更加重要。社区体育能够让普通市民就近参加体育健身活动，是典型的生活体育，也是实现"体育生活化"和"终身体育"的基本途径。

　　这种体育服务理念的变革，直接影响了我国城市体育设施的建设和布局。以往我国各大城市普遍都建有大型体育场馆，主要用于举办高档次体育赛事及其他大型活动等，许多体育场馆还成为当地地标性建筑，例如北京国家体育场（别名"鸟巢"）、北京工人体育场，上海八万人体育场，广东奥林匹克体育中心、广州天河体育中心，长沙贺龙体育场，杭州黄龙体育中心，成都体育中心等，这些体育场馆规模庞大、气势恢宏、设施完备，但距离普通市民较远，某些体育设施更是不对市民开放。当"全面健身计划"在全国广泛推行后，市民日益增长的体育健身需求与公共体育设施严重不足的矛盾日渐突出，在服务全民健身的目标引领下，国内许多城市开始建设、改造体育公园，上海的鲁迅公园被称为"中国第一个体育公园"。如今许多城市都拥有了自己的体育公园，可以将运动设施、技术指导、健康检测、体育比赛、休闲娱乐等功能集于一体，满足市民多元化、个性化的体育休闲需求，人们能够真正享受体育乐趣，也会进一步激发人们的体育活动热情。

　　成都还将绿道建设作为体育贴近民生、活跃市民健身和休闲生活的重要"杠杆"。引导大众走进生态美丽的绿道，使之成为市民健康生活新时尚、全民健身新方式、健身休闲新去处，让市民在这里拥有健康，感受幸福。成都市将于2035年建成总长16930公里的天府绿道体系，该体系内将配建足球场、篮球场、乒乓球场、门球场、羽毛球场、网球场以及众多全面健身设施等。绿道不仅可以举办各种国际大赛，还将承载更多全民健身活动，为市民提供体验自然、体育健身的机会。2019年，成都着力构建"周周有活动""月月有赛事"的绿道健身生态圈，而且锦江绿道、熊猫绿道、锦城绿道等各具特色的绿道相继建成，绿道也成为成都市民体育锻炼的最爱之地。

图 2 - 1 成都绿道（张青青摄）

图片来源：《"一轴两环"天府绿道近期启动建设》，《成都日报》2017 年 7 月 17 日，第 2 版。

此外，国内众多城市还下大气力完善社区体育设施，便利市民在家门口开展体育锻炼。1997 年上海第一家健身苑点在普陀区长风公园建立，解决了城市长年缺乏群众体育场地的难题。截至 2018 年底，上海已建成社区健身苑点 14531 个、市民球场 527 处、市民健身步道 884 条、市民游泳池 35 个、市民健身房 181 个。① 自 2013 年起，北京市启动城区体育生活化社区功能提升工程，此项工程充分利用公共空间、"见缝插

① 阚政：《全民健身：让市民享受美好时代》，《新民周刊》2019 年第 19 期。

针"完善健身硬件设施，改变了社区锻炼设施老旧单一、场地简陋狭小的状况，为市民提供就近可及的体育健身服务，提升健身文化氛围，让市民有更多获得感。① 而重庆市政府决定利用主城建成区边角地建设社区体育文化公园，规划到 2020 年建设 92 个社区体育文化公园。② 在广州的大街小巷，则遍布着众多的体育场，它们是城市最重要的公共模块之一，犹如生机勃勃的"城市之眼"，装点着社区居民的生活空间。

随着各城市社区体育设施的完善，市民体育健身的半径逐渐缩小，便利程度不断提高。早期各地普遍提出建设"15 分钟健身圈"，江苏省则率先提出建设城市社区"10 分钟体育健身圈"，市民在直线距离 800 ~ 1000 米范围内，就能找到一处可供开展健身活动的场馆、场地或设施。这一建设模式迅速推广到全国，成为各地"体育惠民工程"的重要组成部分，许多城市公开表态当地已经建成"10 分钟体育健身圈"。

二 体育提升城市凝聚力

城市完善公共体育服务、通过体育给市民带来健康生活，相应地会产生正面的传导效应。市民参与体育锻炼的便利性大大增加，体育健身活动必然告别"少数人的运动"，转而成为普通市民的日常生活"必需品"，体育活动让市民更健康，城市也因众多市民自觉运动而充满活力。在此过程中，市民与城市的互动关系也得以进一步发展，市民可以感受到城市建设的进展、城市功能在不断完善，在向更加亲民、为民的方向发展，从而产生深刻的自豪感、归属感和认同感，城市的凝聚力

---

① 《北京市 44 个社区体育设施将升级》，《京华时报》2016 年 12 月 17 日。
② 杨骏、唐璨：《重庆盘活主城区边角地　建设社区体育文化公园》，《重庆日报》2018 年 9 月 30 日。

由此而生。

（一）"生活体育化"推进市民和谐

完善自己的生命状态，提高自己的生活质量是人与生俱来的重要需求，而体育运动都关乎人的生命状态和生活质量。为此，人们谋求体育与自身生活需求的有机融合，让体育为自己的生活增添色彩和意义，以提高生活品质和生命质量。

如果说"体育生活化"是一种理念，侧重点在于为市民创造各种条件，使体育健身活动能够与市民的日常生活行为紧密联系起来；那么"生活体育化"则是一种行为，市民自觉认识到体育在我身边、运动无处不在，利用身边的环境和资源，在自己的行为习惯中自觉加入体育元素，真正让体育为自己的生活带来幸福。

"生活体育化"的基本含义，就是把运动健身融入市民日常生活之中，使市民的生活与体育实现"无缝对接"，将健身活动与生活、休闲行为有机结合成为生活的需要，形成一种生活习惯。在具体实践中，一是在日常生活、休闲行为中增加体育内涵，例如在上下班、旅游等出行活动中采用步行、骑自行车等方式，既达到身体锻炼的效果，也实现绿色出行，减少环境污染；二是在生活中自觉践行体育精神，以此丰富和提升自身综合素质。通过"生活体育化"，市民不仅可以达到身体、心灵的健康，实现自身机能的和谐，而且能够通过体育精神，构建和谐的邻里关系。

现代社会，尤其在城市里，科技进步带来发达交通，极大地便利了人们的出行，导致市民身体活动大幅度减少、运动不足，对于平日里工作繁忙、难以抽出时间专门进行健身活动的众多"上班族"而言，实行"生活体育化"可以有意识地将乘坐交通工具出行变为步行、骑自行车等方式，让自己的身体

"动起来"。

　　步行被誉为 21 世纪最好的锻炼方法之一，它能够将生活与体育锻炼紧密结合在一起，且不受时间、空间的限制，在 1992 年世界卫生组织就发出了"最好的医生是自己，最好的药物是时间，最好的运动是步行"的健康建议。人在步行时，全身 60% ~ 70% 的肌肉都参与了活动，可以有效增强肌肉和韧带的力量，并且促进内脏器官的血液循环，因此步行是最好也最容易坚持的减肥运动。日本科研人员对肥胖者参加为期一年的中等强度步行方案前后的身体状况进行了对比，发现肥胖者在锻炼中提高步幅，结果他们的血压和胆固醇含量有所降低，腰部周围的脂肪总量明显下降。[①] 中国有句老话"人老腿先老"，步行可以促进腿部肌肉的健康，使其保持活力，达到健身和抗衰老的功效。此外，步行还能够增强心脏功能，是预防心脏病最简单、最方便的方法。早在 20 世纪 20 年代初，美国心脏学会奠基人、著名心脏病学家怀特博士就提出，步行锻炼能预防动脉粥样硬化。[②]

　　自行车是最环保的交通工具，骑自行车可以减少污染、保护环境。还可以让骑行者锻炼身体，提高肌肉力量、促进下肢血液循环、增强心肺功能，从而达到减肥、增强免疫力等积极效果。为推动市民自觉骑行，成都市曾举办"自行车车迷节"等群众性体育赛事，推动健身人口迅猛增加，在此项赛事之初，成都市骑行人口只有几千人，几年后就增长到数十万人，自行车俱乐部也由当初的十多家增加到 300 余家。[③]

---

① 李皖生：《步行与健康的新概念》，《科学养生》2009 年第 10 期。
② 《走路预防心脏病》，《幸福：悦读》2017 年第 11 期。
③ 陈甘露、赖芳杰：《成都打造全民健身第四城》，《华西都市报》2016 年 3 月 29 日，第 10 版。

　　实际上，"生活体育化"的功能和作用不局限于预防疾病、保持健康的身体，对于人的心灵健康同样发挥着积极功用。现阶段人们渴望体育并主动参与运动健身活动，主要是满足自身精神的自我发展需要：现代城市的生活方式导致了人与人的关系逐渐"疏离"和"冷漠化"，易于使人产生"失落感"，丧失激情和动力。因此，体育运动更受城市人的欢迎，成了一种实现个性解放和自我表达的方式，人们要在忙碌的生活中寻找娱乐的空间、游戏的空间和身体运动的空间，并最终形成一种城市（空间）的体育化。①

　　其实，体育是人类通往幸福的桥梁之一，健身运动也是一种社交方式和生活态度，因为体育健身运动作为一种经常性的日常生活行为及娱乐方式，通常以群体形式出现，即使是单人的步行、跑步、打拳等活动，往往也离不开群体氛围和群体的自我约束条件，健身、休闲性质的体育活动促进市民的交往圈不断扩大，公民意识、规则意识不断增强。市民真正拥有了"生活体育化"的意识，就会主动运用体育精神内涵指导自己的生活行为，自觉在与周围市民的交往活动中贯彻"积极参与"、"公平竞争"及"团队协作"等原则和精神，使自己与周围的人、所在的社区保持和谐状态，此刻体育即表现为一种有效的社会润滑剂，有助于缓冲社会矛盾、调解沟通人际关系。联合国秘书长体育促进发展与和平特别顾问维尔弗里德·莱姆克曾写下这样一段话：体育能在基层和社区层面营造安全的环境，让参与者可以汇聚一堂，追求共同的目标和兴趣，学习尊重、容忍和公平竞赛的价值观，并培养社会能力。体育是人类的共同点和共享的爱好，跨越了文化或政治差异，充当着

---

① 何金廖、张修枫、陈剑峰：《体育与城市：德国城市绿色空间与大众体育综合发展策略》，《国际城市规划》2017 年第 5 期。

社区之间沟通的桥梁。发生冲突或动荡时，体育活动可以让参与者感到生活又恢复正常。[1]

（二）体育促使市民更认同城市

体育是一种纽带，将市民与其生活的城市联系起来。市民自觉的体育健身活动增多，必然直接促进他们接触城市，通过自己的视觉、听觉、触觉及其他感官系统去感受城市，体味到城市的文化氛围。如此，体育健身活动则成为一种重要的媒介，促使市民对于城市、体育的变化和发展有真切的感受和体验，感受到城市体育设施的丰富，参与体育活动便利程度的极大提高，同时理解城市管理者为普通市民获得体育健身机会付出的各种努力，最终感觉到城市给自己带来的幸福感。

过去若干年里，国内城市普遍将体育作为重要的民生、惠民工程来抓，以"增强市民体质、提升健康素质"为目标，将"让市民更幸福，更快乐，更健康"作为核心服务宗旨，着力构建体育公共服务体系，加强体育基础设施建设、健全体育健身网络、构建市民"10分钟运动健身圈"，通过高品质的城市公共体育空间建设，促使市民对健康快乐的追求，让他们最大限度地共享改革发展成果。此外，各地还结合市民运动健身自觉性逐步增强，体育人口越来越多，亲近体育、参与运动成为潮流的现状，不断创新市民体育活动的方式，为广大市民举办多种形式的赛事活动，吸引市民广泛参与。

2012年6~11月，上海市举办了第一届市民运动会，运动会定位于"全民参与、全民运动、全民健康、全民欢乐"，其核心是参与，强调多层次、多角度、吸引最多数的市民参加

---

[1]　维尔弗里德·莱姆克：《体育对实现可持续发展目标的作用》，https://www.un.org/zh/chronicle/article/20822。

到体育运动中来，让体育成为普通市民的生活方式，最终达到"三个提高"目标——提高市民身体素质、提高体育健身人口、提高社会参与程度。为突出"大众化、多样化、社会化"的办赛理念，运动会设置了竞赛项目、展示项目、擂台项目与活动项目等，尽可能将群众在平时生活中喜闻乐见的运动项目都纳入其中。最终统计数据显示，本届市民运动会共举办各类各级赛事活动 3812 场，吸引 6312944 人次参与，覆盖面非常广。第二届市民运动会则举办各级各类赛事 9778 场、参与人次超千万。

在市民运动会举办两届后，上海市从 2017 年起开始举办城市业余联赛，联赛继续以满足不同人群健身需求、满足市民井喷的健身热情为宗旨，进一步延长了活动时间，全年 11 个月都安排了不同赛事项目，以吸引更多市民参与健身活动，提高运动能力和科学健身水平，完善市民健身赛事体系。

持续时间长、赛事项目多的市民体育活动，不仅让参与其中的市民直观地感受到城市体育基础设施的变革和发展，如各种运动场馆、社区体育公园和步道等，还通过有特色的项目设计，将市民健身与当地的特色文化展示结合起来。2019 年上海市"徐汇市民体育节"特意设置了城市定向赛、徒步漫游等项目，沿途经过徐家汇天主堂、徐家汇藏书楼、南春华堂及大批别致洋房等，让市民在休闲健身中感受徐汇文化之美，传承城市的文化记忆。

成都市也从多方面推进市民体育健身赛事活动开展。当地体育局通过实施"运动成都·绿道健身四大工程"，建立和完善天府绿道体育功能体系，组织开展一系列天府绿道赛事活动。2019 年即举行了登山徒步、骑行、越野赛、嘉年华和众多老年体育活动等，全年各级各类天府绿道健身系列活动达到 350 场次，参与人数 260 万人次。此外，从 2014 年起，成都日报社联合成都市体育局，连续举办了多届"党报读者杯"足球赛，如今该赛事已成为成都市公认的业余足球最佳杯赛，2018年"党报读者杯"系列赛事及活动扩展到五人制足球赛、体育舞蹈精英赛、乒乓球冠军挑战赛、少儿三棋擂台赛、棋城讲坛、网球挑战赛、"健康成都人"科学健身大赛等7项，吸引超过5万人次的市民参与现场活动。而在2018年，成都市共组织市民健身活动3178项次，而2019年这一数字再度上升到4260场，实现了体育与市民娱乐、休闲、度假、旅游的有机结合，让市民感受到体育给生活带来的快乐。

实际上，积极组织市民开展体育健身赛事活动的城市远不止上海、成都等，国内许多城市都有这样的思路和具体运作行为。这些举措对于市民的积极意义是不言自明的，能够让他们充分共享城市发展的成果，得到各种体育公共服务产品，享受体育健身的权利，获得健康文明的现代生活方式，拥有更加美好的生活。其实，这一过程对于城市本身也是颇有价值的，城市提供的各种体育公共服务包括硬件和软件都在市民使用的过程中彰显其意义。城市中的大量体育基础设施，仅为大型赛事等提供场地支持并不能充分发挥其效用，免费或优惠供给市民体育健身活动使用可以大大提高其利用率；同时，各类市民体育健身活动尤其是赛事等活动会引起大量人员聚集，对于组织和管理提出较高要求。如果这些工作都能够做好，从赛事设计、交通疏导、安全保障、饮食供应等方面满足市民的需要，使他们尽情享受体育的乐趣，体育健身活动不仅让参与者身体放松，也能使其心灵放松，同时能让观赏者愉悦，增强幸福感、获得感，同时强化他们作为市民的认同感。

认同感是指常住城市的一员对于这座城市的归属感、自豪感。一座城市坚持把市民的健身休闲、体育活动需求作为最重要的民生和最基本的公共服务，给予高度重视，完善相关设施和服务措施，使广大市民的体育健身活动得以顺利进行，市民就能真切感受到自己作为城市主体的地位，从而萌生“城市为我、我为城市”的主人公意识，城市的凝聚力、向心力等因此而大大增强。

体育增强城市的凝聚力，让市民与城市建立起更紧密的联系，最终会直接作用于城市发展——城市是人们生活的载体，人是城市发展的动力之源；而一个人无论基于何种目的喜欢体育、参与体育运动，都能促进其成为一个热爱生活的人、一个浑身充满活力的人。经常参加体育锻炼、坚持健身运动，不仅能强身健体，而且能提振一个人的精气神，为城市发展提供人力支撑，给城市发展带来巨大推动作用。国际研究表明：体育在提高劳动生产率方面的效能在 8%～15%；经常参加体育活动比不经常参加体育活动的劳动者，多创造劳动价值 2%～5%。[1] 同时，持续坚持体育健身活动等还可以促使市民形成开放、团结、坚韧、乐观、包容等精神，这些优良品质能够为城市文化注入新的内涵，进一步刺激城市创新发展。对此，有人深有感触地评论道：城市让生活更美好，体育让城市更美好。体育不仅能影响一座城，也能改变一城人；不仅改变着市民的体格和体质，而且改变着市民的性格和气质。[2]

体育拉动城市经济发展

体育有效助力发展城市经济是“体育赋能城市”的重要表现之一。在经济学上将为社会提供体育产品的各种生产、经营活动统称为体育产业，广义的体育产业是指“与体育运动

---

①　叶志明：《生活体育演绎快乐健身》，《文汇报》2008 年 11 月 29 日。
②　杨平：《体育让城市更美好》，http://www.yznews.cn/p/285832.html。

相关的一切生产经营活动，包括有形的体育物质产品和无形的
体育服务产品的生产、经营两大部分"。目前，我国将体育产业
归纳为 11 个大类，包括体育用品及相关产品制造、体育场地设
施建设以及纳入体育服务业的 9 个大类即体育管理活动、体育
竞赛表演活动、体育健身休闲活动、体育场馆服务、体育中介
服务、体育培训与教育、体育传媒与信息服务、其他与体育相
关服务，以及体育用品及相关产品销售、贸易代理与出租等，①
总体而言其包括的经济领域还是比较宽泛的。

　　体育产业作为国民经济的一个产业部门，一方面表现出与
其他产业相同的共性，即遵循市场规律、讲求经济效益，发展
体育产业就意味着扩大经济总量，并产生一定的经济收益，有
利于推动城市经济发展；另一方面体育产业还具有额外的重要
功能，有助于提高居民身体素质、实现个人全面发展，为社会
生产发展提供充足的动力，因此人们将体育产业称为"幸福
产业"。

　　从另一个维度考察，体育产业在现阶段已经成为国民经济
的新的增长点。在城市经济融合发展的过程中，体育产业体现
出其极强的互动性、公众参与性等，已经成为经济全局一体化
的重要一环，是推动城市经济转型的新的经济业态。近年来，
国内众多城市普遍将体育产业视为新旧动能转换的重要组成部
分，将其定位为朝阳产业、幸福产业、绿色产业，发展体育产
业为打造"活力之城"提供重要突破口。此外，国家也为体

---

①　2019 年 3 月 13 日，国家统计局通过了《体育产业统计分类（2019）》，
对于其中一些大类的名称进行修改和变更，包括将"体育场馆服务"修
改为"体育场地和设施管理"，将"体育中介服务"修改为"体育经纪
与代理、广告与会展、表演与设计服务"，将"其他与体育相关服务"
修改为"其他体育服务"，并将"体育培训与教育"变更为"体育教育
与培训"，将"体育用品及相关产品销售、贸易代理与出租"变更为
"体育用品及相关产品销售、出租与贸易代理"。

育产业发展提供了丰富的政策红利，2019年9月，《国务院办公厅关于促进全民健身和体育消费推动体育产业高质量发展的意见》中明确要求：强化体育产业要素保障，激发市场活力和消费热情，推动体育产业成为国民经济支柱性产业。

一　体育产业连接市民幸福与活力

体育产业的核心任务是为社会提供体育产品，其对应的是居民的体育消费需求，换言之，体育消费是体育产业发展的必要前提，只有当社会成员形成比较稳定、持续的体育消费需求时，体育产业才能稳步发展。在现代社会，体育消费已经成为人们追求生活质量的重要表现之一，它既是反映人们整体生活质量的一项指标，也可以帮助人们提高生活质量。

人们通常认为体育产业是幸福产业和民生产业，直接为居民提供满足娱乐需求、增进健康的消费品，提高居民的生活质量，增强居民的幸福感。其实，从体育产业的特性来看，它与人们的幸福表现出互为因果的关系：体育产业是居民物质生活达到比较富足的程度、拥有一定幸福感后的必然产物，是人们追求更高层次幸福的选择，人们物质生活富足了，体育消费逐渐成为自觉需求，形成新的消费热点；同时，体育产业也是满足人民美好生活需要的重要方式，其发展能够为人们进一步获得幸福与活力提供重要源泉。

（一）体育产业承接于市民幸福

美国人本主义心理学家马斯洛提出的著名的"需要层次理论"，将人的需求由低到高划分为生理需求、安全需求、社交需求、尊重需求和自我实现需求等五个层次，其理论表明，人们总是在先满足低层次的基本需求之后，才转移到较高级的需求上。按如此标准衡量，在体育运动与人类生存需要明显脱

钩的前提下，人们对于体育消费的需求显然不再紧迫，因此从
消费需求层次递进角度来看，民众首先要满足自身的物质需
求，如基本生活需要即衣食住行等，在这些基本需求得到满
足、有一定的消费能力后，人们才会产生较高层次的精神娱乐
和休闲需求等，而体育消费是个人在满足基本生理需求后，进
一步追求发展、享受和自我实现等的消费行为，这是符合马洛
斯"需求层次理论"的。由此可见，只有当作为个体的社会
成员可支配收入及休闲时间都达到一定水平时，他们才会真正
体味到体育对于自身全面发展、人格完善的价值和意义，其体
育消费需求才能逐步显现出来。

居民收入水平直接制约体育消费水平，居民可支配收入是
影响消费观念和实际消费能力最重要的因素，当居民收入逐步
迈向高水平时，其消费也向体育消费延展。研究数据印证了这
一点：当人均 GDP 达到 5000 美元时，人们对自身健康的追求
开始显现；当人均 GDP 达到 8000 美元时，体育成为生活质
量、人格完善、城市文明程度的重要标志，融入市民的日常生
活。① 从全国状况来看，2016 年我国人均 GDP 已经超过 8000
美元，在理论上达到了"让体育融入市民日常生活"的水准，
在国内城市中进行的随机抽样调查也显示，家庭的人均收入越
高，体育消费意愿和具体行动也越多。

现阶段我国城乡居民收入水平尚有差距。2018 年中国居
民人均可支配收入约 28228 元，但城乡差距很大，市民即城镇
居民人均可支配收入 39251 元，而农村居民人均可支配收入只
有 14617 元，市民可支配收入整体上显著高于农村居民，因此
市民的体育消费能力普遍更强；而不同地域、经济发展水平不

---

① 张建松、吴霞：《体育精神融入城市血脉　体育塑造上海城市的品格》，《解放日报》2011 年 6 月 15 日。

同的城市之间差别也很大，我国北京、上海、广州、深圳等一线城市人均 GDP 明显超出全国平均水平。

体育产业的发展也需要着力提升服务品质、增加服务供给，不断释放市民的体育消费潜力。国内经济发达城市在丰富大众体育消费供给，满足市民现实需求，进一步激活市民潜在的体育健身、休闲消费需求等方面显然力度更大。例如广州市努力建设体育运动场地，《广州市第六次全国体育场地普查数据公报》的相关数据显示，截至 2013 年 12 月 31 日，广州共有体育场地 19650 个，人均体育场地面积达到 2.38 平方米，在过去的 10 年里，全市体育场地数量增加 9510 个，增长了将近 1 倍，而人均体育场地面积增加 0.68 平方米，明显高于 2013 年全国人均体育场地 1.46 平方米的水平，也高于北京、上海、深圳等城市。[①] 而上海市面临人均体育场地不足的窘境，通过对各类城市剩余空间的开发建设，为市民提供更多的健身场所，实现了政府搭台提供场地、社会力量参与运营管理，提升了体育场馆的利用率，最大限度服务于民，促进本地全民健身服务体系提质增效，2018 年上海市人均体育场地面积升到 2.23 平方米。[②] 有人预言一线城市已经进入体育消费爆发期，同时将引领二、三线城市体育消费快速提升。

上海、深圳等城市体育产业走在全国前列，市民在物质生活富足后将大量金钱投入体育消费。统计显示，2017 年上海市人均体育消费 2460 元，占上海市人均消费总支出的 6.2%。[③] 2018 年上海市"有体育消费人群"占比为 80.9%，

---

① 田伟、陈建族：《10 年间广州体育场地数量增长近一倍》，http：//gd. people. com. cn/n/2015/0331/c123932 - 24340243. html。

② 骆晓昀：《上海启示：公共面积少，体育服务不能少》，《瞭望东方周刊》2019 年第 21 期。

③ 陈冰、王仲昀：《上海体育产业：多元创造，潜能无限》，《新民周刊》2019 年第 19 期。

人均体育消费升至 2580 元。其中青少年人均体育消费 3327
元，较消费水平最高的 18~59 岁人群仅低 39 元，青少年人群
的体育消费能力不容忽视。[①] 2017 年深圳市居民体育消费总规
模达 319.85 亿元，居民体育消费以实物型消费和参与型消费
为主，全市居民人均体育消费 2568.54 元，占人均可支配收入
的 4.9%，比全国平均水平高 0.4%，体育消费已达到欧美发
达国家水平，在全国居于领先地位。[②] 而根据 2014 年末的统
计数据，全国人均体育消费仅 926 元，这些大城市的数据远远
高于全国平均水平。

（二）体育产业引导市民更趋幸福

追求幸福是人类社会永恒的主题，人们天然有追求幸福的
意愿和冲动，这种诉求具有多元性，满足物质生活层面的基本
需求可以让人们感受到幸福，但单纯的有形的物质消费、物质
生活的富足并不能满足人们的全部需求，精神生活的充实也是
他们生活质量提高、获得幸福感的直接表现。因此，随着社会
的发展，人们会逐步产生追求时尚、愉悦感受的诉求，期盼社
会归属感和尊严感的诉求，以及追求全面发展的个人价值实现
诉求等，各种诉求通常都对应着一定的消费需求。如前所述，
体育消费需求并非居民最初级的需求，它具有丰富的精神内
涵，主要满足人们较高层次的精神需求，当基本的物质生活
需求得到满足后，人们会在闲暇时间选择参与体育健身、观
赏性体育娱乐活动等，体育消费便成为人们生活中的重要内
容，其本质是人们欢度余暇时间、得到身心健康、陶冶高尚

---

① 章丽倩：《"300 指数"总分上升令人满意》，《东方体育日报》2019 年 8
月 23 日，第 A16 版。
② 张蕾：《深圳人均体育消费 2500 元》，《深圳商报》2018 年 12 月 24 日，
第 A11 版。

情操、获得美的享受、促进体力和智力全面发展，进而获得社会归属感和尊严感。在这个意义上说，体育产业是不折不扣的幸福产业。

幸福产业是人类社会发展到一定阶段的产物，其核心理念是"以人为本"，以满足人由生存到发展的多元幸福诉求为导向，促进更多"有钱有闲"的人愉快消费，更好地满足人们生活条件改善后对生活质量的追求、对美好生活的向往，有利于增强人民群众的获得感、幸福感、安全感。① 在现代社会，体育可以提供健康与快乐等，这些都是人民群众美好生活愿望中的重要需求，因此体育与文化、旅游、教育、健康、养老等产业均被称为"幸福产业"。城市的核心职能之一是助力市民人性化生存，努力营造一个充满趣味性与丰富性的空间场所，使城市居民在日常生活中得到物质、精神多个层面的满足感，由此产生幸福感。因此打造幸福产业、发展体育产业也是各城市的共同选择。

我国过去几年连续颁布了一系列促进体育产业发展的政策文件，都充分阐明了体育产业的幸福产业特性。2010 年《国务院办公厅关于加快发展体育产业的指导意见》明确指出"加快发展体育产业，对拓展体育发展空间，丰富群众体育生活，培养体育人才，提高全民族身体素质、生活质量和竞技体育水平，促进我国由体育大国向体育强国的转变，促进经济社会协调发展，具有重要意义"。2014 年《国务院关于加快发展体育产业促进体育消费的若干意见》中进一步强调"发展体育事业和产业是提高中华民族身体素质和健康水平的必然要求，有利于满足人民群众多样化的体育需求、保障和改善民

---

① 彭凯平：《幸福产业是新的经济增长点》，《人民日报》2019 年 8 月 20日，第 8 版。

生，有利于扩大内需、增加就业、培育新的经济增长点，有利于弘扬民族精神、增强国家凝聚力和文化竞争力"。对此，有人表示：体育已成为城市可持续发展和产业转型发展的新引擎，成为提升人民幸福感的新源泉。[①]

另外，越来越多的国内居民开始认识到体育消费是自己实现休闲、获得娱乐的需要，更是健康工作、幸福生活的需要，体育锻炼和健身、娱乐等活动可以为自己的美好人生加分，《2017 年上海市全民健身发展报告》的调查数据显示，上海市民参加体育锻炼首要目的为改善体质增进健康，比例高达 84.8%，其后为调节情绪减轻压力、娱乐消遣、减肥塑身、增加社交、防病治病等，提高生活质量、增加生活幸福感的意图颇为明显。

由于国家政策的激励，以及人们体育消费理念、运动健身意识的加强，"闲暇去运动"和"花钱买健康"等观念成为大众的共识，人们主动选择体育消费，这在实践中通过两个方面表现出来。

1. 我国经常参加体育锻炼的人数持续增长

随着国家不断加大体育惠民便民力度、公共体育设施建设取得很大进展，供给居民使用的体育场地快速增加，相关部门还为居民设计、组织了形式多样、适合不同群体的群众性体育赛事活动，并且为居民提供健身指导等服务，便利群众参与体育健身活动。这些举措在很大程度上刺激了城乡居民的体育锻炼和健身热情，从全国范围来看，2007 年我国经常参加体育锻炼的人口比例是 28.2%，2014 年该数据上升到 33.9%。[②]

---

① 范海杰：《促进体育与城市融合发展》，《徐州日报》2018 年 2 月 16 日，第 2 版。
② 韩秉志：《近 7 年参加体育锻炼人口增加 5.7%》，《经济日报》2016 年 6 月 24 日，第 3 版。

按照该比例折算，2014 年我国经常参与体育锻炼的人口数量约为 4.34 亿。

而国内一些大城市的统计数据显示，所在城市居民中经常参加体育锻炼的人口比例明显高于全国水平。2015 年，北京市经常参加体育锻炼的人口占总人口的 49.8%，同年成都经常参加体育锻炼的人口比例达到 45%。2016 年青岛市经常参加体育锻炼的人口比例达 48.6%。上海市 2015 年经常参加体育锻炼的人口比例为 40.8%，2016 年增加到 42.2%，2017 年再度上升至 42.7%。而 2018 年，广州全市经常参加体育锻炼的人口比例为 50%，国民体质测定标准合格率为 95%。① 这些城市居民中经常参加体育锻炼的人口比例都超过了在《国务院关于实施健康中国行动的意见》中预定的指标——到 2022 年经常参加体育锻炼的人口比例达到 37% 以上，到 2030 年则达到 40% 以上。

全国范围内经常参加体育锻炼的人口比例持续提高，不仅显示居民寻求科学、健康生活方式，追求幸福生活的意识增强，对于体育产业的拉动作用也非常明显。在我国体育产业统计目录下，作为体育服务业之一的"体育健身休闲活动"上升最为显著，从 2016 年到 2018 年其总产出、增加值分别为 368.6 亿元和 172.9 亿元，581.3 亿元和 254.9 亿元，1028 亿元和 477 亿元，都增长了 1.75 倍以上；实际上，居民体育锻炼热情高涨还会直接带动体育用品需求增加，以及对于"体育场地设施和管理""体育教育与培训"等服务项目的需求增长，由此带来相应的经济产值。以成都市为例，2017 年成都市民直接用于体育培训、场地租赁等方面的体育消费超过 11

---

① 孙嘉晖、景泽庚：《广州市民畅享体育新生活》，《广州日报》2018 年 10 月 25 日。

亿元；2017 年日常运动健身活动、休闲健身活动、体育赛事活动以及体育节庆活动等体育活动带动体育器材、运动服装鞋帽、运动饮料等体育用品零售消费 112.66 亿元。①

2. 居民体育消费从实物消费转向服务消费，"消费升级"态势明显

普通居民在体育消费的初级阶段，主要是自己进行体育锻炼、健身活动，因而其消费也集中在体育服装、器材等领域，实物消费占据主导地位，这也是我国体育产业分布在较长时期内都以体育用品制造为主的重要原因。不过，随着人们日渐重视体育消费，消费的内容从单纯的产品消费转向无形的服务消费，租赁场地、学习体育运动技巧、观赏体育竞赛活动等消费支出大幅度增加，体育服务业也因此兴盛起来，其在整个体育产业中的占比稳步上升就显示了这一点。

在我国体育产业统计中，将体育用品及相关产品制造、体育场地设施建设之外的其他九大类统称为"体育服务业"，实际上这种区分方式与人们获得的体育服务并不完全对等——对于居民而言，"体育场地设施建设"的成果其实是作为服务消费体现出来的，因为人们只会租赁场地；相反，"体育用品及相关产品销售、出租与贸易代理"被纳入体育服务业行列，但体育消费者购买体育用品及相关产品仍然是实物消费，并非服务消费（租赁当然属于接受服务）。因此，体育产业统计结果在某种程度上并不能反映居民体育消费的真实情形。

从 2016 年到 2018 年，我国体育产业总规模不断增加，体育服务业则是重要推动力，2016 年全国体育服务业的增加值为 3561 亿元，在体育产业增加值中占比上升到 55%，首次占

---

① 胡锐凯、肖竹：《连续六年高增长　成都体育产业进入快车道》，《成都日报》2018 年 9 月 18 日。

据半壁江山。2017 年全国体育服务业的增加值提升到 4449 亿元，占比也上升到 57%，当年体育用品及相关产品制造总产出 13509.2 亿元，增加值 3264.6 亿元，占比分别为 61.4% 和 41.8%；而体育用品及相关产品销售、贸易代理与出租的总产出和增加值分别为 4295.2 亿元和 2615.8 亿元，占比分别为 19.5% 和 33.5%。2018 年，体育服务业保持良好发展势头，增加值为 6530 亿元，在体育产业中所占比重达到 64.8%，比上年有明显提高；有意思的是，当年体育用品及相关产品制造的总产出和增加值分别为 13201 亿元和 3399 亿元，占比分别为 49.7% 和 33.7%；而体育用品及相关产品销售、贸易代理与出租的总产出和增加值分别为 4116 亿元和 2327 亿元，占比分别为 15.5% 和 23.1%。数据显示，从 2017 年到 2018 年，体育用品及相关产品制造的总产出降低，而体育用品及相关产品销售、贸易代理与出租的总产出和增加值绝对数值都在下降，其占比也迅速下滑，这种态势显示居民的体育服务消费明显增加，主要依靠实物消费推动体育产业发展的格局成为过去。

在国内一线城市，这种态势表现得更加突出。2017 年上海市体育服务业实现增加值 384.23 亿元，在上海市体育产业增加值中的占比为 81.7%；当年上海市体育用品及相关产品制造总产出为 412.45 亿元，而体育用品及相关产品销售、贸易代理与出租单个大类总产出即达到 461.37 亿元，超越了前者。2018 年上海市体育产业增加值为 556.90 亿元，体育服务业贡献了 485.93 亿元，占比高达 87.3%，体育用品及相关产品销售、贸易代理与出租的总产出为 589.75 亿元，而体育用品及相关产品制造总产出进一步萎缩到 351.81 亿元。

广州的情形与上海近似。2016 年广州市体育产业实现增加值 376.29 亿元，而 2017 年增加到 425.76 亿元；2008 年以后，广州市体育产业规模保持高速增长态势，增加值从

122.63 亿元增长至 425.76 亿元，年增长率超过 10%。而 2017 年，广州市体育服务业实现增加值 358.21 亿元，占全市体育产业增加值的 84.1%，体育传媒与信息服务业、体育中介服务业都实现成倍增长，体育竞赛表演活动、体育培训与教育的增速也达到 35% 以上。①

可以预见，未来体育还将以其娱乐性、体验性和教化性等特征，不断深耕和开拓出周边的延展产品，更好地聚集消费者，在扩大体育产业规模的同时为消费者带来健康、快乐等。

二　体育产业推动城市经济转型

城市要持续发展，必须保持旺盛的生命力、充足的活力，经济、社会和文化等各层面的活力共同维持着城市的活力。在现代城市里，经济活力是城市活力的基础和驱动力，它代表了城市应有的高效性和物质丰富性、经济活跃性。体育等幸福产业在整体上都归入服务行业，是社会发展水平提升的重要标志，为城市提供了新的经济增长点。

随着我国经济发展由高速增长阶段转向高质量发展阶段，人民群众对于健康、休闲等需求快速提升，我国各地都着力推进体育发展，一方面充分释放体育所具有的社会功能、民生功能等，使之形成社会效益，另一方面发掘体育的经济功能，通过满足居民的多样化体育消费需求，将体育产业作为战略性新兴支柱产业重点培育打造，培育国民经济新的增长点、催生新兴业态、带动就业，并且拉动其他产业领域共同发展、繁荣。

（一）我国体育产业稳步前进

过去几年里，全国范围内体育产业呈现健康发展的态势，

---

① 彭博：《产业规模近 2000 亿元》，《南方日报》2018 年 12 月 27 日。

无论是总产出还是增加值，都显著高于同期经济增长速度，其在国内生产总值（GDP）中所占比重也稳步提高，体育产业对国民经济的综合贡献率明显提升，成为名副其实的朝阳产业。另外，在整个体育产业中，体育服务业增速更快，对于国民经济实现绿色发展做出了贡献，也使体育产业具有了"绿色产业"的特性。

2019 年，国务院办公厅印发的《体育强国建设纲要》明确提出了"推动体育产业成为国民经济支柱性产业"的战略目标，其重要指标就是体育产业占 GDP 的比重。为此，还有必要考察我国体育产业的发展状况，及其在经济增长中的贡献的变化情形。

表 2 - 1　2014 ~ 2018 年全国体育产业数据统计

单位：亿元，%

年份	总产出	增加值	增加值占 GDP 的比重
2014	13574	4041	0.64
2015	17107	5494	0.80
2016	19011	6475	0.90
2017	21987	7811	0.94
2018	26579	10078	1.10

表 2 - 1 直观地反映出我国体育产业发展的总体态势。近年来，全国体育产业总产出、增加值都在快速增加，其在国内生产总值中所占比重也稳步上升，尤其在 2018 年，体育产业增加值首次突破 1 万亿元，其占国内生产总值的比重则首次突破 1%，后者的意义更加显著，提前实现了《体育产业发展"十三五"规划》中提出的"2020 年体育产业增加值在国内生产总值中的比重达 1.0%"的预期目标。

相比全国范围内的数据和指标，国内重要城市体育产业增加值在国内生产总值中的比重则早就达到、超过了 1% 的标准。2017 年上海市体育产业总产出为 1266.93 亿元，增加值为 470.26 亿元，占当年全市 GDP 的比重为 1.6%；[1] 2018 年上海市体育产业总产出为 1496.11 亿元，增加值为 556.90 亿元，占当年全市 GDP 的比重提升到 1.7%。[2] 2016 年广州市体育产业总规模为 1748.41 亿元，体育产业增加值为 376.29 亿元，占全市 GDP 的 1.93%；[3] 2017 年广州市体育产业总规模为 1928.41 亿元，实现增加值 425.76 亿元，占全市 GDP 的比重为 1.98%。[4] 而 2017 年成都市体育产业总产出为 558.08 亿元，实现增加值 189.83 亿元，占全市 GDP 的比重为 1.37%。[5] 2017 年深圳市体育产业增加值为 266.83 亿元，占全市 GDP 的比重为 1.19%。[6] 这也显示出，国内中心城市体育产业对当地经济发展发挥了更加重要的作用。即使如此，我国体育产业对于国民经济的贡献相比西方发达国家仍有较大差距：1999 年，美国体育产业总值即达到 2125.3 亿美元，占当年国内生产总值的 2.4%，在当年美国产业统计中，体育产业位居十大支柱产业的第 6 位；意大利以"足球工业"为主体的体育产业，早在 20 世纪 80 年代末已经跻身国民经济十大支柱性产业。这显示出我国体育产业仍有巨大发展空间，在国家政策的激励和扶持下，体育产业应该能够为国民经济发展做出更大贡献。

体育产业具有资源消耗低、附加值高等特点，主要从事产

---

① 秦东颖：《上海"体育产业 30 条"加快创新发展》，《解放日报》2018 年 8 月 30 日。
② 刘晶晶：《总产出 1496.11 亿元!》，《青年报》2019 年 10 月 23 日，第 3 版。
③ 黄心豪、景泽庚：《广州体育名城建设对标国际先进体育城市》，《中国体育报》2018 年 10 月 12 日，第 2 版。
④ 苏荇：《广州体育产业去年实现增加值 425 亿元》，《羊城晚报》2018 年 12 月 27 日。
⑤ 李果：《成都成立体育产业投资集团 西部地区体育服务业再提速》，《21 世纪经济报道》2018 年 12 月 14 日，第 7 版。
⑥ 黎晓斌：《深圳打造"四大体育之城"》，《深圳晚报》2018 年 2 月 2 日。

品生产的体育用品制造业虽然在总产出方面数值颇大、对于增加值的贡献却并不大，真正附加值高、对增加值做出很大贡献的是各类体育服务业。我国历年《体育产业总规模和增加值数据公告》中的统计数据印证了这一点：2016年，全国体育用品及相关产品制造总产出为11962.1亿元，在所有门类中占据半壁江山，但实现增加值仅为2863.9亿元，增加值与总产出相比只有24%，不仅远远低于体育产业全部增加值在总产出中34%的占比，与体育用品及相关产品销售、贸易代理与出租门类相比（总产出为4019.6亿元，增加值为2138.7亿元）差距更大，后者达到53%。2017年情形依然如此，体育用品及相关产品制造总产出13509.2亿元，增加值为3264.6亿元，增加值与总产出相比仍然为24%，而当年体育产业全部增加值在总产出中占比升为35%，而体育用品及相关产品销售、贸易代理与出租（总产出4295.2亿元，增加值2615.8亿元）更超过60%。

近年来，国内体育服务业发展迅猛，为推动体育产业成为国民经济支柱性产业奠定了坚实基础。其实我国体育服务业还有很大发展空间：我国有全球规模最大、最具成长性的中等收入群体，因而拥有极大的消费者市场，而且目前国内健身休闲和培训等参与型体育消费增长较快，观赏型的体育消费仍有发掘空间，如果能够增加有效服务供给、提升服务品质，进一步释放消费潜力，就能形成巨大的消费市场。为此，2019年国务院办公厅在《关于促进全民健身和体育消费推动体育产业高质量发展的意见》中要求，提升体育服务业比重。大力培育健身休闲、竞赛表演、场馆服务、体育经纪、体育培训等服务业态，创新商业模式，延伸产业链条。力争到2022年，体育服务业增加值占体育产业增加值的比重达到60%。

体育产业发展还直接创造就业机会，缓解社会就业压力。

由于体育产业大多是劳动密集型产业，因而能够吸纳大量劳动力，2008 年我国体育及相关产业从业人员约 317.09 万人，而 2018 年末全国体育产业法人单位有 23.8 万个，从业人员增加到 443.9 万人，而国家体育产业"十三五"规划提出，到 2020 年中国体育产业从业人口要达到 600 万人。

在各中心城市，体育产业同样在增加社会就业方面发挥了显著作用。2017 年上海市体育产业相关就业人口将近 30 万人；① 2015 年成都市体育产业吸纳社会就业人数首次超过 10 万人，2017 年成都市体育产业吸纳的社会就业人数则已经超过 12 万人；② 2016 年深圳市体育产业从业单位有 5949 家，吸纳从业人员 194156 人。③ 此外，在福建省晋江市，体育产业更是贡献产值、解决就业的"重镇"：2014 年，以体育用品制造为主的体育产业成为晋江第一个产值超千亿元的产业，而到了 2016 年，晋江体育产业法人单位达到 9110 家，体育产业从业人员达 35 万人，体育制造业总产值达到 1472.33 亿元，占全部工业产值的 34.07%，是全市毫无争议的"龙头产业"。④

（二）带动关联产业共同发展

在现代社会，体育产业具有很强的关联度、影响力、渗透力等特点，辐射范围广，产业链条长，能够与其他产业相互融合，带动其他产业共同发展，实现经济、社会的协调发展。

---

① 徐彬：《上海到 2025 年要成为全球著名体育城市》，新华社，2019 年 1 月 10 日。
② 胡锐凯、肖竹：《连续六年增长成都体育产业进入快车道》，《成都日报》2018 年 9 月 18 日。
③ 黄文：《深圳体育产业带动相关值近 4300 亿元》，《深圳晚报》2018 年 4 月 25 日，第 A22 版。
④ 王雄：《福建晋江确定申办 2020 年世界中学生运动会》，新华网福州，2017 年 6 月 1 日。

在人们生活水平普遍提高、物质生活达到一定的富足程度，并拥有相对充裕的余暇时间后，体育消费必然成为新的消费热点领域，市民会愈发重视体育活动给自己带来的益处和价值，通过时间和金钱的消费换取运动满足感、体质增强等多层次消费需求。市民将相当部分的闲暇时间用来从事体育活动，或者亲身参与体育锻炼、健身活动，或者观赏高水平体育运动等，体育为广大市民提供了高品质生活服务，也对餐饮、休闲、文化、住宿等相关生活性服务业产生较大带动作用。

国务院 2014 年颁布的《关于加快发展体育产业促进体育消费的若干意见》提出"以体育设施为载体，打造城市体育服务综合体，推动体育与住宅、休闲、商业综合开发"。在此政策引领下，近年来各城市普遍开展"体育综合体"建设，它是体育建筑与城市人文生活结合的产物，是以运动为主要元素、以体育为主导的城市服务综合体。作为集成空间它包含了文体活动、休闲娱乐、集中商业、主题餐饮、健康居住、特色酒店等城市功能，实现了体育产业对餐饮、娱乐、购物等消费链的深度整合，显现出业态优化组合带来的集约效应，例如位于浦东的上海万国体育中心就提供击剑、游泳、自行车、篮球、田径、羽毛球、瑜伽、舞蹈等多种体育健身休闲项目，还有咖啡厅、餐厅、超市等多种生活服务配套，这种协同模式也拉动了其他产业，如 2017 年成都市民在参与运动健身活动、休闲健身活动、体育赛事活动以及体育节庆活动中，产生的餐饮、住宿、休闲娱乐等服务性消费达 88.8 亿元，为拉动城市消费增长、扩大消费内需、促进经济发展产生了重要牵引力。

此外，体育产业作为关联度极高的上游产业，与文化、旅游、医疗、工业、建筑交通、传媒信息、教育与培训、商贸、

图 2 - 2　成都市民运动

图片来源：《2000 余运动达人畅享健身嘉年华》，《成都日报》2019 年 11 月 3 日，第 4 版。

互联网、金融等多个行业的渗透和融合日益加深，显示出较强的融合和拉动效应，成为推动城市经济全面发展的重要抓手。从行业整体来看，我国体育产业每增加 1 元，能带动国民经济增长 2.93 元。来自一线城市的数据更加明显：深圳市体育产业每产出 1 元，将会带动其他相关产业产出增加 6.02 元。2017 年深圳体育产业总产出为 702.19 亿元，相当于体育产业带动其他相关产业产出 4227 亿元。[①]

　　在体育产业与其他产业融合过程中，体育与旅游的深度融合格外受到重视。体育和旅游是国内公认的两大幸福产业，都是当前居民消费的热点，体育成为发展旅游产业的重要推动力，"体育+旅游"可以有效解决旅游业结构单一、季节性强、回头率低等难题，因为观光往往只进行一次，而运动休闲却可能重复多次；大力发展体育旅游有助于丰富旅游产品体

---

① 黄文：《深圳体育产业带动相关产业产值近 4300 亿元》，《深圳晚报》2018 年 4 月 25 日，第 A22 版。

系、拓展旅游消费空间、促进旅游业转型升级，体育旅游提供了一种以体育为内涵、以旅游为载体的新型休闲生活方式，市民主动消费意愿浓厚，融合发展条件优越。

2016年5月，作为全国69个资源枯竭城市之一，重庆市万盛区确定把体育产业作为转型的支柱产业来打造。在经济转型过程中，当地积极促进体育旅游的深度融合，以体育赛事吸引人气、激活旅游成为万盛旅游的常态。万盛接待游客数量从2014年的852万人次增加至2018年的2207万人次，旅游总收入从42.6亿元增加到145.8亿元。①

成都市也不断探索体育旅游发展新思路，当地著名旅游景区——西岭雪山积极开展"体育＋旅游"实践，从观光体验型景区向运动休闲旅游目的地转型，从2014年起定位逐步清晰——滑雪，并围绕这一定位开设公共滑雪教学与培训，完善雪场设计，建设不同难度的滑雪道、单板公园等，组织大众趣味赛事等，着力打造国家体育旅游精品景区，游客接待数量从2008年的25万人次增长到2018年的近100万人次。

成都市金堂县在2016年启动四川省首条国家登山健身步道建设，步道总长300公里，连接全县主要旅游景点，沿途有4个体育运动基地和10余个特色旅游景区（点），游客一年四季均可来此登山健身、开展体验旅游，并充分考虑了体育产业与旅游、文化、商贸融合发展的需要。目前，金堂国家登山健身步道已举办过两届国家登山健身步道联赛，100余家主流媒体进行了密集宣传，帮助外界认识金堂、了解金堂，提高了城市的知名度。

正因为体育旅游表现出强劲的发展势头，对于旅游业的推

---

① 邓红杰：《体育产业助推城市转型发展——全民健身战略下的万盛实践之二》，《中国体育报》2019年4月26日。

进价值明显，2016 年国家旅游局、国家体育总局联合发布《关于大力发展体育旅游的指导意见》指出：到 2020 年将在全国建成 100 个具有重要影响力的体育旅游目的地，建成 100 家国家级体育旅游示范基地，推出 100 项体育旅游精品赛事，体育旅游总人数达到 10 亿人次，占旅游总人数的 15%，体育旅游总消费规模突破 1 万亿元。

赛事是城市体育运动的集中展现，体育对于城市和市民的提升作用，在各类大型体育赛事中表现得尤其明显、突出，本书将在下一章对此展开详尽论述。

第三章

赛事：城市发展的"推进剂"

体育赛事是以比赛为基本形式，为实现娱乐、经济、社会等多元价值目标，组织的特定的社会大型活动。[①] 赛事是体育的核心要素，浓缩了体育的精华：在赛事中，体育运动关涉的诸多要素有机聚合在一起，以体育场馆或其他设施作为赛场，赛事举办过程全面体现举办方在运动保障、赛事组织与管理等方面的能力，赛场氛围则检验当地市民对于体育运动项目的喜好程度、观赛礼仪等。可以说，赛事举办水平是对一座城市体育发展、城市建设和管理水平的集中展现。

从理论上说，以各种体育运动项目为核心内容的活动都称为体育赛事。但本章所称赛事并非所有的体育比赛，不包括以普通人广泛参与为主要特色，突出趣味性、娱乐性等特征的各种群众性体育比赛活动等，而是特指表现出专业性、强烈竞争性的大型体育赛事。对于哪些赛事应当纳入大型体育赛事的范畴，学术界并没有完全一致的标准，但存在大体上相同的观点，如有人将其定义为"一切影响比较深远或者规模比较宏大、以提供体育竞赛为核心产品及相关服务的一种特殊文化活动。"[②] 由此可见，这类赛事通常是指受到体育界广泛关注、竞技水平较高、在国内乃至国际范围内有较大影响的综合性或单项运动竞赛。我们熟悉的奥林匹克运动会、亚洲运动会、全国运动会等都属于综合性赛事，而世界杯足球赛、NBA 联赛

[①] 邢尊明：《我国大型体育赛事优化管理理论与实证研究》，福建师范大学博士学位论文，2008。

[②] 李小兰：《现代大型体育赛事的内涵、特征与社会功能》，《体育文化导刊》2010 年第 4 期。

和欧洲五大职业足球联赛等则是单项运动竞赛，其比赛方式主要有赛会制、联赛制两大类。大型体育赛事以体育竞赛为产品内容，集中在城市举办，受到城市公共资源的约束，是城市体育运动发展状况的集中展现，也是检验城市综合发展状况和治理能力的重要"试金石"。

　　大型体育赛事的基本特征是水平高、规模大、竞争激烈、场面精彩，受到体育爱好者和其他民众的广泛青睐，奥运会、世界杯足球赛等热门赛事都会引发体育迷的热烈追捧，一些重要赛事往往"一票难求"；同时，世界各地传媒机构都对大型体育赛事高度关注，派遣记者前去采访，甚至不惜耗费巨额资金购买转播权，在赛事前后集中报道，以至于形成"新闻轰炸"，以此在全球形成信息热点，使这些赛事为世界人民所周知。基于此，大型体育赛事对于举办城市、对于当地体育都会产生巨大且积极的影响。

　　大型赛事不仅是城市形象展示的绝佳窗口之一，而且对于城市发展具有深远影响，城市通过举办品牌赛事，可以高效整合当地资源优势，塑造良好的城市形象、改善城市体育公共资源和其他硬件设施、提升城市综合管理和服务水平，最终让市民享受到城市高质量发展的实惠。在这个闭合的链条中，办赛事、建城市、促发展、惠民生能够相得益彰。为此有人形容大型赛事是"城市发展的助推器和催化剂"，体育界人士则将重要体育赛事描述为城市发展的重要杠杆："赛事承办权就是城市发展权；影响力就是生产力；人气就是财气"。①

　　大型体育赛事对市民的促进作用同样非常明显，高水平体育竞赛丰富了当地市民的体育文化生活，激发了市民的体育运

---

　　① 李泽文：《顶级赛事来皖的台前幕后》，《新安晚报》2013 年 7 月 12 日，第 55 版。

动热情，还能够带动某些体育项目在当地普及。此外，通过赛事向市民传递体育精神和体育观念也是积极意义之一，持续观看高水平体育赛事能促进市民进一步理解体育，由此改变自己的精神面貌。

赛事信息传播沟通城市与世界

从广义的角度来看，凡能使人与人、人与物或者物与物之间产生联系、发生关系的物质都可归入媒介范畴，其核心功能是作为中介物，连通相关的人、物等，使它们相互作用，促进沟通与交流，形成一个系统或体系，生成新的意义或价值。在加拿大传播学家麦克卢汉看来，一切延伸人类器官的工具、技术和活动都是媒介，媒介即万物，万物皆媒介。[①] 大型体育赛事是在具体物理空间内举行的实体活动，自然也可以被认为是一种有意义的媒介，它促使竞技体育与社会发生关联，并最终对社会发挥作用，具体而言是使举办赛事的城市与外界产生紧密勾连，带动多种形式的人员交流和沟通，以赛事为中心展开各种类型的信息交换。

赛事作为媒介促成信息交换，从总体上可以划分为两个基本阶段，且呈现迥然不同的格局：前一个阶段，主要是赛事申办、筹备阶段，举办赛事的城市从外界获取大量信息，积极为成功举办赛事做各方面的准备工作；后一个阶段，集中在赛事举办时期，举办城市不断向外界输出信息，既能够显示赛事本身的演进状态，也可以充分展示城市其他方面的发展和变化。

此外，体育赛事通常都会受到各种大众传播媒介的高度关

---

① 〔加〕马歇尔·麦克卢汉：《理解媒介——论人的延伸》，何道宽译，商务印书馆，2000，第33页。

注，是其重要的信息源泉，赛事为大众传媒提供了丰富的信息内容，而传媒则将这些信息在不同范围内广泛传播，扩大赛事的覆盖面、影响力和美誉度等，对于举办赛事的城市同样具有重要意义。有人曾说过这样一句话：作为国内经济水平领先的城市，深圳有被传播的需求，而顶级体育赛事，正是最好的传播媒介。

一　赛前信息接收苦练"内功"

从完整的环节来看，各类体育赛事尤其是大型体育赛事并非只有举办赛事这个过程，它必然还会有许多前置环节。某些热门的重大体育赛事如世界杯足球赛等，许多城市都希望承办，各城市之间不免要展开一番激烈的竞争，这就是申办过程——此前夏季奥运会也有漫长而复杂的申办过程，只是最近几届陡然成为"鸡肋"，以至于国际奥委会同时确定巴黎、洛杉矶为 2024 年和 2028 年夏季奥运会举办城市，但最新消息显示 2032 年奥运会再度成为"香饽饽"，目前已有各大洲 10 多个城市（城市组合）表示有意申办。即使申办不是某些赛事必然的前奏程序，但筹备始终是所有赛事都必不可少的环节，越是大型、综合性的体育赛事，筹备时间往往越长，涉及的内容也越多、越庞杂。

在赛事举办前的各个阶段和环节，城市基本上处于"信息洼地"，需要不断从外部获取信息，为申办、筹备赛事夯实各方面的基础。获取信息的基本方式无外乎两大类。一类是"走出去"，即城市派出相关人员外出学习、考察，其中的重点内容之一是了解赛事承办的标准、要求等，例如成都市体育局在 2019 年 6 月就提出：积极向国际奥委会、国际男子职业网球协会、国际网联、国际足联、国际乒联等国际体育组织，以及国家体育总局、各单项运动协会学习"取经"，对接了解赛事需求和申办要求，力争引进更多更高水平的单项赛事和综合性运动会。[①] 另外一个重点内容则是向国内外重大赛事的举办城市"取经"，充分借鉴它们的经验，认真学习其赛事申办、场馆设施建设、服务规范与升级、宣传等方面的做法，从具体细节入手，切实提升本地的办赛水平。国际奥委会的规则显示，历届奥运会已经形成了比较成熟的"观察员项目"工作模式，举办国组委会和国际奥委会下属机构会接待来自其他城市的考察团队，为他们提供各种便利。另一类则是"请进来"，包括邀请各级体育组织的官员和专家前来考察、指导，请具有大型赛事举办经验城市的人士介绍经验，同时请他们为本地的申办、筹备工作"挑刺"，最大限度消除潜在隐患等。在实际运作中，相关的信息获取行动可谓层出不穷、俯拾皆是。

最近几年，奥运会开启了"亚洲时刻"，从 2018 年到 2022 年的三届奥运会分别在韩国平昌、日本东京和中国北京（联合张家口）举行，被亚洲"包揽"。对此，我国体育部门相关人员表示：中国虽然是体育大国，但在冬季运动发展方面还存在很多历史欠账，与近邻日韩相比，在冬季运动的赛事组织、基础设施、管理人员的规模以及运动队伍的水平方面，都存在一定差距，将在筹办冬奥会过程中向两位近邻学习，借鉴他们冬季运动发展的经验。[②]

2018 年 2 月，韩国平昌冬奥会举行，作为下一届冬奥会举办城市，北京市专门组织了 3 个观察团共 147 名观察员前往平昌考察、学习，通过交流研讨、实地学习、赛事观摩等形式

---

① 《成都市体育局学习贯彻市委常委会议精神　研究部署落实举措》，http://tyj.sc.gov.cn/sctyj/jcgk/2019/6/11/d98cc51d4d9e48638cb4079180b18a8e.shtml。

② 严蕾：《高志丹：中国冬季运动发展将向日韩学习》，新华社，2018 年 9 月 13 日。

向平昌奥组委"取经",全方位观摩和考察赛事组织、赛事服务、场馆管理、城市运行等各方面办赛工作,其中首批观察员负责开展开幕式彩排观摩、技术运行、形象景观设计、奥林匹克大家庭服务、医疗保障等一系列学习活动。为提高学习效率,观察员临行前都做了详细的学习计划,形成了问题清单,希望带着问题去、带着成果回。① 在 2004 年,北京奥组委为更好地筹办 2008 年夏季奥运会,也曾派出 42 人到雅典奥组委实习,现场观摩,实习人员回国后分别提交各自领域的实习报告,以积累举办奥运会的经验。

实际上,"观察员项目"作为国际奥委会的常规操作,一直在开展,此前平昌奥组委也曾派出 71 名观察员前往巴西,向里约奥运会"取经"。韩国人发现,里约奥运会开幕式质量很高,将独特的巴西风情展现得淋漓尽致,成本却并不高,不及 2012 年伦敦奥运会的一半,这为一直受经费紧张困扰的平昌奥组委带来了启发:开幕式一直是奥运会中最"烧钱"的环节,里约经验表明"钱不够"照样能办出高质量的开幕式;平昌应向里约学习,以最少的经费办一场创意十足、充满韩国特色的开幕式。② 而 2008 年北京奥运会时,时任英国驻华大使欧威廉爵士也觉得伦敦可以从中学到很多东西:"开幕式真是太精彩了,是历届奥运会中最出色的,给伦敦树立了一个十分高的标准。北京奥运的组织工作非常完美,我和其他官员一直在观察和学习,希望伦敦也能表现得这么完美。"③

体育赛事在规格、项目设置等方面差异较大,但在运作理

---

① 季芳:《北京冬奥组委派出观察员平昌取经》,《人民日报》2018 年 2 月 9 日,第 15 版。

② 成硕:《韩国平昌奥组委"取经"里约奥运》,http://world.people.com. cn/n1/2016/0823/c1002 - 28659620.html。

③ 乐艳娜:《个体体验校正中国印象》,《环球》2008 年第 17 期。

念、模式、赛事服务等方面存在许多共通之处，因此不同类型的赛事之间完全可以相互学习。2019 年 10 月，武汉市举办第七届世界军人运动会，杭州市和广东省汕头市就分别组织人员赴武汉考察、学习。杭州 2022 年亚运会组委会官方代表团观摩了开幕式，考察了军运村、主媒体中心、信息技术中心、综合运行指挥中心，学习观摩了赛事组织、志愿服务、市场开发等工作，表示要借鉴武汉市在智能化水平、公众参与互动等方面的探索经验，不断提升杭州亚运会筹办水平，努力实现"办好一个会，提升一座城"。[①] 汕头市为做好 2021 年第三届亚洲青年运动会各项筹备工作，由市长带领考察组前往武汉市开展学习交流，实地考察城市品质提升、交通组织管理、场馆建设、赛事组织等方面的做法和经验，了解军运会的场馆建设、赛事运行、媒体管理、后勤保障、志愿服务等内容。[②] 其实，杭州亚组委官方代表团还曾赴日本学习考察东京奥运会筹办工作，听取东京奥组委筹办情况介绍并进行座谈交流，考察奥运村建设现场以及主体育场和周边竞赛场馆。[③]

在赛事申办、筹备过程中，体育组织的考察、督促等活动也屡见不鲜，国际奥委会多次考察北京的情形许多人应该记忆犹新，而最近一次类似考察则是由亚足联进行的。2019 年 3 月，中国提出申办 2023 年亚洲杯足球赛，当年 9 月，亚足联与亚洲杯筹备工作办公室考察团对北京、上海、广州、大连、成都等 18 个申办城市展开考察。考察除了评估"足球发展指标""城市综合实力"等核心指标外，还有"专业场馆建设"

① 王小青、徐埔：《杭州亚组委赴武汉考察大型国际赛事筹办工作》，《杭州日报》2019 年 10 月 21 日。
② 翁夏：《对标先进借鉴经验 高标准筹办亚青会》，《汕头日报》2019 年 11 月 11 日。
③ 徐埔：《杭州亚组委赴日本考察大型国际赛事筹办工作》，《杭州日报》2019 年 3 月 12 日。

指标，要求申办城市须在 2022 年底前拥有一座专业足球比赛场馆；"青训发展推动"指标则要求申办城市须在 2021 年底前建立足球青训中心，连续 4 年培养一批足球教练员，扶持社会足球青训机构发展、建立覆盖全市的青少年足球竞赛体系等。①

　　总之，在赛事申办、筹备等阶段，赛事申办、组织和运营者及城市管理者等与外界的信息交流，主要是为了从外部获取信息，并对照他人的经验寻找自身的瑕疵和欠缺，并有针对性地弥补现有不足，做好各项前期准备工作。在硬件建设方面，加强体育设施建设，细化安保、交通、医疗等各项预案，做好重要环节的接待工作准备；在软件建设方面，则要着力提升城市形象和管理水平，如建立稳定、高效的筹办工作团队，开展专业化运作，做好志愿者、专业翻译人员的预选和培训工作，锻造素质过硬的"城市形象大使"队伍等。这些最终都会直接促进赛事的筹备、组织等工作顺利开展，向世人奉献一场高水平的赛事，并对城市建设、管理等产生积极影响。

二　赛中信息输出展示形象

　　在赛事进行过程中，举办赛事的城市瞬间成为信息交流的热点地区，来自国内外的众多运动员、教练员、裁判员、体育官员、媒体记者、商人、观众和游客等通过参加赛事活动本身，或参与赛事相关的其他活动，与该城市及其市民、文化等建立起不同层面、不同类型的关系或联系，双方在此过程中沟通情感、维系互动、推进交流，在人员、物质、信息等方面都产生双向流动，以赛事为中心形成强大的信息互动。

----

　　①　宗倩倩：《亚洲杯 18 座申办城市考察结束》，《钱江晚报》2019 年 9 月 11 日。

在此过程中，城市主要居于对外输出信息的位置，源源不断地为各类人群提供传播、谈论的信息，赛场上的各种新闻自然被人们津津乐道，所在城市的基础设施、风物美景、历史文化等也会被时常谈论、言说。随着这些信息广泛传播，外界不仅了解到赛事的基本情形，也对赛事举办城市的方方面面有了更加深刻的认识。

在 2008 年北京奥运会闭幕式上，时任国际奥委会主席罗格热情洋溢地称赞北京奥运会"无与伦比"，使中国人无比自豪；而罗格能够如此表态，在很大程度上是奥运会赛场内外诸多信息强烈刺激、感染了他：完善的竞技及其他配套设施，奥组委严密的赛事组织，中国观众的热情、礼貌等，都使这位国际奥委会的"掌门人"深受感动，发出了这番肺腑之言。其实，与罗格有同样感受的著名运动员也不在少数。"外星人"博尔特刷新 200 米世界纪录的那一天是他的生日，9 万多名观众高唱起"祝你生日快乐"，博尔特激动地说："有多少人能够举行一次这样盛大的生日派对呢？"他感动之至，向四川受灾群众捐献 5 万美元。篮球"小皇帝"詹姆斯评价北京奥运会开幕式是他"有生以来参加的最难以置信的仪式"，而科比离开北京前甚至道出"中国是我第二个故乡"的心声。[①]

瑞典著名乒乓球运动员瓦尔德内尔 1981 年就到过北京，此后经常来中国参赛，北京奥运会时他不再是球员，以观众的身份来到北京，感触仍然很深：每次都发现北京有极大的变化，这一次也不例外。北京给我最深的印象是交通，交通状况非常好，而且我发现北京变得非常国际化。[②]

---

① 金汕：《北京给世界留下独一无二的遗产》，《光明日报》2008 年 9 月 11 日。
② 乐艳娜：《个体体验校正中国印象》，《环球》2008 年第 17 期。

2010 年广州亚运会期间，6 万名赛会志愿者为赛会提供了交通、医疗、语言，以及安全检查、竞赛组织支持、技术支持、颁奖礼仪等方面的志愿服务，累计服务时长达 800 万小时，而 59 万名城市志愿者服务时长更达到 2266 万小时，他们的无私奉献得到亚奥理事会主席艾哈迈德·法赫德·萨巴赫亲王的高度赞誉："你们的笑容是广州的名片！没有你们，亚运会将无法有效运转。正因为你们的辛勤工作，无私奉献和全力参与，才能确保广州亚运会的圆满成功。"①

2014 年举行的第二届夏季青年奥运会，同样使举办地南京给外界留下深刻印象，时任国际现代五项联盟主席舒曼称赞"这座六朝古都所焕发出的现代活力，全世界为之惊叹"。老挝代表团团长加森说：南京发展很快，城市建筑非常现代化，又不乏历史韵味，真是美不胜收。意大利《米兰体育报》记者博萨到过南京 15 次，每一次感觉都大不一样，南京变化太大了。博萨还说自己最喜欢的是南京的法桐树与明城墙，有些法桐树枝干交接，形成了绿色的隧道，如此美景在全世界都罕见。②

2019 年 8 月，第十八届世界警察与消防员运动会（简称世警会）在成都举行，取得了赛事和城市形象展示的双重成功。世警会联合主席拉瑞柯林斯对成都的赛事组织不吝赞美："全世界都在看成都，看你们办得有多好。成都打开了一扇窗，让其他国家知道今后如何更好地进行工作。"而在赛场外，4 名瑞典警察走进春熙路，品尝龙抄手、赖汤圆、担担面、糖油果子等成都小吃，还亲手包饺子；很多运动员都从热

① 杨薇、冯婧婧、陈炜贤：《可爱"绿羊羊"展现广州时尚文明风貌》，中新网，2010 年 11 月 27 日。

② 张源源、王成兵、卢伟：《青奥完美无缺，南京美不胜收》，《南京日报》2014 年 8 月 29 日。

图 3 - 1　成都世警会

辣的火锅、串串开始，认识到成都作为"美食之都"名不虚传。[1]

　　大型体育赛事及其举办城市的对外信息传播，还具有很强的传导性：直接从赛会内外获得信息的人，通常会把自己的所见所闻、亲身感受等讲述、传递给其他人，这种传播呈现人际传播的特点，说服力往往更强，更能产生正向的传播效果。例如成都举办世警会后，就很有信心地表示：11636 名参赛人

---

[1]　李奕、杜玉全：《一场创下多项纪录的国际赛事圆满收官，让世界看到怎样的成都？》，《成都商报》2019 年 8 月 21 日。

员，在相当程度上会成为对外传播成都形象的"种子"，把他们在成都看到、体会到的一切，传播到世界 80 个国家和地区乃至更多地方。而 2017 年，成都共举办了 19 项国际赛事，来自全球 49 个国家和地区的 24992 名选手参与角逐，其中国外选手达到 2526 人，"越来越多的外籍人士通过参与或观摩比赛，对这座城市留下了深刻而美好的印象，并将成都的美丽和热情介绍给全世界。"①

三　媒体密集报道扩大影响

根据美国学者丹尼尔·戴扬和伊莱休·卡茨的阐释，媒介事件是指"一种特殊的电视事件"，是那些令国人乃至世人屏息驻足的电视直播事件——主要是国家级的，它表现出对空间、时间以及一国、数国乃至全世界的"征服"，是国家级或世界级的"大众传播的盛大节日"。② 这些事件表现出许多共同点：带有仪式性表演性质、能引起众多观众心驰神往、促使他们自愿打乱日常生活流程，导致诸多大众传媒都对其提前策划、宣布和开展广告宣传，因而媒介事件是媒体参与、媒体呈现出来的一个文化景象。③ 大型体育赛事，其实就是组织者、参与者和观众共同构建的体育场景，媒介的介入与扩散，使人们的注意力"在场"不断扩大，覆盖到更广泛的人群。

在美国学者看来，媒介事件表现出 3C 类型即庆典（Coronation）、征服（Conquest）、竞技（Contest）。而大型体育赛事

---

① 黄一可：《传播城市知名度和美誉度　增强城市软实力和影响力》，《成都日报》2018 年 5 月 13 日。
② 〔美〕丹尼尔·戴扬、伊莱休·卡茨：《媒介事件：历史的现场直播》，麻争旗译，北京广播学院出版社，2000，第 23 页。
③ 陈国强：《中美马拉松赛的媒体报道比较研究——以 2014 年波士顿和杭州马拉松为例》，《体育科研》2015 年第 5 期。

无疑是“竞赛”、“征服”和“加冕”三种媒介事件的脚本共同存在的典型，① 自然格外受到大众传媒的关注和青睐，传统媒体和各种新兴媒体都将其纳入规划范畴，事前精心策划、安排得力记者队伍展开现场采访，进行密集报道，且有针对性地细分报道内容，形成层次丰富的信息、节目组合等，以满足不同群体的需求。

众多媒体将大型体育赛事如奥运会、亚运会、世界杯足球赛等视为体育媒介事件的结果，不仅集中提供赛事信息，更将其塑造成“媒体奇观”——“能体现当代社会的基本价值观、引导个人适应现代生活方式，并将当代社会中的冲突和其解决方式戏剧化的媒体文化现象，包括媒体制造的各种豪华场面、体育比赛、政治事件等。”② 学者们还溯源认为，“从古希腊的奥林匹克运动和古罗马的战车比赛和角斗开始，体育运动一直是娱乐和奇观的文化场域之一。”③

从“媒介事件”到“媒介奇观”，众多媒体的报道不仅使全世界有机会感受竞技体育的魅力，更推动全球人民一起“参与”到重大体育赛事中，尽管他们在物理空间上远离赛场，但媒体将他们与赛会连接起来，使之成为“旁观者”，在心理上感觉自己参与了赛事。由于传媒的深度介入，赛事的覆盖面、影响力已不局限于赛场内外，而是在全球范围内广为人知：2008 年北京奥运会现场观众为 750 万人次，这些人直接观赏了比赛，而通过电视直播等方式，全球有多达 45 亿人观看了北京奥运会比赛。

---

① 董青、洪燕、陈捷：《新媒体时代体育传播分析》，《体育文化导刊》2011 年第 7 期。

② 〔美〕道格拉斯·凯尔纳：《媒体奇观：当代美国社会文化透视》，史安斌译，清华大学出版社，2003，第 2 页。

③ 〔美〕道格拉斯·凯尔纳：《媒体奇观：当代美国社会文化透视》，史安斌译，清华大学出版社，2003，第 74 页。

　　很早以前，传统媒体就意识到体育赛事对于自身而言非常重要，体育赛事是稀缺的新闻资源，赛事报道能够为传媒带来读者、听众、观众，并产生显著的广告及其他经济效益。19世纪末美国著名报人普利策就将体育报道视为报纸保持畅销的法宝之一，国内报纸长期以来也奉行如此准则，赛事报道在体育报道中占据着举足轻重的地位："赛事报道并不是体育新闻报道的唯一内容，但它却一直是大部分体育版的基础。"① 电视更对重大体育赛事情有独钟，耗费巨资购买赛事转播权充分说明了这一点，在 2008 年北京奥运会前后，中央电视台体育频道干脆直接更名"奥运频道"。为充分报道成都大运会，成都市广播电视台公共频道从 2020 年 3 月 2 日起推出《大运时间》栏目，每周播出 5 天，每天 50 分钟，系统性、常态化报道与大运会有关的各种信息，且通过电视、网络两种终端同步播出。该栏目将延续到 2021 年大运会举办之时，着力为大运会传播造势，营造全体市民知晓、关心大运会，积极参与大运会的良好氛围。

　　实际上，体育界也充分认识到赛事与传媒的结合是一种必然趋势，终将促成"双赢"的良好格局。20 世纪 90 年代，在洛桑奥林匹克博物馆开放仪式上，时任国际奥委会主席萨马兰奇说道：电影和体育是相互促进、密不可分的。② 联系其语境来看，"电影"无疑是传媒的代称，而"体育"的核心则是赛事尤其是大型体育赛事，正因为有了不遗余力的传播，体育比赛的魅力在全球范围内扩散，才成了全人类共同的宝贵财产和情感载体。而现任国际奥委会副主席、萨马兰奇体育发展基金

---

①　〔美〕布鲁斯·加里森、马克·塞伯加克：《体育新闻报道》（第 2 版），郝勤等译，华夏出版社，2002，第 97 页。
②　弗兰克·阿斯卡尼：《体育是电影不尽的灵感源泉》，《中国艺术报》2012 年 11 月 26 日。

会发起人胡安·萨马兰奇曾从另一个角度论证了这一点："如果没有媒体、没有传播，我们所做的一切不会那么有价值，我们所做的一切也不会让人知道。例如，我们在某一个城市做的项目有几百人、几千人参与，但是加入媒体宣传和报道，就会有几百万人、几千万人知道。"①

在此背景下，大型体育赛事组织者都非常重视与媒体机构的良好合作关系，赛事主办方或承办者通常会组建专门的媒体运行和服务机构，为媒体提供全面准确的信息资料、便利有效的工作环境，尽量保障记者在赛事期间获得较好的采访条件。从1988年汉城奥运会开始，在专供运动员住宿的"奥运村"之外，还专门设置了"记者村"供记者们下榻，同时提供便捷的交通、通信设施等，为记者们的工作免除后顾之忧。

在大型体育赛事期间，运动员之间的激烈竞争构成了第一赛场，观赛者通过直播、现场报道等可见其激烈程度，而众多记者为了向世界各地的读者、听众和观众、网络用户等提供信息和报道，同样在进行着竞争，人们将其称为"第二赛场"，有时记者们为了争抢拍摄角度、保证发稿速度和时效等也会"火力全开"，使出"浑身解数"。

早先在奥运会上，运动员的人数多于记者数量，1976年蒙特利尔奥运会成为一个重要的"分水岭"，报道本届奥运会的记者人数首次超过了运动员总数。自然，当时出现如此形势有意外因素：蒙特利尔奥运会预计有来自100多个国家和地区的1万多名运动员参加，但有许多非洲、亚洲、拉丁美洲国家因种族歧视抵制本届奥运会，实际参赛国家和地区仅有88个，运动员也只有6000多名；随着现代大众传播事业迅猛发展，

---

① 史玮、张越、李思仪：《萨马兰奇：通过萨马兰奇体育频道让全世界更了解中国体育》，http://www.cankaoxiaoxi.com/sports/20170904/2227694.shtml。

报名奥运会的新闻记者人数则达到 7000 多名，双方的人数第一次出现"逆转"。

　　此后，"记者多过运动员"的格局成为奥运会赛场的常态。夏季奥运会参赛运动员的总数总体上保持稳定，没有较大的增长，而注册记者的数量却不断增长，两者的差距越来越大。据统计，北京奥运会接待了来自全球 200 多个国家和地区的 21600 名正式注册记者，包括 16000 个电视记者，5600 名文字、摄影媒体记者；据不完全统计，前来采访奥运会的非正式注册媒体记者有 5000 多人，再加上其他新闻工作者，记者总数超过 3 万人，呈现"3 个记者追 1 个运动员"的局面。在北京奥运会采访期间，这些记者们除了奔走于各个赛场、忙于出席新闻发布会之外，其触角还越过赛事本身，许多记者出现在北京的大街小巷，喜欢用并不熟练的中文跟北京的人们"问东问西"，每天将自己的所见、所闻、所感等，发往世界各地，向全世界报道发生在这里的一切。① 就在这些记者的日常报道中，北京甚至中国各个方面的真实图景也传递到全球，促进更多人认识真正的北京和中国。

　　广州亚运会同样是记者云集，前来采访的平面媒体、持权转播商、非持权转播商等有效注册机构共 888 家，总人数为 9939 人，达到历届亚运会之最。同样，来此采访的境外记者并不局限于报道赛事，他们还关注许多内容，如美联社口译员阿沙希·森本说："亚运会不仅仅是体育比赛，还涉及环境、城市、文化，等等。到目前为止，亚运会的组织非常好，运行得很顺利。"② 而日本《读卖新闻》记者增田刚士更关注广州的城市状况，在他眼中广州是一座花团锦簇的城市，是一座非

---

① 姚冬琴：《外媒的奥运视角》，《中国经济周刊》2008 年 9 月 1 日。
② 李睿、迟昕欣：《广州亚运会引世界关注，近九百家媒体蜂拥来报道》，《今晚报》2010 年 11 月 19 日。

常漂亮的城市, 很整洁, 也很舒适。① 而南京青奥组委媒体运行部提供的数据显示, 青奥会共有 3710 名记者报名注册, 其中来自境外 91 个国家和地区的媒体机构 420 多家, 境外记者人数超过 1500 人。这些记者的报道同样触及南京的历史文化、风土人情等, 将这些收入镜头、凝于笔端, 然后在地球的每个角落传播。

由于大众传媒的信息传播能够扩大赛事辐射范围, 促进更多人知悉, 放大赛事的影响, 因而许多赛事举办者也为赛事得到媒体特别是主流媒体的报道而兴奋不已。2011 年 1 月至 2 月, 青海连续举办了冰上徒步穿越青海湖活动、长江源头体育探险、冬季黄河抢渡赛等三项在国内"史无前例"的赛事, 受到国内众多媒体的高度关注, 当地体育部门相关人员非常满意: "短短 59 天时间里, 能够三上中央电视台的新闻联播节目, 足以说明这三项比赛收到了很好的效果。"②

由体育赛事引发的信息流动和交换, 无论是从城市外部向内部流动, 还是从城市内部向外界输出, 都具有非常重要的意义, 因为这些信息的交流能够改变人们的认知, 进而带动产生一系列具体的行动: 赛事组织者、城市管理者等向外界学习、"取经"通常会发现本地存在的不足、瑕疵等, 从而有针对性地采取措施, 改进、完善城市的基础设施, 提升赛事运作和其他服务质量, 促进赛事顺畅举行; 而这些举措, 以及城市良好的风貌人情等, 则会通过赛事期间多种传播路径向外部广泛流传, 优化、改善外界人士对该城市的印象, 并转化为旅游、学习交流、商贸等具体行为, 最终对城市发展起到极大的推动作用。

---

① 季芳:《外国媒体聚焦羊城, 广州亚运会开端良好》,《人民日报》2010年 11 月 12 日。

② 张海虎:《青海体育: 倚仗"劣势"频亮剑》,《西海都市报》2011 年 3月 9 日。

赛事提升城市知名度和美誉度

论及大型体育赛事对举办城市的影响和作用，人们通常认为提高城市形象和知名度是最明显、最直接的意义和价值。

赛事是连接举办城市与世界的重要桥梁、纽带，是世界全面了解、认知该城市的媒介、窗口，也是城市开展对外传播、推介自身的平台和渠道。非常直观的例子之一来自美国的亚特兰大市，其实该城市是美国第九大都市区，是著名黑人领袖马丁·路德·金的出生地和主要活动地，也是全球知名企业可口可乐公司和达美航空公司的总部所在地。但对中国人而言，绝大多数人知悉亚特兰大首先是因为该城市举办了 1996 年夏季奥运会，此外 NBA 球队之一亚特兰大鹰队的存在也使许多人尤其是篮球迷对该城市颇为了解。南京市领导也认为成功申办青奥会，有助于推动城市的国际化进程：青奥会将为南京搭建更高的国际交流平台，增进国际交流，使南京在国际化进程中迈出更快的步伐，南京申办青奥会的口号就明确表明了这一点——"南京与青奥共成长"。

已故国际奥委会主席萨马兰奇曾经说过："人类有 5 种通用语言，金钱、战争、艺术、性和体育，而体育能把前四者融合在一起。"[1]〔正因为体育是"人类通用语言"，全球各地人们对于体育精神有高度共通的认知和理解，抵触情绪较低，各国、各城市普遍将体育作为重要的传播符号，充分发挥其传播力强、容易产生亲近感、形成黏度等优势，对外宣传当地的城市建设、发展成就和历史文化等，全面提升城市形象，

---

[1]　李晶：《萨马兰奇语录：我从中国收获了爱和友谊》，《成都商报》2010年 4 月 22 日。

大型体育赛事则"整合了人口流动、信息交流、文化传播的共同效应"，被认为是文化传播的最佳载体之一。]① 所以，许多城市积极申办奥运会的目标之一便是借助奥运会传承本国、本地的文化遗产：奥林匹克文化是获得国际认同的文化，主办国通过把本国文化"嵌入"奥林匹克文化，进行全球传播，实现全球形象传播，寻求国际积极认同，以获得文化"软实力"。②

由此可见，体育赛事是一种优质的城市传播载体；作为竞技体育水平展示的平台，它具有极高的吸引力和聚焦度，可以迅速成为令人瞩目的焦点，甚至引起全球关注；各种传播渠道纷纷将其作为源泉对外发布信息，而且发布内容并不局限于赛场内，还会延伸到赛场外，将赛事举办城市其他各个领域的信息涵盖在内，由此推动外界深入了解、认识该城市，提高城市的知名度；同时，由于各城市在此过程中格外关注外界的看法和态度，有意识地维护自身形象，必然促使城市以最闪亮、最美好的形象呈现在世人面前，获得较高的美誉度。

一　海量报道提高城市知名度

大型体育赛事的基本特点是优秀选手众多、竞技水平高，这些高水平的运动员天然具有号召力和吸引力，如同强大的"磁场"一样吸引大批观众来观赏比赛；各方媒体更是纷至沓来，不仅着力曝光在赛场内外的各种活动，也会以相当的文字篇幅、播出时段等展现赛事举办城市。基于此，许多城市积极主办或承办大型体育赛事，基本出发点之一就是将体育赛事的吸引力，新闻报道对大众的感染力、影响力等形成"叠加效

---

① 王静：《体育促进中国文化对外传播的研究》，《体育文化导刊》2012 年第 10 期。
② 杜婕、张秀萍：《奥运传播与文化》，北京体育大学出版社，2006，第 IV 页。

应"，最大限度地展示城市形象，使外界认识该城市，强化并优化对该城市的印象，为城市发展赢得更广阔的空间和更多契机。

大众传播方式运用于大型体育赛事中，直接表现为大量的媒体记者在同一时刻高度关注同一比赛、同一城市，向全球各地"倾泻"海量的新闻报道。例如在 2012 年环法自行车赛举行期间，每天都有 700 多家媒体、2300 多名记者跟踪报道——而在奥运会、世界杯足球赛或美国职业橄榄球"超级碗"决赛期间，这样的数字还会成倍增加，最近几届夏季奥运会的采访记者总数普遍在 3 万左右，十几倍于环法自行车赛的记者规模；与此同时，随着自媒体和社交媒体的兴起，到赛事现场的众多运动员、观众等也会扮演"记者"或"报道员"的角色，不时地把自己觉得最重要、最有意义的信息分享给公众，如此产生的信息同样总量庞大，而这些信息都会指向赛事，同时吸引人们关注举办赛事的城市。另外，这种聚焦式的"信息轰炸"具有频繁性，在赛会制赛事中呈现典型持续性，奥运会是连续 16 天（其实在赛前和赛后几天往往也是如此），世界杯足球赛更长达一个月之久，几乎每天都有同等数量的信息关联到举办城市；在职业联赛中这种信息生产则具有高频度的重复性，通常在一年内会反复十几甚至几十次，如此高强度的信息冲击，对于人们认识并深刻记忆赛事举办城市是非常有用的。

如果说，夏季奥运会的举办城市大多普遍在全球已经相当知名，赛事报道对其知名度提升的作用不够直观，那么冬季奥运会的举办城市得益于此则非常明显，日本长野、韩国平昌、俄罗斯索契，乃至即将举办冬奥会的中国张家口，其本身的名气未必很高，在外国民众心目中难以留下深刻印象，但由于这些城市成为冬季奥运会的举办地，它们在世人面前赢得了极高的曝光度，迅速成为全世界人们耳熟能详的城市。

在我国，能够举办大型体育赛事尤其是综合性运动会的城市往往已经在国内外拥有较高知名度，但它们仍然认为赛事在这个方面意义非凡："青奥会留给南京的一笔财富是知名度"，在其四年筹备周期里，"中国南京"不时出现在世界各地的媒体上，持续吸引着全球的目光；青奥会举办期间，地球上每 3 个人中就有 1 人知道青奥。加上运动员、教练员、官员，他们也都会把在南京的美好记忆带回家乡，与朋友们分享，无疑将极大地提高南京在各国朋友中的知晓率。① 成都通过举办世警会，在公共交通、旅游、餐饮等城市公共服务领域实现了提档升级，全球重新认识了成都，发现有 2000 多年厚重历史的成都还有时尚现代的一面。

对于某些中小城市而言，获得主流媒体报道特别是电视直播的机会并不多，体育赛事则能使之如愿，因此它们格外重视。2016 年 6 月 18 日，中华龙舟大赛（广东·惠州站）暨第五届惠州龙舟邀请赛开赛，中央电视台体育频道对此进行了全程直播，当地人士即认为电视直播大大提升了龙舟赛的影响力，也展示了惠州的市容和风光等，这为提升惠州的城市知名度和美誉度创造了有利契机。2006 年，环海南岛国际公路自行车赛成为海南"三大赛"中最先登场的赛事，当地体育相关部门工作人员谈及此事非常激动："开放的海南需要一场这样的比赛，一来带动海南体育赛事的发展；二来借由赛事向外界展示海南的魅力。"②

---

① 《青奥会给我们留下了什么》，http：//opinion. people. com. cn/n/2014/08 28/c159301 - 25556140. html。

② 尤梦瑜、王黎刚：《"三大赛"打造海南体育旅游金名片》，《海南日报》2018 年 10 月 15 日，第 A03 版。

二　多路并举提升城市美誉度

其实，世界各地的城市主办或承办大型体育赛事，不仅仅是为了让外界知道自己，更在于通过赛事形成口碑效应，让别人都感觉自己好，赢得美誉度。现在国内许多地方纷纷提出"举办一场赛事，营销一座城市"的理念，真正看重的就是这一点。

城市美誉度其实可以分为两部分来讨论，因为其内涵中包括了两类人对于城市的认同：一是城市外部人士，二是城市内部的居民。当然在现阶段，国内城市普遍更在意外部人士的看法，希望自己的城市能给他们留下正面、积极的印象。而一次组织完善、举办成功的体育赛事，往往能够促使这两部分人群同时增强对城市的认同感。

对外而言，大型体育赛事往往能够发挥"城市会客厅"的功效，把城市美好、积极的一面充分显露出来。在体育赛事进程中，信息输出呈现多种形式并举的格局。赛事组织、运营者和城市管理者等系统性开展组织传播，对外推销城市；直接参与赛事、因赛事而聚集起来的大量人员通过多层次人际传播，不断传递对于该城市的印象；蜂拥而来的媒体则进行报道，内容涉及举办城市的历史、地理、人文等诸多方面。这些传播方式、渠道聚合起来，共同提升了城市的美誉度。大众传播此前已经详尽论述，此处无须赘述，以下着重阐述组织传播、人际传播的意义和价值。

体育是跨文化交流的重要平台，具有很强的亲和力、吸引力和公开度，容易在交往双方之间搭建起心灵沟通和文化交流的桥梁，历来在公共外交领域占有重要地位；全球、国际性体育赛事作为重要的国际交往平台，表现出规格高、参与者众多、信息密集等特点，天然是一个跨国、跨文化沟通的优质载体。体育赛事以体育竞技为载体，"更快、更高、更强"的体育精神反映了人类共同的追求，更容易创造开诚布公、平等交流的语境，取得良好的效果。

赛事举办进程中的组织传播是体育公共外交的有机组成部分，官方将其作为一种有意识的宣传、推介行为，在一系列具体行动中生成传播内容，包括周密组织、完善安排，推进赛事完美进行，精心设计、合理搭配，为抵达赛会的各国政要、运动员、国际友人、境外媒体记者等提供优质交通、通信、饮食等服务，有时还组织重要来宾参观城市的名胜风景区、特色文化区域等，将城市经济、文化、公共服务等方面积极、正面的元素，随同赛事一道展示给他们，如此传播必然引发对方的积极回应。在广州亚运会期间，亚奥理事会主席法赫德亲王赞叹道："广州呈现给整个亚洲一座美丽的城市和一场美好的体育盛事。"在南京青奥会结束之际，国际奥委会主席巴赫同样给予很高的评价：短短四年，中国和南京就为世界呈现了如此精彩的盛会，中国人的热情好客和高效率作风紧密结合，保证了青奥会的巨大成功。我们感谢志愿者、南京市民，他们广泛参与青奥会，非常热情，这让我们非常难忘。① 类似话语在我国其他城市举办的国际性赛事中也不断出现，反映了国际社会肯定、赞许的态度。

大型体育赛事期间，大批志愿者同样担当着体育公共外交的重任，他们是直接开展人际传播的普通市民代表，客观上发挥了民间"城市形象大使"的功能，如广州亚运会的众多志愿者就在志愿服务过程中用心、用力、用功，充分展现了"快乐担当、引领时尚、追求卓越、共创精彩"的亚运志愿者精神，以高质量、专业的服务赢得了海内外人士的普遍称誉。

---

① 颜芳：《国际奥委会盛赞南京青奥会》，《新华日报》2014 年 8 月 29 日。

南京青奥会的赛会志愿者有 2 万余人，平均年龄 20.8 岁，城市志愿者总数超过 100 万人，这些志愿者在全市各赛场及主要交通枢纽、旅游景点、饭店宾馆等场所，为赛事正常开展、赛场文明宣传、城市运行保障、公众文明创建等工作提供各种志愿服务，以高水平服务传递南京的良好形象，给全球来宾留下了深刻、美好的印象。在此过程中，南京还开展了青年志愿服务、青年文化交流、青年和平论坛等公共外交项目，成功塑造了"南京好形象"。

在成都世警会期间，6000 多名志愿者不仅完成各自的岗位工作，还成为运动员的朋友、导游。志愿者李婧媚在志愿者服务期间与几位巴西运动员成了好朋友，赛事间隙她带着巴西朋友们去了武侯祠、锦里、金沙遗址博物馆等，还为他们介绍茶文化，将成都深厚的历史文化底蕴展现给巴西友人，对方也被她的热情、真诚深深打动，分别时专门记下她的地址和邮箱，回国后给她邮寄明信片。在成都举办的其他赛事也努力强化特色，从大熊猫到美食、从书法到茶道，成都为参赛运动员提供了不一样的体验，自然有助于增进他们对于成都的好感，他们给成都打的"印象分"自然也会提高许多。

一座城市要举办大型体育赛事，必然在许多方面缜密考虑、下足功夫，包括改善城市体育和其他基础设施、健全交通和通信保障体系、提升城市管理和服务水平、组建大规模城市志愿者队伍等，这些举措不仅直接服务于赛事，而且对城市长远发展产生积极影响，市民从中得到实惠，自然会产生强烈的幸福感、获得感等，从而对生活的城市表现出高度认同。在"迎接亚运会，创造新生活"的理念引领下，广州打响了全国最大的水治理战役，经过半年艰苦的努力，珠江水生态全面恢复和改善。同时广州完成了 1512 个社区的综合治理，惠及居民 358 万人，城市环境显著改善。对此，市民给予了高度的认

同，一项名为"亚运会对广州市居民归属感的影响"的调查
显示，八成以上居民"喜爱在广州生活"，九成以上认为"亚
运会提升了广州城市地位和形象"。①

类似情形在国内其他城市同样明显。在专业评估机构发布
的《2017 年成都市国际体育赛事评估报告》中，一份面向广
大市民的问卷调查显示，87.22% 的受访者认为举办大赛对促
进市民体育锻炼有帮助，87.13% 的受访者认为举办体育赛事
对增强城市竞争意识有作用，50.70% 的受访者认为举办体育
赛事对提升市民亲和力非常有用。② 南京市"青奥会举办前市
民幸福感"调查也得出了类似结论：87% 的市民对青奥会在
南京举办感到自豪，五成以上市民认为通过青奥会筹办，居民
生活环境得到改善，幸福感有了很大提升。③

三 品牌赛事彰显城市魅力

现阶段，体育指标已经成为判断城市活力的重要评价指标
之一。世界著名城市通常在体育方面都颇为发达，其中品牌赛
事是最重要的支撑之一，品牌赛事往往也可以划分为两类，一
类是直接以城市冠名的大型体育赛事，另一类则是冠名城市的
职业俱乐部，其存在的主要目标是参加高水平的职业体育
联赛。

纽约闻名于世，不仅因为它非常繁华，是全球著名的商业
之都，也因为它是"世界体育之都"，每年都举办著名的美国
网球公开赛——这项大赛没有直接以"纽约"的名号展示，

---

① 蔡闯：《一座美丽的城市，一场美好的盛事》，《光明日报》2010 年 11 月
　26 日，第 4 版。
② 黄一可：《传播城市知名度和美誉度　增强城市软实力和影响力》，《成
　都日报》2018 年 5 月 13 日。
③ 毛庆、张昊：《近九成市民为青奥会举办自豪，过半市民幸福感因此提
　升》，《南京日报》2014 年 7 月 14 日。

而作为全球马拉松大满贯赛事之一的纽约马拉松赛则直接以城市命名。此外，纽约及其周边的卫星城市还有许多全球著名的体育俱乐部，例如美国职业棒球联盟中风头最盛的"常胜霸主"纽约洋基队，美国职业橄榄球联盟的两大劲旅——纽约喷气机队和巨人队，国家冰球联盟的纽约游骑兵和纽约岛人，NBA联盟的纽约尼克斯队和新泽西网队，还有美国职业足球联盟的纽约城队和纽约红牛队等。由于这些赛事和俱乐部的存在，每年纽约都会举行无数场高水平体育比赛，城市自然活力四射。

或许有人不觉得赛事是纽约的"加分项"，它本来就足够知名了；那么，换一个例子应该更能说明问题：达喀尔——如果剔除体育竞赛的因素，估计国人中没有多少能准确说出其地理方位，甚至许多人可能根本不知道它是西非国家塞内加尔的首都。但是，如今国内的体育迷已经很难忘记达喀尔，基本理由就在于达喀尔拉力赛，尽管该项比赛在1978年才创办，至今不过40余年历史，但已然成为世界上最艰苦、最富有冒险精神的赛车运动，被冠以"勇敢者游戏"的名号，中国选手也曾多次征战此项赛事。有趣的是，这项赛事的赛道时常更换，起初是从法国巴黎出发，终点是塞内加尔的达喀尔，这也是赛事得名的原因，但在1992年变成起点为巴黎，终点在南非开普敦；从2009年起，由于非洲大陆受到了恐怖主义的威胁，为了赛事能够安全进行，组委会决定把比赛移到南美洲进行，但赛事名称始终未变。人们看到车轮滚滚、黄沙漫漫，无数车手驾驶汽车、摩托车和卡车等在沙漠、荒原里风驰电掣，仍然会想起那个熟悉的名字——达喀尔拉力赛。城市与赛事已经紧密结合在一起，形成了一种"共生关系"，内在联系无法割舍，世界瞩目的体育赛事成了最亮丽的"城市名片"。

达喀尔拉力赛作为一个经典个案，生动、鲜活地告诉人们，一座城市拥有以自己名字命名的知名国际赛事，形成品牌和赛事 IP（知识产权），能够极大地增强城市的魅力和吸引力。对于这一点，成都市感触很深：赛事和城市之间相互成就的效果明显。在 GaWC 世界城市评价体系中，承办国际重大体育赛事是全球城市的重要评价标准……高规格的国际赛事，总能为举办城市带来全球城市的光辉与荣耀。①

（一）马拉松赛事展示城市魅力

在我国国内，以城市命名的赛事开办得普遍较晚，但经过若干年的精心运作，不少赛事已经取得了极大的成功，知名度和美誉度同步上升，在体育圈内外都产生了很大影响，成为公众认可的品牌赛事，例如北京马拉松赛、上海网球大师赛、上海 F1 大奖赛等。目前国内许多城市都在积极打造本地的品牌赛事，由于马拉松赛的特殊情形，各地纷纷将马拉松赛作为建设城市品牌赛事的重要着力点，努力将马拉松赛培育成"城市超级 IP"，作为城市形象展示的闪亮名片。

马拉松赛与城市的紧密关联主要表现在两个方面——首先体现在名称上，马拉松通常都以举办城市命名，少有例外，城市就是马拉松赛最重要、最鲜明的识别标志，赛事由此成为天然的城市品牌形象代言者。更重要的是，马拉松赛与城市在实质上存在不可割舍的联系：马拉松赛根植于城市的影响，城市的能级从多方面决定着赛事的水平和规模，城市的控制和影响力在拉动跑友参赛、赛事传播等方面的作用也非常明显。② 同时，马拉松赛从赛道设计、赛事传播等方面对于城市历史人

---

① 肖竹、陈浩：《以赛谋城，以赛兴业》，《成都日报》2019 年 8 月 23 日，第 5 版。

② 胡明洋、曹政、管延伟、薄纯磊：《马拉松赛事与城市发展的联动性研究》，《辽宁体育科技》2018 年第 6 期。

文、现代化建设等进行充分展示，让外界真切领略到该城市的
独特魅力。

一座城市的历史文化内涵及其现代化建设成就，都可以通
过一批有代表性的城市景观、标志性建筑等展现出来，这些建
筑和景观在很大程度上代表了城市的形象。单纯在体育场馆内
进行的竞技比赛无法把建筑和景观全面显露在跑者、观众面
前，而马拉松赛道超越了运动场的限制，通过比赛线路串连起
典型的建筑和景观，无形中把城市的历史、文化、经济建设成
果等直观地展现在人们面前。可以说，马拉松赛事依赖于城市
的人文环境、基础设施建设等的蓬勃发展，而比赛路线又是这
些成就的展示"窗口"，在这一点上，马拉松赛事不愧是城市
对外的一张名片。

为充分发挥马拉松赛的"城市名片""形象窗口"等功
能，国内诸多城市在设计马拉松赛道时颇费思量，尽可能安排
比赛线路经过城市著名自然与人文景点，将城市的现代辉煌、
厚重历史、著名景点与名人事迹等要素浓缩在其中，从而被全
国、世界各地爱好者与观众知晓。

国内历史最悠久的北京马拉松赛从 1981 年举办至今已有
40 年，与北京浓厚的历史、文化气息相呼应，其赛道设计洋
溢着浓郁的韵味：从天安门广场出发，经过长安街，途经西
单、中央电视塔，以及多处公园等，最终抵达奥林匹克森林公
园，融会了北京的古与今，可谓"京味十足，余韵无穷"。上
海马拉松线路则体现了"新"的特点，沿途经过外滩、南京
路步行街、静安寺、淮海路、新天地、徐汇滨江、上海体育场
等，一路跑下来，上海风范尽览无余。

2003 年首届厦门国际马拉松赛的比赛路线串起了厦门国
际会展中心、环岛路、厦大白城、演武大桥、厦门会堂、鹭江
道、轮渡码头、旧海军码头等当地标志性地点。而近年来在国

内马拉松界声名鹊起的兰州马拉松线路突出了“黄河穿城而过”的特色，先后经过雁滩黄河大桥、中山铁桥、小西湖立交桥、七里河黄河大桥、银滩黄河大桥，以及平沙落雁等景点。成都马拉松赛道则几乎囊括了城市的精华路段，串联起一条集历史文化、现代繁华、生态文明于一体的赛道：从金沙遗址博物馆出发，途经琴台路、安顺廊桥、四川大学、望江楼公园、东湖公园、天府国际金融中心、环球中心、桂溪生态公园等，最终抵达世纪城新会展中心。有人诗意地形容这条赛道：从三千多年前的远古金沙跑来，一路跑向现代，跑向未来。这条赛道获得 2018 年中国田径协会特色赛事“最美赛道”奖。①

过去若干年，马拉松赛在我国各地已然成为最热门的赛事。统计数据显示，2018 年全国超过 800 人的马拉松赛以及相关赛事达 1581 场，遍及全国 285 个地级市，不少县级城市也举办了马拉松比赛。各地都在赛道设计方面煞费苦心：2014 年开办的无锡马拉松赛是江苏第一个全程马拉松赛事，赛事以“人在画中跑”为主题，42.195 公里的环形赛道串联起锡城诸多自然、人文景观和地标建筑，一幅精彩绝伦的江南画卷在跑者脚下徐徐展开。② 这种思路其实是各地的共同想法和做法。

过去几年，国内跑友中兴起了“马拉松热”，许多人奔赴全国、境外，不断参加马拉松比赛，各地马拉松赛事的参赛者迅猛增加，无疑扩大了赛事的直接辐射面。但现场人数终究是少数，传播才能最大限度地扩大赛事的影响，不仅各种传播载体把赛事过程展现出来，在电视台、网络媒体等进行转播时，

---

① 彭祥萍：《四川去年举办马拉松规模赛事 62 场，成马获“最美赛道”》，《成都商报》2019 年 3 月 14 日。
② 陈菁菁：《无锡马拉松连续三年荣获“金牌赛事”》，《无锡日报》2018年 1 月 28 日。

主持人与嘉宾通常还会详细介绍赛事沿途各建筑、景点的典故与当地人物传奇等，强化公众的认知和记忆，促使马拉松赛事进一步成为城市对外传播的有效途径；而且，国内"最具影响力马拉松赛事排行榜"设置了六大评选指标——舆情热度（30%）、赛事级别（20%）、奖金设置（15%）、参与情况（15%）、赛事设置（10%）、专业性（10%），舆情热度在其中占据最大的权重。这些因素促使各地高度重视马拉松赛事的传播，各地马拉松赛事筹办之初，组委会都会想到电视直播，特别是邀请中央电视台进行直播，不惜为 3 小时的央视直播耗费上百万元资金。如 2011 年重庆马拉松赛开办前便与央视体育频道沟通、磋商，签署了直播协议。能对马拉松赛进行现场直播，是一个城市发展很重要的标志。①

　　相对于国内数量剧增、一天内各地同时举行多场的马拉松赛，央视直播资源明显短缺，于是许多赛事开始采用"地方卫视＋网络直播"的方式进行传播。在 2017 年纳入统计的国内知名度较高的 100 场马拉松赛事中，有 50 场赛事进行了网络直播，且多为赛事组委会通过正规网站进行的大型直播。这种方式相比央视直播更省钱，且直播时间更长，新兴的"马拉松真人秀"网络直播模式延伸了对跑者的追踪：赛前挖掘跑者故事、制作跑者故事纪录片等，起到预热、宣传等效果；赛中和赛后则通过抓取动感场面等方式记录下普通跑者的参与经历。而且成千上万的跑者、观众也在自媒体平台上晒图片、谈感受，提供最新的比赛信息和资源，这些自媒体直接从参赛运动员的视角、观众的视角来讲故事，参赛者即内容的创作者，具有一般新闻报道不能比拟的贴近性、生动性和趣味性，

---

① 韩成栋：《重庆马拉松赛 19 日南滨路开跑，央视体育频道将全程直播》，《重庆日报》2011 年 3 月 3 日。

内容非常鲜活生动接地气。①

不过，国内众多城市也不必仅仅试图将马拉松赛打造成"城市名片"，自行车赛、徒步竞技等同样能在比赛线路中展现城市的自然和人文特色。如环法自行车赛就通过大量的直播和新闻报道，将沿途城市的形象生动、立体、直观地呈现在世人面前。在国内，山东省威海市先后举办了铁人三项赛、徒步大会等特色赛事。威海是亚洲首个成功举办长距离铁人三项世界锦标赛的城市，主会场设在美丽的半月湾，优美的海岸线风光成为赛事的一大亮点，但难度之大也堪称"魔鬼"——自然海湾中浪高风急，自行车赛道起伏多、弯道多、总爬升达1600 米，而跑步则是连续上坡下坡的越野跑，被国际铁联誉为"世界上最美和最具挑战性的赛道"；从 2019 年起，威海又开始举办 2019 徒步中国·威海千里海岸徒步大会，计划用3 年走完威海市最美的 270 公里海岸线。这些赛事都能够展现城市的风光和建设成就，有助于提升城市的知名度和影响力，推进城市国际化建设。

由此可见，除马拉松赛之外，在自行车、徒步、公路赛跑等运动项目上，赛事同样是关系建立的特殊场域，可以直接将城市的景点、标志性建筑等与竞赛过程"无缝对接"，在赛事报道、传播中完成城市形象的"无痕宣传"，最大限度消除公众的抵触、抗拒情绪等。鉴于此，国内城市完全可以根据各自的自然和人文特色，有针对性地选择适合的体育赛事，同样能够打造精美的"城市名片"。

（二）体育俱乐部塑造城市品牌

体育俱乐部尤其是职业体育俱乐部算得上体育赛事的一大

---

① 吴方敏：《2016 武汉马拉松全媒体报道观察分析》，《新媒体研究》2016年第 15 期。

主流载体，其基本发展模式是参加职业联赛和其他竞技活动，争取获得佳绩，吸引体育迷和爱好者，带动相关产业经营等，从而将俱乐部导入良性发展轨道。职业体育俱乐部出现在城市，对所在城市资源有较高的依赖性，城市的体育场馆设施、配套基础设施、税收减免和其他资助等是俱乐部存在的必要物质基础，而城市的体育氛围、当地体育迷的数量及素质等则会直接影响俱乐部的发展。

职业体育俱乐部最重要的使命便是参加职业联赛。目前全球各地职业联赛普遍采取主客场制，对于一座城市而言，拥有高水平的体育俱乐部，意味着常年都会在此举行一系列联赛。换言之，大部分赛会制的赛事只是一次性落户某一城市，而一个俱乐部则能够给城市带来源源不断的高水平比赛，吸引大批体育迷前来观赛，也吸引众多媒体和记者进行报道。此外，顶尖运动员往往是俱乐部的"顶梁柱"和"主心骨"，也是体育迷、媒体关注的焦点，他们给俱乐部、所在城市带来强大的"吸睛效应"，极大地增加其曝光度和吸引力。

因此，许多大城市不仅申办国际顶级体育赛事，且努力吸引职业体育俱乐部来当地落户。美国丹佛市一位市长曾说过：要参与全球市场的竞争，你必须脱颖而出，其中之一便是你的城市必须拥有四大联盟的职业体育俱乐部。[①] 实际上，丹佛市拥有多支美国四大联盟的职业体育俱乐部，除人们熟知的NBA联盟球队丹佛掘金队之外，还有美国职业橄榄球联盟的丹佛野马队，以及国家冰球联盟队伍——科罗拉多雪崩队和美国职业棒球大联盟球队——科罗拉多落矶队等。这些球队使当地一年四季比赛不断，市民们在家门口就能欣赏到高水平赛

---

① 丁一、姚颂平：《美国职业体育俱乐部与城市发展相互关系研究——基于20世纪90年代以来的数据分析》，《成都体育学院学报》2012年第10期。

事，这里也被人们称为"体育胜地"。

许多体育俱乐部直接以城市命名，俱乐部的比赛及其他报道自然带出城市名称，外界很容易将其与所在城市视为一体，俱乐部的运动成绩、在其他领域的影响力等，都可以帮助城市提升知名度和美誉度，形成品牌形象，提升城市的软实力。而在城市内部，体育俱乐部也能发挥"黏合剂"的作用，提高市民的认同感和自豪感，增强市民的凝聚力。在美国，经常出现如此情形，某一球队在联盟决赛中获胜，引来全城庆祝。2018年2月4日，费城老鹰队在第52届"超级碗"冠军赛中击败对手，首次捧起"超级碗"奖杯，费城市政府决定于2月8日举办"超级碗"大游行，城市服务和商业运营、费城学区的所有学校均关闭一天；游行当天，归来的费城"英雄"——老鹰队教练和球员们与超过200万名球迷共同庆祝，景象空前壮观。而在前一年，恰好是他们的对手——新英格兰爱国者队夺冠，其主场波士顿同样喜庆不已，成千上万名的球迷不顾当地雨雪交加、寒风凛冽，在恶劣的天气下坚持参加球队夺取"超级碗"后的全城庆祝游行。篮球领域的例子国人可能更加熟悉：2018年6月金州勇士队赢得NBA总冠军后，其主场所在地——奥克兰市举行盛大游行和集会，近100万名球迷在游行开始前数小时就聚集在游行路线上，争着一睹勇士球员的风采，可谓全城狂欢。

在国内，市民高度关注某一俱乐部命运的情形也曾出现过——1995年，四川全兴队在当时的甲A联赛中形势不妙，面临降级，有人喊响了"保卫成都"的口号，当地球迷更是排起长龙彻夜抢票、赶去现场为球队呐喊助威，最后的"成都保卫战"现场有6万人助威，球迷们挥舞着黄色大旗，"四川雄起"声浪震天……当时西部唯一的顶级球队得以保级。此外，当年北京球迷对于北京国安队也倾注了真情，喊出

图 3 - 2　勇士夺冠，全城狂欢

图片来源：《篮球——NBA：金州勇士队巡游庆夺冠（1）》，新华社图片，2018年 6 月 13 日。

"胜也爱你，败也爱你"的口号。

　　不过，总体来说，我国职业体育俱乐部兴起较晚，目前也只有足球、篮球等少数运动项目的俱乐部运作比较成形，其他项目的俱乐部影响力普遍不足，难以产生"城市名片"的效果。即使在足球领域，一线城市经常出现几支顶级球队并存的局面，如北京有两支中超球队（国安、人和），广州也有两支中超球队（恒大、富力），上海一度有三支中超球队（上港、申花和申鑫），前两队如今仍在中超行列。因此，尽管广州恒大队连续 7 年获得中超冠军，2 次获得亚冠冠军，成为广州的名片之一，但人们更习惯于突出俱乐部的赞助企业名称，如国安、恒大、上港等，而非强调其所在城市。

　　由于国内俱乐部与企业的关系更密切，很难让广大市民对其产生强烈的认同感，坚定地认为这就是当地的球队，对其的重视程度和支持力度自然有所保留；一些主导俱乐部的企业同样有此"小肚鸡肠"，当年沈阳甚至发生过一场"正面冲突"：

当地一家报纸在报道中一贯只以城市冠名俱乐部和球队，而不添加企业的名号，俱乐部方面大为不悦，直接在体育场门口阻止该记者进入赛场、采访联赛。此外，赞助企业出于开拓市场、获得更多的资金与其他支持等原因，不时将球队变换主场城市，如此更难以将俱乐部与城市紧密联系起来。

令人欣喜的是，国内一些城市逐步认识到体育俱乐部有望成为城市品牌，开始重视俱乐部的建设，为其提供各种扶持。据介绍，深圳市对于在当地注册且冠名的球队，根据球队参加的比赛级别，最高可给予不超过 2500 万元的资助，这笔资助可以帮助俱乐部更好地开展运营活动，争取更好的成绩。截至 2018 年底，进驻深圳的职业体育俱乐部有 13 家，不仅包括足、篮、排三大球，也包含了冰球、乒乓球、羽毛球和棋类项目等。[①] 如果各地都有这样的意识，出台系列扶持政策，职业体育俱乐部将得到极大发展，有利于形成更多、更好的"城市品牌"。

赛事推动城市全面发展进步

大型体育赛事的意义远远超越竞技运动本身，成为城市全面进步的重要"助推器"和"催化剂"，原因在于赛事是一个非常有价值的平台，能够聚合各种资源，共同推动举办城市经济、社会、市民素质等全方位发展。有人曾风趣地表示："一个城市举办一次国际性赛事，就会迎来一个发展风口。"

大型体育赛事对举办城市的具体意义和价值，许多人分别从不同层面、角度进行过阐释。

---

① 黄文：《今年深圳将办 542 场体育赛事活动》，《深圳晚报》2019 年 4 月 30 日，第 A22 版。

时任英国驻华大使欧威廉说："北京奥运对中国的影响，首先会为中国留下一流的基础设施，其次会带来经济的发展，旅游业、建筑业都会因奥运而更快增长，第三会加快北京和中国的国际化进程。这些都是有形的影响，无形影响更大、更深刻。它的成功带给中国人的自豪之情所产生的作用，全球亿万青年人参与其中而激发出的积极进取精神所带来的影响，是难以估量的。"①

湖北省体育部门相关人员曾这样说："各个城市都在申办大型运动会，因为只有综合性的运动会才是最好的促进城市建设发展的契机。很少有其他活动能像亚运会、奥运会这样促进城市发展的。"② 这段话其实不完全准确，一些重要的单项赛事如世界杯足球赛等同样可以促进举办城市发展，且此类赛事同时在多个城市设立赛场，各城市都能借助赛事获得发展机遇。

国内专家曾提出，大型体育赛事有助于促进城市创新发展、特色发展、绿色发展，赛事促进城市发展的关键作用表现在八个方面：一是提升城市的全球影响力；二是拓展城市发展空间；三是完善城市基础设施；四是提升城市管理水平；五是重塑城市形象，促进城市转型；六是打造旅游目的地；七是提升城市生活品质和文化魅力，吸引投资和人才；八是带动城市体育产业快速发展。③

这些关键作用可以归纳成三个部分。一是促进城市功能升级，赛事举办推动城市各种设施更新换代，管理水平上新台阶，从长远来看惠及民生。二是提振城市经济发展，赛事对旅

① 乐艳娜：《个体体验校正中国印象》，《环球》2008 年第 17 期。
② 雷玲、王定立：《亚运会畅想：武汉走向世界舞台》，《武汉壹周》2012 年 10 月 31 日。
③ 鲍明晓：《利用大型体育赛事促进城市发展》，《万盛日报》2017 年 11 月 3 日。

游、餐饮、交通、建筑等行业形成拉动作用，且改善营商环境、扩大就业。三是改善城市精神面貌，赛事能在很大程度上提高市民素质、城市整体文明程度等。

一 赛事促进城市功能升级

城市功能的完善和升级，既是该城市赢得大型体育赛事举办机会的前提，更是赛事举办带来的直接结果。理由很简单：一座城市缺乏必要的基础条件，不可能被选定为大型体育赛事的举办地；但是，更常见的情形是，城市在申办、筹备和举办赛事的全过程中，不断完善自身的硬件设施和软件服务，促使城市功能全面升级，不仅确保赛事顺利举行，更为当地市民营造了良好的生活环境，直接惠及民生。

（一）城市硬件设施的配套完善

举办大型体育赛事，兴建或改造体育设施、其他城市配套设施都是必然的。以 2022 年杭州亚运会为例，共涉及 58 个比赛场馆及设施项目，其中在建项目达到 40 个，除了杭州市之外，在宁波、温州、金华、绍兴、湖州等地也有分布。而 2021 年成都世界大运会也新建 12 个场馆、改造提升 37 个场馆等，具体有东安湖体育公园、凤凰山体育公园、新都香城体育中心、成都大运村等项目。由于举办赛事的现实需要，这些体育设施的建设、改造工作都会比照当下先进水平进行，在选址方面也紧密配合城市的功能规划设计，因此它们完工后会给所在城市留下一大批现代化的公共体育设施，既能满足市民开展全民健身运动的需要，也能拓展城市的发展空间，使城市的体育功能更趋完善。

举办大型体育赛事，不仅仅需要完善体育设施，也需要城市交通、通信、酒店、商贸、绿化等方面的设施形成配套，共同满足举办大赛的要求。因此，一次大赛可以显著提高城市交通、通信、安保、服务、绿化、环境治理等基础设施的建设与运营水平，并在赛后直接改善民生。例如广州市为举办亚运会共投入了 1200 多亿元，直接投入比赛的资金只有 136 亿元，另外 1090 亿元则是赛前 6 年全市用于城市重点基础设施建设的资金，这些投资产生的效益，直接推动广州向国家中心城市和国际商贸中心跃进。

过去几年，杭州市交通拥堵问题严重，在国内颇有"名气"。数据显示，因拥堵造成损失最大的城市是北京，高达 5056 元／人，而杭州在这份榜单上排名第六，损失额度为 3736 元／人。杭州市借举办亚运会的契机，加快弥补交通等基础设施的短板，力争在亚运会前基本建成"四纵五横三连十一延"快速路网，规划总里程约 464 公里，杭州主城、副城及组团有望实现"45 分钟"时空圈，同时开通 15 条地铁和城铁，对火车站、隧道等设施进行改造和功能提升，着力改善城市交通状况。杭州市还将在奥体博览城的下方建成一个 98.6 万平方米的商业体，这个巨大的"地下城"相当于 138 个标准足球场的面积，建成后必然极大地便利市民的日常生活。成都为举办大运会也投入巨额资金，仅一次专用通道招标的总投资即达到 26 亿元。而且，各大赛事的举办城市为了给众多运动员、来宾等留下良好印象，必然在城市绿化、环境整治、景观打造等方面下足功夫，展开一系列的建设和改造活动，其成果不仅应用于赛事保障，更为改善市民的人居环境夯实基础。

实际上，大赛对于城市环境的全面改善作用非常明显。广东提出"科技亚运"的口号，投入专项经费支持 19 个科技项目，涵盖数字技术、绿色建筑科技、智能交通管理、环保与绿色城市技术应用、新能源技术、安全科技等领域，汇聚全国的科技资源为亚运服务。"智能赛事"带动了"智慧生活"，广州的交通、通信、气象、环境、安保、食品、饮水等均达到"智能"等级，"低碳"生活方式逐渐成为时尚。全市公共交通到达各赛场不超过1小时，客运交通工具"零排放"，建筑和照明的二氧化碳排放量减少30%，居住建筑总体节能65%，雨水、污水收集处理率达到100%、综合利用率达到30%以上，工程废弃物和垃圾100%回收利用……这一切，都闪耀着科技的光芒。[1] 南京在青奥会举办过程中秉持"绿色理念"，在城市环保、低碳与可持续发展等方面进行了积极探索，城市建成地铁、轻轨等轨道交通运营里程180公里，市民乘坐公交车、地铁等公共交通可便捷抵达所有比赛场馆；南京还积极推行公共自行车网络化，增加公交车中的清洁能源车型，尽可能减少市民交通出行产生的汽车尾气污染等。南京市森林覆盖率超过35%，城区绿地率、人均公园绿地面积等均居全国前列，绿色青奥让南京离"国际化人文绿都"目标更近一步。[2]

其实，举办体育赛事是对城市各种硬件设施的综合考验，只有这些设施有机咬合、运作不紊，才能保障赛事顺利举行；赛事举办必然带动各项设施的全方位改造、完善和提升，各城市具体情况不一，着力点自然不尽相同，但通过举办大型赛事的检验，城市面貌得到较大幅度改善是不争的事实。

（二）城市管理服务的全面提升

大型体育赛事不仅考验城市的硬件设施，更从多方面考验举办城市的管理服务水平。大赛通常需要城市的体育、文化、公安、交通、通信、旅游、环保、园林绿化、医疗、志

---

[1] 《广州亚运会：科技让亚运生活更美好》，《人民日报》2010年11月26日。
[2] 徐小怗、邵艺：《南京青奥会绿意深几许？》，《中国环境报》2014年9月2日。

愿服务等多部门协同配合，各部门之间的关系体现为典型的
"木桶效应"，任何部门的细微疏漏都可能给赛事带来严重
后果。

　　马拉松、自行车等赛事需要利用城市道路作为赛道，对于
城市综合管理与服务的要求比体育场馆内举行的赛事显然更
高。为了确保这些赛事圆满举行，交通、城市管理等执法部门
需要提前策划，制定道路封闭、交通管制、秩序维护等预案，
保障赛事顺利进行，也能最大限度减少对于城市交通的影响；
在赛事开始之前，园林绿化、环卫部门等要加强路面景观维
护、垃圾清扫和保洁等，营造最佳赛道环境；体育和医疗卫生
部门等则要安排好救护、为途中运动员补充水分和提供食物等
工作……甚至，一些细小的失误也会给赛事造成负面影响。
2018 年 11 月，苏州太湖马拉松比赛即将结束时，一名志愿者
两次给中国女选手何引丽递国旗，让她披上国旗跑最后一段赛
程，结果影响其速度，导致何引丽痛失冠军，遭到舆论广泛批
评；2019 年 5 月青岛马拉松赛进行到冲刺阶段时，引导车居
然带错了路，导致领先的运动员跟着跑错线路，若非他已经确
立了较大优势，也有可能冠军易主。这两起事故都受到中国田
径协会的处罚。

　　在体育赛事举行过程中，还曾经出现运动员、其他人员食
物中毒的严重事件。2017 年 8 月，在伦敦田径世锦赛一家官
方指定酒店，多名相关人员罹患胃肠炎，一名来自非洲的男子
200 米优秀选手被迫放弃比赛。而在 2007 年大阪田径世锦赛
期间，拥有独家转播权的日本 TBS 电视台 57 名参与直播的工
作人员集体食物中毒。更有人"吐槽"韩国举办的大型体育
赛事食物中毒事件频发：1988 年汉城奥运会、2014 年仁川亚
运会和平昌冬奥会期间都发生过食品安全方面的问题，而里约
奥运会也出现过类似情形。保障运动员和工作人员在比赛期间

的食品卫生安全，是体现城市良好管理和服务水平的重要环节，一旦这个环节出现问题，不仅赛事受到消极影响，城市的声誉也会面临负面影响。国内城市一定要吸取国外的教训，在各类赛事筹备、举办过程中做好相关管理、服务工作，避免在赛事中出现类似情形。

各种体育竞赛，尤其是国际性赛事，总是中外嘉宾云集，到会境外人士众多，语言翻译、抵离迎送、酒店接待、会务礼宾、生活保障、交通运行……事无巨细，需要举办城市必须从细节着手，全方位做好服务。这是对当地城市外事接待能力和水平的检验，也是一次极好的实战锻炼机会。为了满足第十八届世界中学生运动会的外事接待要求，福建省晋江市在2018年3月举办了外语外事培训班，近200名培训学员接受了严格考核，进而从中选拔出63名优秀人才进入人才提升培训班继续学习，着力打造当地的高素质国际交流人才队伍。此举初衷是保障国际体育赛事的需要，但最终将服务于国际化创新型品质城市建设。为提高成都大运会志愿服务工作的质量，成都市也先期招募了3000名骨干志愿者，从2020年2月起依托专业培训机构的线上培训平台，对这些骨干志愿者开展英语能力线上培训。

大型体育赛事对于城市志愿服务也提出了很高的要求。赛事志愿服务表现出专业性强、时间集中、分布广泛、种类繁多等特点，当地必然组建规模庞大的赛事志愿者和城市志愿者队伍，并对其展开培训和管理，全面提升他们的素质，为赛事提供多方面的志愿服务。在赛事结束后，志愿者则成为城市的宝贵财富，例如在南京青奥会后，百万城市志愿者悉数保留，南京全市注册志愿者达到140多万人，每6位常住人口就有一位志愿者。

人们普遍认为大型体育赛事是促进城市发展的重要抓手，

申办、举办重大国际性赛事更是完善城市功能、提升城市管理水平，全面推进城市发展的大智慧、"大手笔"。无数事实已经雄辩地证明，大型体育赛事能够让城市变得更美好、更人文。因此，国内城市在申办奥运会、亚运会和世界杯足球赛等赛事机会不大的背景下，积极申办其他国际综合性赛事，收益良多。作为世界警察与消防员的"奥运会"，世警会的影响力固然不能与奥运会、世界杯同日而语，但在对主办城市的赛事组织、交通组织、赛事保障、运营推广等多方面能力和水准的检验上，却有相同的价值。

二　赛事提振城市经济发展

大型体育赛事给举办城市，乃至周边城市带来巨大经济收益，提振该区域经济发展，这是公认的事实。赛事带来的收益分为直接收益和间接收益两部分，其中直接收益是指赛事本身创造的门票、电视转播权、彩票、赞助、特许商品，以及赛事期间旅游、餐饮和其他服务业的收入等。广州亚运会期间，额外增加社会消费 19 亿元，并将额外为广州带来 45 亿元左右的 GDP。

不过，大型体育赛事的"经济账"从来不会这么算——如果只算直接收益，历次大型赛事几乎都处于亏损状态。间接收益即赛事对城市经济产生的"溢出效应"往往比直接收益更多，如 2017 年南京马拉松赛创造经济收益 4.65 亿元，其中直接经济收益 2.08 亿元，间接经济收益则达到 2.57 亿元。[①] 而且，两项收益合计起来，完全能够弥补直接收益不足的"亏空"。2002 年韩日世界杯足球赛后，韩国方面的总收益达

---

① 朱彦：《以赛事为平台，带动体育产业发展》，《南京日报》2018 年 5 月 11 日，第 A5 版。

到 165 亿美元，而世界杯体育场总投资 19.5 亿美元，其他运营投资为 4.88 亿美元，总收益远远大于总投资。[①]

此外，赛事举办城市由此获得了产业升级的契机和平台。大型赛事最直观的效果是"扩名气、聚人气、带商气"，它如同一个巨大的引擎，在短期内把人流、物流、信息流、资金流、技术流等都吸引过来，举办城市可以充分利用这些资源优化产业结构、拉动经济全面发展，甚至实现经济飞跃。

（一）赛事投入刺激城市经济发展

依靠投资和消费拉动经济发展，是各国促进经济增长的重要手段之一。在历次大型赛事的筹备过程中，举办城市往往要进行较大规模的投资，而赛事举办过程中也会产生大量的消费，这些都会促进当地及周边地区的经济发展。

在大赛举办之前，办赛城市兴建、改造体育场馆及相关交通、通信、服务、环保等配套设施是一项惯例，广州亚运会整体投入达到 1200 亿元，有报道预测杭州亚运会的投资总额可能达到 2000 亿元，其中绝大部分都用于完善城市的基础设施。巨额投资刺激的结果，是赛前一个时期内该城市"大兴土木"，如此局面必然给当地建筑、建材装饰、设计服务等行业带来巨大的商机。

为提升赛事期间的服务水平和质量，办赛城市在筹备阶段还要通过多种途径组织人员培训、提高科技水平、开发各种服务项目等，这些需求也会给相关产业创造产值和利润。在北京奥运会前，2004 年至 2008 年北京市经济增长的主导部门是金融保险、社会服务等 12 个行业部门，其增加值占北京市 GDP

[①]　金钟、于永慧：《韩国对 2002 年韩日世界杯的经营及其效果》，《体育学刊》2008 年第 1 期。

的比重接近 80%，整个第三产业的比重超过 65%，接近西方发达国家水平，全市产业结构得到明显优化。①

在赛事的举行过程中，举办赛事的城市要接待大批体育官员、运动员、教练员和裁判员等，众多新闻媒体的记者、观众和游客等也会齐聚这里，而且大型赛事往往还要配套举行相关的会展活动等。各城市在举办体育赛事时通常要充分考虑不同赛事的季节性，将其与当地及周边地区的旅游业有机结合，利用体育赛事在当地形成旅游旺季，吸引更多游客。这些都会产生巨大的消费，直接给当地酒店、餐饮、旅游、会展等服务行业带来经济收益。

因赛事举办而进行的城市基础设施升级换代、服务质量和能力提升等，对城市经济发展还会产生长期影响，让城市受益良久。新建的体育场馆在赛后可用于全民健身和演艺活动等，为当地发展文化体育产业提供有力的支撑，如汉城奥运会后当地出租奥运会场馆举办各种活动，获得场地费、管理费、门票、停车费等各种收入约 869.7 万美元，还通过开发策划体育赛事和建设体育设施等渠道每年获得约合 2 亿美元的收入。此外，体育场馆、道路交通、绿化环保、景观打造等设施与其他软件服务结合起来，改变城市的面貌，形成区域内的优质环境，使人们向往这里的人居环境，促进该区域的房地产升值、商业经营活动更趋发达……

体育赛事的投资、消费刺激诸多产业门类发展，自然会给当地增加大量就业机会。如韩国釜山承办亚运会，不仅使城市面貌焕然一新，还获得了 10.4 万亿韩元的经济收益，创造了18 万个就业岗位；在亚运会期间举办了一系列文化活动，促

---

① 刘洪宇：《盛会"一石入池"，城市经济被激活》，《辽宁日报》2012 年 6月 1 日。

使釜山由单纯的港口城市转变成文化旅游城市，前来釜山观光旅游的海外游客数量增幅达到了 20% ～ 30%。2014 年巴西多个城市举办世界杯足球赛，从 2011 年开始，世界杯就极大地推动了巴西旅游业的发展，创造了 100 万个就业机会，其中71 万个是固定岗位，而 2016 年里约奥运会吸引世界各地体育爱好者、旅游爱好者飞赴巴西、阿根廷两地开展深度游，带旺巴西乃至整个南美的旅游市场，带来了大量就业岗位。

赛事举办城市的市容改造、综合环境提升等，还会给后续的招商引资、旅游业等产生正面影响；不过，人们通常认为赛事直接改善城市营商环境，更多体现为赛事为城市赢得了良好的口碑。

（二）赛事口碑改善城市营商环境

从城市营销的角度来看，大型体育赛事特别是国际体育赛事作用非常显著。外来运动员、观众和游客等来到举办城市，对此地进行深度访问和游览，加深认识和理解；而众多国内外新闻媒体聚焦赛事及举办城市，海量的报道传播了来自这里的许多信息，这些都直接或间接向全世界展示了良好的城市形象，有助于提高城市的知名度和美誉度。而良好的城市形象通常会形成"口碑效应"，促成一系列行为的产生和延续，最终助力当地经济的发展和腾飞。对于这一点，英国学者西蒙·安浩曾进行过经典的总结："所有拥有美好、强大或正面声誉的城市和区域，在国际舞台上做每件事都相对容易；而声誉欠佳的区域却发现，它们做每件事都遭遇困难，有些甚至完全免谈。"[①]

借助大型赛事的影响力，推动当地旅游业蓬勃发展，这几

---

① 查雨霏：《电视媒介对广西形象建构初探》，广西大学硕士学位论文，2013。

乎是所有赛事组织者的"如意算盘"，对此他们显得信心十足："超过 30 亿全球观众观看了 2013 年喀山大运会开幕式和比赛，直接或者间接认识了喀山，知道这里有漂亮的宾馆、丰富的旅游资源，这将吸引更多的游客，给当地带来更大的经济效益。"①

事实证明，举办大赛招徕游客的思路很正确。1992 年巴塞罗那奥运会后，在世界旅游目的地排名表上，巴塞罗那一年内即从第 16 位上升到第 3 位，而在赛会后 10 年，当地每年吸引旅游人次超过 3000 万人。② 悉尼奥运会同样印证了这一点：奥运会举办当年，澳大利亚吸引入境旅游者 4931 万人，创造了新纪录，次年悉尼的入境旅游者在前一年的高位上再度增加了 120 万人，到 2004 年悉尼的观光旅游产业中奥运会的支撑度仍然达 30%，③ 足见体育赛事产生的"涟漪效应"对于当地旅游市场持续走强的强大托举作用。据测算，成都 2021 年大运会将带动来蓉旅游游客 2 亿人次以上，全市旅游业总收入超过 2500 亿元。

吸引外地、境外客商来此投资、兴业，则是大型体育赛事给举办城市带来的另一笔财富。赛事带来的良好口碑，与城市环境改善的"硬指标"密切配合，有力提升了当地的投资环境，吸引各地资金源源不断地投向这里。如广州亚运会提高了广州在世界尤其是亚洲地区的名气，由此获得了比以往多 20% 的海外投资，经济拉动效果十分明显。对于一些中小城市而言，赛事的平台效应愈发突出。河北省衡水市从 2012 年起举办衡水湖国际马拉松赛，吸引国内外知名企业将目光投向这座城市，

① 金学耕、赵嫣、刘恺：《俄罗斯体育部长穆特科：赛事筹办向北京看齐》，新华网，2013 年 7 月 16 日。
② 厉苒苒：《奥运点亮巴塞罗那》，《新民晚报》2008 年 7 月 17 日。
③ 《奥运旅游勿盲目扩张》，《竞报》2005 年 7 月 5 日。

也促使当地招商引资工作由此"跑"上了快车道，该市从 2013
年开始举办衡水湖国际商务洽谈会，三年下来通过商务洽谈会
平台共签约项目 110 余个，吸引投资 1837.65 亿元。[①]

　　体育赛事还可以刺激某些运动项目在当地迅速开展，催生
体育产业链，带动当地经济发展。以"环湖赛"为代表的自
行车赛事，推动了青海当地体育竞赛业、自行车制造业、自行
车服装和相关装备等产业的发展。环青海湖自行车骑行的人数
逐年攀升，2015 年达到 35 万人次，自行车骑行消费产值达到
1 亿元，2016 年人数突破 50 万人次，自行车骑行消费产值达
到 2 亿元，环湖赛产业链已具雏形。[②] 而北京市和张家口市联
合举办 2022 年冬季奥运会，我国的一个重要目标是带动冰雪
运动在我国各地蓬勃发展，"3 亿人上冰雪"就是响亮的口号，
它将极大地拉动全产业链发展。让冰雪运动"飞入寻常百姓
家"的行动将促使冰雪旅游、场馆建设、装备生产与制造、
技能培训等产业获得巨大的发展空间。据文化和旅游部数据中
心测算，预计到 2021～2022 年冰雪季，中国冰雪旅游人数将
达到 3.4 亿人次，冰雪旅游收入将达到 6800 亿元。而国家体
育总局发布的《全国冰雪场地设施建设规划（2016－2022 年）》
以及《冰雪运动发展规划（2016－2025 年）》等则提出，到
2022 年，全国滑冰馆数量不少于 650 座，其中新建不少于 500
座；滑雪场数量达到 800 座，其中新建不少于 240 座。据预测，
中国的冰雪产业总规模将在 2025 年达到 10000 亿元。

　　概言之，体育赛事在经济层面上表现出"大投入、高产
出"的特点，巨额资金投入是一次性的，而经济收益却是长

[①]　马晨曦：《马拉松赛带动衡水招商引资"跑"上快车道》，《衡水日报》
　　　2016 年 9 月 19 日。
[②]　程晖：《环青海湖赛让体育赛事成为青海经济增长新亮点》，《中国经济
　　　导报》2016 年 10 月 31 日。

期的，回报率极高，从长远来看非常"合算"。例如投资总额
达 1200 余亿元的广州亚运会，专家初步测算将为广州带来约
8000 亿元的"GDP 大礼"；而且，举办赛事作为重要的契机，
对城市产业结构的调整、优化及城市现代化发展将产生巨大影
响，提升该城市、区域内的现代化程度。这也是各大城市竞相
申办大型体育赛事的核心动力之一。

三　赛事改善城市精神面貌

大型体育赛事对举办城市的正面影响体现在诸多方面，除
促进城市功能升级、提振经济发展之外，对于城市整体精神面
貌的改善也非常明显，能够改变城市管理者的服务意识和工作
作风，提升市民的参与意识和运动自觉等。

（一）赛事锻炼领导工作作风

申办、筹备和举办体育赛事的全过程，对于城市管理者尤
其是各级领导是一个很好的锻炼机会。通过这一过程的锤炼，
他们可以在许多方面学会与国际接轨，自觉改进工作作风，提
高服务意识。

经过多年的运作实践，许多大型国际体育赛事的申办、筹
备和举办都已经形成了相对固定的模式与程序，国内各城市参
与其中，必然要遵循国际通行的规则和准则，按照这些规范行
事。国内相关人员特别是领导干部通过与国际接触，自然会接
触各种知识与机制，从而熟悉赛事筹备、组织及城市运行的模
式与规律，而这些知识和经验积累在赛后可以转化到日常的管
理工作和其他活动当中，为城市后续的建设、管理和发展留下
制度和机制"财富"。南京市将服务青奥会作为促使作风改进
的良机，环境问题是当地群众关注度最高、反映最强烈的突出
问题，也是圆满举办大赛必须解决和克服的重点难点问题，为

此全市部署开展"环境问题专项整治"，有的市领导一天步行20多公里去查找问题、组织座谈，而全市300多名区级班子领导干部随时到联系街道走街串巷，发现问题及时用手机拍下反馈给街道，并跟踪督促整改。赛后当地领导评价：青奥会"是一次勇于拼搏奉献、全面锤炼能力作风的精神洗礼"，其形成的良好服务意识、扎实工作作风等不会"风过无痕"，而要在日常工作中坚持下去。

体育赛事的核心在于竞赛，"公平、公正、公开"原则贯穿始终，通过举办赛事，这种理念能够在举办城市保留下来，对当地民众尤其是官员们产生较强的浸润和熏陶，一定程度上转化为他们的自觉行动，在保障城市发展、促进民生幸福的工作和服务活动中体现出来，成为城市重要的精神财富。

此外，大型赛事举行期间，嘉宾众多、比赛集中、头绪繁杂，在比赛过程中可能发生各种突发事件，这可全面检验当地在组织、接待、服务和应急处置等方面的能力和水平，对于办事效率也是严峻的考验。经过磨炼，赛事举办城市政府的领导意识和能力可望得到显著加强，因此人们在总结广州亚运会的价值和意义时，认为"改善政府行政办事效率"是一项重要成果。

（二）赛事提升市民综合素质

普通市民也不会感觉体育赛事完全"与己无关"，许多市民都高度关注所在城市申办大型体育赛事的过程。北京市两次申办夏季奥运会的过程生动地说明了这一点，无数市民、国人翘首期待最终结果，申办奥运会极大地提高了当地民众的凝聚力、向心力和荣誉感，2001年7月北京申办成功后，聚集在中华世纪坛的市民爆发出排山倒海的欢呼，更有40万名北京市民自发来到天安门广场，欢庆申奥成功……

在赛事筹备、举办过程中，当地众多市民会广泛参与，这既是他们为赛事奉献的具体表现，也是他们提升自身综合素质的有益机会。例如在赛事举办期间，通常有很多年轻学生担任志愿者，他们在开展志愿服务的同时，有机会接触世界各国的人们，理解不同的风土民情，并且锻炼自己的外语和交际能力，并加深对于所在城市的了解；此外，普通市民还会介入举办城市的环境整治、外宾接待等活动，这个过程也是他们学习知识、增强公共事务参与能力的契机。

赛事对于市民的影响，更在于向市民传递体育精神、灌输健康的运动和锻炼习惯等，进一步提升他们的身体素质、综合素质。有人特意强调：重大赛事给举办城市留下体育遗产、体育精神和体育生活方式等，成为当地人长久受用的宝贵财富。

奥运会作为全球最重要的体育大赛，每次都能给举办城市留下丰厚的精神财富。2008 年的奥运圣火在北京熄灭了，但它却点燃了一个新的梦想，奥运精神在北京永存，召唤着无数人加入奥林匹克运动的行列。南京人同样感受了青奥会的巨大魅力。南京市民受到奥林匹克精神与价值观的鼓舞，受到体育精神的感染，许多人由此成为体育爱好者，把体育作为终身追求。有文章描述：说到奥运遗产，让当地人的生活品质因为体育而发生改变，是巴塞罗那奥运会留给当地市民最好的也是最有价值的礼物。体育全方位渗入生活已经成为巴塞罗那城市特质中最能打动人心的部分。[①]

大型体育赛事为城市打造活跃健康的生活方式，给市民带来积极向上、追求健康的生活态度，是体育改变市民精神风

---

① 钟文：《巴塞罗那是一座拥有体育精神城市》，《人民日报》2013 年 7 月 29 日。

貌、给其生活增添乐趣、使城市充满活力和生气的具体表现。大型体育赛事最基础性的功能和力量之一，是通过"观赏"带动"参与"，让更多市民动起来、玩起来。2003 年首届厦门马拉松举办之时，厦门市的常住人口为 217 万人，经常参加体育锻炼的人口比例为 37%；到 2018 年时，厦门市人口已增长至 411 万人，经常参加体育锻炼的人口比例继续增长至 41%。"厦门马拉松对全民健身的引领和推动作用非常重要。"[1] 良好的运动习惯有助于市民综合素质提高也是不言而喻的。

在盘点广州亚运会时，有人提出：更重要的是未来的长远利益，人的综合素质会在潜移默化中得到提升，市民的精神面貌和素质有大的改观，这才是亚运会真正带给广州的东西。[2]

总之，大型体育赛事可以充分彰显城市的独特魅力，提升其知名度和美誉度，建构城市正面形象，让城市得到长远发展。赛事和城市的"联姻"，既为大赛举办找到最合适的空间，也为城市向世界展示经济和文化软实力提供了绝佳的机会；一次成功的大赛会极大地提升城市的国际竞争力、扩大其对外影响力，并且刺激城市经济发展，全面提升市民的综合素质。从长远来看，大型体育赛事给城市带来的无形资产、精神财富是难以估量的。

---

[1] 刘硕阳：《厦门马拉松，精彩十八年》，《人民日报》2020 年 1 月 9 日，第 15 版。

[2] 彭澎：《盘点亚运会——亚运会究竟给广州带来什么？》，http：//blog.fang.com/22324976/11017340/articledetail.htm。

第四章

市民：城市体育的"主人翁"

　　市民是城市的主人，这是现代社会的基本共识，如哈佛大学经济学教授爱德华·格雷泽就曾精辟地指出："我们必须从'把城市看作是城市中的建筑'这种倾向中摆脱出来。永远不要忘记，真正的城市是由居民而非由混凝土组成的。"①

　　在如此理念指引下，城市建设自然离不开"服务市民、成就市民"的目标，而城市对市民的呵护和关爱，首先就表现为对市民健康的呵护和关爱。体育作为一项重要的社会实践活动，能够促进人在生理、心理和社会适应能力等诸方面获得均衡发展，人们以不同方式参与体育，不仅可以强健体魄、愉悦身心，更能完善人格、提高社会交往能力，实现全面发展。奥林匹克理想即倡导体育是一项普遍性人权，为此 20 世纪 80 年代国际奥委会专门成立"大众体育委员会"以推动大众体育运动全面发展，满足所有人、每个人的健身欲望。

　　发展城市体育的基本着眼点之一，便是将广大市民作为服务对象，通过发展体育事业增强市民大众的体质、全面提高其综合素质。为此，各城市普遍加强体育设施建设、提供公共体育服务，对市民进行各种形式的体育知识和技能教育、培训等，满足民众日益增长的体育需求。对于运动能力受限却更加迫切需要体育锻炼的残疾人等特殊群体，更是提供特殊帮助和服务，确保他们不再是被体育边缘化甚至被遗忘的对象，而与健全人一样成为体育的主人。

---

① 〔美〕爱德华·格雷泽：《城市的胜利》，刘润泉译，上海社会科学院出版社，2012，第 14 页。

　　将市民视为城市体育的"主人翁",还基于另一个基本维度的考量,即市民的参与和支持,对于城市体育发展具有重要意义,他们是城市体育稳步发展的促进力量。众多市民积极参与体育运动,产生大量的现实需求,直接促进了体育产业的发展;民众参加体育运动成为潮流,单个运动项目的爱好者和习练者大为增加,为此项运动发展奠定了坚实的"金字塔"塔基,使竞技体育人才选拔获得了极大的选择空间,可以最大限度筛选最优秀的运动员进入专业、职业运动队,并在高水平竞赛中取得佳绩;市民自觉成为球迷、粉丝等,能够推动职业体育俱乐部发展。

体育中的市民主体性彰显

　　城市市民阶层的形成、体育活动成为市民日常生活的组成部分,这是现代体育形成的重要标志。自此体育大致上区分为三大子系统,即竞技体育、学校体育和社会体育(大众体育、群众体育),这些子系统是组成体育事业的三大支柱,其逐步成形、发展推动了现代体育整体水平的提升。

　　不过,这三个子系统涉及的人群对象、内容等存在显著差异,开展起来难度有很大差别,社会对其的关注度、支持力度也不尽相同。在三者之中,学校体育的核心内容是为学龄阶段的青少年等提供系统的体育学习、锻炼机会,较早就被纳入学校教育体系,并形成了制度性保障。例如1912年清华学校设立体育部,在校内实行"强迫运动",规定学生必须通过"五项测验",体育不及格者则失去出国留学资格,以此激励学生自觉参与体育运动,推动学校体育铺开。

　　余下的竞技体育和社会体育主要由体育部门负责推进,在我国范围内,由于经济条件制约、管理部门精力不够等客观因素，社会体育受到的重视在很长时期内远远不及竞技体育，但从 20 世纪末开始，我国全面推行"全民健身计划"，将其与发展竞技体育的"奥运争光计划"上升到同等重要的高度，真正关注全体国民的体育权利的实现，强化体育权利的普惠与均等化，注重每个地区、每个人，生命周期的每个阶段都能享受体育、享受体育带来的益处和乐趣。由此社会体育获得发展良机，也彰显了普通市民在城市体育中的主体性地位。

一　体育工作从"一头沉"到"两手硬"

竞技体育和社会体育都是体育部门的中心工作，但两者表现出明显的反差。前者对象明确、成就明显，在特殊时期甚至能发挥出振奋国民的功效，因而始终得到高度关注；而后者对象广泛、工作头绪繁多，推进难度大，短期内难以见到显著的成效，更因为受到财力、物力和人力等客观因素限制，在国内较长时期内没有得到应有的重视。"一手硬（竞技体育）、一手软（社会体育）"的情形长期存在，体育事业明显呈现"一头沉"的格局。

（一）竞技体育"独领风骚"

竞技体育的主要内容是通过专业、职业运动员的培养、选拔等程序，组织具有较高水平的运动员、运动队等，参与各类体育赛事，力求取得好成绩，其核心可以用"竞争、取胜"两个关键词概括。

"公平竞争、超越自我"历来是体育精神的核心内容之一，在此映射下竞技体育的重要性不言而喻。我国一度格外重视竞技体育，希望通过提高竞技体育水平、取得优良运动成绩来摆脱"东亚病夫"的耻辱。

实际上，"东亚病夫"一词最早只是描述大清王朝的腐朽、衰败现状，并不正面指涉中国人，经过梁启超、严复、陈独秀，以及陈天华、曾朴等人为其赋予新义后，"病夫"也适用于形容当时国民的羸弱不堪，这为军国民教育在中国兴起、倡导尚武精神等奠定了舆论基础。

随即，"东亚病夫"与体育、体育教育产生了直接的勾连。我国近代最早的体育专业学校——中国体操学校由著名体育教育家徐一冰等人于1907年倡导创办，该校明确将"增强中华民族体质，洗刷东亚病夫耻辱"作为校训，并以"提倡正当体育，发挥全国尚武精神，养成完全体操教师，以备教育界专门人才"作为宗旨，显然这与徐一冰"体育不讲，人种不强，人种不强，国将安赖"①的体育思想高度契合。孙中山先生称赞霍元甲等人创办的精武体育会时也说："精武体育会成立既十年，其成绩甚多。识者称为体魄修养术专门研究之学会，盖以振起从来体育之技击术，为务于强种保国，有莫大之关系。推而言之，则吾民族所以致力于世界平和之一基础。"②

新中国成立后一直重视竞技体育，20世纪50年代陈镜开、郑凤荣、穆祥雄等人先后刷新举重、跳高、游泳等项目世界纪录，让国人欣喜若狂；同期一批华侨运动员归国效力更增强了中国选手在国际赛场的竞争力，1953年吴传玉在首届国际青年友谊运动会游泳比赛中拿下第一个国际比赛冠军，1959年荣国团在世界乒乓球锦标赛上赢得男单金杯，成为中国首位世界冠军，国人无比自豪，《人民日报》次日在头版发表社论，高度评价其夺冠的意义。③而在1959年，郭沫若的一首诗《全运会闭幕》更直观地说明了这一点："中华儿女今舒

① 苏竞存：《中国近代学校体育史》，人民教育出版社，1994，第128页。
② 孙文：《精武本纪序》，《体育文史》1983年第1期。
③ 庹继光、塞莉：《社会楷模"网红化"传播现象辨析》，《编辑之友》2018年第8期。

畅，'东亚病夫'已健康。"

改革开放初期，我国仍然强调体育与国家命运的关联："一个国家或民族，在它危难或复兴、维新时，总是把体育同国家、民族的命运紧紧联系在一起，大力提倡体育，推广体育。"① 因此，1984 年洛杉矶奥运会上中国选手的辉煌显得意义非凡："就内聚人心、振奋民族精神，外展形象、提高国际声望来说，重视在奥运会上创造优异成绩，极可能是投入较少、产出较多、争议较少、覆盖面最广的战略举措。我们正处于社会主义初级阶段，是发展中国家，何乐而不为呢？"② 人们还高度评价：中国体育代表团在奥运会上的表现，向世人展示了中国人民自强不息、奋发进取的精神风貌，体现了中华民族自立于世界民族之林的坚强信心和力量，是民族的宝贵精神财富。

20 世纪 80 年代，我国提出社会主义体育的三项基本任务：第一，增强人民体质，提高全民族的健康水平；第二，提高运动技术水平，为国争光；第三，为建设社会主义精神文明做贡献。在实际执行中却变成"竞技体育第一"，具体则体现为"奥运会至上"，全国运动会的竞赛项目向奥运会看齐，非奥运会项目几乎全部被取消，只有武术"硕果仅存"。

（二）竞技健身"齐头并进"

按照公认的理解，社会体育是普通民众自愿参加，内容广泛、形式多样的体育活动，这类体育活动一般不追求高水平的运动成绩，参与者基于强身、健体、娱乐、休闲、社交等目的，意在增进身心健康、培养完善人格。参与对象的广泛性是

---

① 社论：《大家都来关心奥林匹克》，《体育报》1979 年 12 月 17 日，第 1 版。
② 梁晓龙等：《举国体制》，人民体育出版社，2006，第 38 页。

社会体育最鲜明的特色，它以全体社会成员为对象，所有人都能在其中找到自己的位置。社会体育最能体现"体育事业始终是为人民服务的事业"这一本质，如 1978 年联合国教科文组织通过的《体育运动国际宪章》即明确指出："体育作为教育和文化的一个基本方面，必须培养个人作为与社会完全结合的成员所具备的能力、意志力和自律能力。"随着弱势群体和特殊群体的体育活动不断开展、充实，在实践上更显示出"社会体育"的丰富内涵。

民国时期，曾经推行"国术"考试制度，当时将武术考试分为三级，分别是"县考"、"省（市）考"和"国考"，其中层次最低的"县考"没有门槛限制，当地武术爱好者均可报名参与，算得上社会体育活动。此外，当时国内各城市还兴建了一大批体育场地、设施等，为民众开展体育运动和锻炼提供条件。

不过，我国社会体育取得全面发展还是新中国成立以后的事情——1949 年 9 月，《中国人民政治协商会议共同纲领》明确提出"大力发展国民体育"；1949 年 10 月，朱德在第一次全国体育工作者代表大会上指出："体育事业要为人民服务，要为国防和国民健康的利益服务。"1952 年 6 月，毛泽东同志为中华全国体育总会第二届代表大会题词——"发展体育运动，增强人民体质"。这些都表明党和政府明确要求，新中国体育事业的根本任务是提高全民族的体质。

一系列指示和号召引起了轰轰烈烈的实践行动。20 世纪50 年代，全国各地纷纷成立基层体育协会，组织干部、工人、官兵等开展群众性体育活动。与此同时，我国还效仿苏联施行"准备劳动与卫国体育制度"，即人们熟知的"劳卫制"，从学校开始，迅速推广到厂矿、机关和部队，使农村等地给当时的学生、职工、军人等都留下了深刻的共同记忆。劳卫制以

"努力锻炼身体，使自己成为优秀的祖国保卫者和社会主义建设者"为目标和口号，强调其是一种综合性的科学的体育制度，通过全面地、循序渐进的身体锻炼，达到增强体质的效果。依据增进健康、促进身体全面发展和实用等原则，劳卫制将体操及锻炼耐久力、速度和灵敏性等基本身体素质的运动项目作为考核内容，组织和指导人们经过一定时期的锻炼，达到规定的标准。这激发了人们的参与热情，万人空巷参与达标测试的景象在各地层出不穷。

有人认为，这样做是出于改造国民性与重塑国民形象的客观要求。为重振中华民族的雄风，巩固新生的人民政权，必须大力发展体育运动，增强人民体质，焕发国民精神。[1] 也有不少人直接指出，新中国重视国民体质健康、借鉴"劳卫制"同样是基于改变"东亚病夫"形象的考虑。确实如此，让国民普遍健康、强壮起来，才是彻底摆脱"东亚病夫"耻辱的有效之举——梁启超在《新民论》中说过："合四万万人，而不能得一完备之体格，呜呼！其人皆为病夫，其国安得不为病国也！"[2] 而陈独秀在其主编的《青年杂志》正式更名为《新青年》时撰文也阐明了同样的观点："人字吾为东方病夫国，而吾人之少年青年，几无一不在病夫之列，如此民族，将何以图存？"[3] 他们痛恨的"东亚病夫"现状，是国人普遍体质羸弱、精神萎靡造成的，只有从根本上扭转这种局面，才能真正让中国人甩掉"东亚病夫"屈辱的"帽子"。

从某种意义上讲，社会体育的发展状况直接影响到我国体育事业。邓小平同志曾指出："发展广泛的群众体育运动。

---

① 马尚奎：《新中国初期我国群众体育发展的历程探究》，《兰台世界》2013年第7期。
② 梁启超：《新民说》，辽宁人民出版社，1994，第182页。
③ 陈独秀：《新青年》，《新青年》1916年9月1日，第二卷第一号。

……，应该主要搞好这方面工作。"

尽管如此，在改革开放之初，我国仍然选择以竞技体育作为体育事业的突破口，这也是历史的必然：第一，社会体育系统过于宏大，国家难以在紧张的经济状况下给予巨额资金支持，无法促进其迅速发展；第二，竞技体育具有前导作用，其内容方法、赛事组织形式、整体运转机制等能够为开展社会体育活动提供宝贵的实践经验。

此后，随着我国经济社会不断发展，人民生活水平日益提高，体育运动成为人们的自觉行为，在其社会生活中占据了越来越重要的地位，大力发展社会体育也成为保障民生、促进社会发展成果共享的重要方面，我国最终决定将"全民健身计划"与"奥运争光计划"并列，从制度设计上支持社会体育，构建起较为完整的法律体系。

二　立法保障市民的体育权利

体育权利简单而言，就是公民享有体育运动，并且因此获得自身全面发展的权利，它与政治权利、文化权利和社会经济权利等一样，是公民的一项基本权利，通常以生命健康权、公平权、社会经济权、社会文化权等权利表现形式存在。传播学界有一句很常用的话："古老的传播，年轻的传播学"，也可以套用为："古老的体育，年轻的体育权利"，因为在世界范围内，公民"体育权利"概念提出的很晚，对此进行立法保障更只有短短几十年的历史。

当然，公民体育权利不局限于社会体育领域，也包括获得学校体育、参与竞技体育的权利，例如我国《宪法》第四十六条规定："中华人民共和国公民有受教育的权利和义务。国家培养青年、少年、儿童在品德、智力、体质等方面全面发展。"从该条款的后半部分可以推定公民享有接受学校体育教育的权利。《体育法》第五条对此进行强调和突出："国家对青年、少年、儿童的体育活动给予特别保障，增进青年、少年、儿童的身心健康。"我国《体育法》第二十六条规定："参加国内、国际重大体育竞赛的运动员和运动队，应当按照公平、择优的原则选拔和组建。"明白无误地表明公民在竞技体育中具有公平权。

不过，竞技体育的涉及面非常狭隘，绝大多数公民终身都难以介入严格意义上的竞技体育，也不会以体育为职业；学校体育同样表现出明显的阶段性，人们只在学龄阶段接受系统的学校教育，以及其中的体育教育，一旦完成学历教育、离开学校，从此就脱离学校体育了。只有社会体育与全体公民密不可分，人生各个时期、阶段都需要体育运动，都在社会体育的范畴内。要促进我国体育事业健康有序发展，真正实现我国从"体育大国"到"体育强国"的转型，建立健全公民的体育权利保障机制，最终要落实到社会体育领域，通过立法发展社会体育，彰显民众在社会体育中的主体地位；在城市则要增强广大市民的体育健身意识，培养科学健身习惯，带动更多市民加入健身锻炼行列。

立法保障市民在社会体育中的主体地位，核心是制定系列法律规范，宣示社会体育的重要性，在法律法规中释明市民居于主体地位，是社会体育最重要的服务对象，国家和地方各级政府要真正承担起保障和服务责任，为市民开展体育运动和锻炼提供全方位的便利条件。

（一）宣示社会体育的重要意义

作为我国全面推行全民健身计划的标志性事件，国务院于1995年颁布实施《全民健身计划纲要》，提出把推行全民健身计划纳入国民经济和社会发展总体规划。这是国家发展社会体育事业的一项重大决策，也是我国发展全民健身事业的纲领性文件之一，其中有多处内容直接对社会体育的重要意义进行阐释。

　　体育在提高人民整体素质、促进社会主义精神文明和物质文明建设方面发挥着越来越显著的作用。

　　为进一步增强人民体质，适应我国社会主义现代化建设的需要，必须采取切实有效的措施，推行全民健身计划，发展群众体育。

　　努力实现体育与国民经济和社会事业的协调发展，全面提高中华民族的体质与健康水平，基本建成具有中国特色的全民健身体系。

2014 年，国务院印发《关于加快发展体育产业促进体育消费的若干意见》，将全民健身上升为国家战略，要求在全国范围内持续开展全民健身运动，推动全民健身和全民健康深度融合。

2016 年 6 月，国务院发布《全民健身计划（2016－2020年)》时再度强调了这一点：全民健康是国家综合实力的重要体现，是经济社会发展进步的重要标志。全民健身是实现全民健康的重要途径和手段，是全体人民增强体魄、幸福生活的基础保障。实施全民健身计划是国家的重要发展战略。

2019 年发布的《体育强国建设纲要》继续强调：大力推动全民健身与全民健康深度融合，更好地发挥举国体制与市场机制相结合的重要作用，不断满足人民对美好生活的需要，努力将体育建设成为中华民族伟大复兴的标志性事业。

　　各地在地方立法中也呼应了这一点，如《成都市体育条例》第三条规定："体育工作应坚持为人民群众和社会经济发展服务的方向，以全民健身为基础。"

（二）明确社会体育服务于全体人民

作为国家的根本大法，我国《宪法》第二十一条中做出了这样的规定："国家发展体育事业，开展群众性的体育活动，增强人民体质。"依据宪法原则制定的《体育法》在第二条细化了这一规范："国家发展体育事业，开展群众性的体育活动，提高全民族身体素质。体育工作坚持以开展全民健身活动为基础，实行普及与提高相结合，促进各类体育协调发展。"

国务院在1995年颁布的《全民健身计划纲要》中明确指出："全民健身计划以全国人民为实施对象。"为推进全民健身计划顺利开展，国务院于2009年专门制定了行政法规——《全民健身条例》，该条例第一条即开宗明义地提出：为了促进全民健身活动的开展，保障公民在全民健身活动中的合法权益，提高公民身体素质，制定本条例。

以上规范都充分表明，无论是直接阐述社会体育的任务，还是规范社会体育事业发展的核心——全民健身计划的实施路径，我国都明确发展社会体育是为人民服务，人民群众是社会体育事业最重要的服务对象。

（三）确定责任主体和服务内容

除明确人民群众是社会体育的服务对象之外，国内许多法律法规还对于如何确保他们切实获得服务做出了规定，确定了为人民服务的责任主体、具体服务内容等。

我国《体育法》在第十二条中明确了责任主体："地方各级人民政府应当为公民参加社会体育活动创造必要的条件，支持、扶助群众性体育活动的开展。城市应当发挥居民委员会等社区基层组织的作用，组织居民开展体育活动。"近乎同样的规定也出现在《全民健身条例》第二条中："县级以上地方人民政府应当将全民健身事业纳入本级国民经济和社会发展规划，有计划地建设公共体育设施，加大对农村地区和城市社区等基层公共体育设施建设的投入，促进全民健身事业均衡协调发展。"该条例第四条的规定更加直接明了："公民有依法参加全民健身活动的权利。地方各级人民政府应当依法保障公民参加全民健身活动的权利。"

2000年12月15日发布的《上海市市民体育健身条例》也秉承了这样的原则，其第四条规定："本市市民有参加体育健身活动的权利。残疾人享有平等参与体育健身活动的权利。"与之对应，第五条则提出了责任主体的职责："各级人民政府应当加强市民体育健身工作的领导，将市民体育健身工作纳入国民经济和社会发展计划，保证公共体育设施适应市民体育健身的基本需要，为市民体育健身活动提供资金保障。"

为便利市民开展各种群众性体育活动，政府和社会各界需要提供的服务内容很多，我国法律法规及相关政策文件中主要归纳出如下几大类。

第一，开发体育市场，建设群众体育场地设施。其主要内容是为社会体育提供各种硬件和软件支持：体育设施在数量上不断增加，空间分布更趋合理，就能方便市民在家门口开展各种体育运动和锻炼；而开发体育市场，生产更多适用的体育运动器材、装备，开展多种体育培训服务等，也能为市民从事体育活动增加便利条件。

第二，构建社会化全民健身组织网络，不断充实社会体育骨干队伍。体育运动和锻炼虽然是个人行为，但群体性组织却能够把一定区域内的某一运动项目爱好者聚集起来，增强运动和锻炼氛围，促使参与者坚持下去，形成习惯。社会体育骨干队伍的建设大体上分为两个层面，一是建立、完善社会体育指导员制度，社会体育指导员在全民健身活动中的主要功能是宣传科学健身知识、传授健身技能、组织指导健身活动等，他们可以指导市民掌握健身知识和技能，以更好地开展健身活动；二是培养大批社会体育积极分子，他们主动参与各种健身活动，发挥榜样、带头作用，带动更多市民加入健身行列，使经常参加体育运动的市民数量稳步增加。

第三，完善群众性体育竞赛制度。单纯的体育运动和锻炼往往比较单调、枯燥，而设计、组织生动活泼、形式多样的运动竞赛，更能激发人们的参与热情，竞赛作为一种重要的杠杆，可以促使市民更加积极、主动地从事体育运动，提高运动技能和素质，达到更高的水平。社会体育固然不以创造最优异运动成绩为旨归，但竞争、提高、超越自我等体育精神仍然在其中发挥着重要的引领作用，社会体育竞赛活动是体现这些宗旨的最佳载体。

三　弱势群体的体育权利保障

在任何社会里，残疾人、老年人等都相对弱势，由于年龄、身体或智力等方面的原因，他们在生理特征和体能状态上普遍弱于健全人、年轻人，这一弱势自然在运动能力方面体现出来。为了保障他们的体育权利，使全民健身更普及、更亲民，更便利这些特殊群体从事体育运动，国家和社会有必要制定专门的规范。

老年人运动能力下降是衰老所致，常人都会经历这样的人生阶段；按照联合国《残疾人权利公约》中的解释，残疾人是指肢体、语言、听力、精神、智力或多个方面存在长期损伤的人，这些损伤与各种障碍相互作用，往往会阻碍残疾人和健全人一样，在平等的基础上充分、切实地参与社会，包括从事体育运动。为此，保障弱势群体体育权利突出体现为对于残疾人参与体育运动合法权益的保障。

（一）残疾人体育权利保障的意义

充分保障残疾人的体育权利，对于残疾人群体、对于社会而言都具有重要意义。

如前所述，由于存在损伤或障碍，残疾人的运动能力普遍弱于健全人，这是一种客观现实。但是，残疾人运动能力相对较低并不能成为社会忽视其体育权利的理由，残疾人与健全人一样是社会成员，体育权利同样是残疾人应该享有的基本权利之一。联合国《残疾人权利公约》第三十条中明确提出，"残疾人在与其他人平等的基础上参加娱乐、休闲和体育活动"，切实保障残疾人体育权利对于保障人权、实现公平正义、经济繁荣和政治稳定，以及促进社会和谐发展都具有积极意义。

在现代社会里，从事与体育相关的活动是残疾人生存、发展的一个基本前提，不仅能增强运动能力、促进身体康复，使其以正常状态实现生活自理、参加社会工作，更可以锻炼健全的人格，促进自身全面发展，使其以自信、自立、自强的精神面貌融入社会，促进个体社会化。具体到不同类型、不同个体的残疾人，体育运动的功能和作用不尽相同，他们参与体育运动的手段、方法也差异很大，但全面开展残疾人体育运动可以归纳成四个方面的意义：对于残疾人发挥教育作用，促进身体健康、改善身体机能，提高身体素质和生活自理能力，调节心理状态、愉悦身心、促进心理健康等。

2018 年 10 月，第三届亚洲残疾人运动会在雅加达落下帷幕后，中国残联主席张海迪向记者发表自己的观点：体育是重建残疾人信心、恢复与社会联系的重要手段。康复是残疾人事业的重中之重。而体育是生命重建的一种形式。中国首枚残奥会金牌得主平亚丽也说："体育运动更重要的作用在精神层面上，可以让人更自信、更豁达。体育不仅是一种康复手段，更是残疾人勇敢自信面对生活的需要。"①

　　另外，衡量社会文明程度的重要指标之一便是这个社会弱势群体生存、发展状况，全社会是否为他们提供了特殊的关爱和帮助，使他们共享建设成果，获得更多发展机会。残疾人体育的发展程度也从一个侧面反映出一个国家的社会文明程度、经济发展水平以及综合的民族素质。从历史发展的维度考察，残疾人体育经历了根本转变。体育权利是由前工业化时期的国家救济政策发展而来，是从政府"恩赐"中来的。随着社会法制的健全、残疾人权利意识的不断提高，保护残疾人体育权利的法律法规相继出台，证明这一权利事实已然存在，并非健全人对残疾人进行施舍、办慈善事业，而是现代社会的基本的、独立的人权，残疾人体育权利逐步完成了由"恩赐"到"权利"的演变。②

　　在构建和谐社会的总目标下，重视残疾人体育权利成为全社会的自觉意识。残疾人自身存在某些不足和缺陷，更需要得到社会的支持和扶助，以正常参与体育活动，而社会和其他社会成员也在帮助残疾人的过程中，进一步了解残疾人，充分认识他们的潜能，从而形成尊重残疾人、和谐友爱、平等互助的社会风气，推动全社会文明发展。总之，推动残疾人权益保障，是促进社会稳定发展的应有之义，而让更多残疾人就近、就便进行体育活动，也是我国全民健身计划实施进程中不可或

① 李硕、季芳：《中国残疾人体育彰显国际影响力》，《人民日报》2017年9月6日，第17版。
② 刘永风、何金、汤卫东：《论残疾人体育权利的发展与保障》，《山东体育学院学报》2008年第12期。

缺的一部分。

（二）残疾人体育权利的保障规范

在现代社会里，随着保障残疾人体育权利的各种规范不断完善，其权利内容日渐丰富、权利观念深入人心，切实享受到体育权利的残疾人规模迅速扩大。

在联合国《残疾人权利公约》中，对于如何保障残疾人平等参加体育活动提出了明确的要求，具体包括以下几个方面的内容。

（一）鼓励和促进残疾人尽可能充分地参加各级主流体育活动；

（二）确保残疾人有机会组织、发展和参加残疾人专项体育、娱乐活动，并为此鼓励在与其他人平等的基础上提供适当指导、训练和资源；

（三）确保残疾人可以使用体育、娱乐和旅游场所；

（四）确保残疾儿童享有与其他儿童一样的平等机会参加游戏、娱乐和休闲以及体育活动，包括在学校系统参加这类活动；

（五）确保残疾人可以获得娱乐、旅游、休闲和体育活动的组织人提供的服务。

我国《体育法》也有专门的条款保障残疾人体育权利。

第十六条：全社会应当关心、支持老年人、残疾人参加体育活动。各级人民政府应当采取措施，为老年人、残疾人参加体育活动提供方便。

第四十五条：公共体育设施应当向社会开放，方便群众开展体育活动，对学生、老年人、残疾人实行优惠办法，提高体育设施的利用率。

我国《残疾人保障法》同样辟出专条保障残疾人体育权利。

第四十一条：国家保障残疾人享有平等参与文化生活的权利。各级人民政府和有关部门鼓励、帮助残疾人参加各种文化、体育、娱乐活动，积极创造条件，丰富残疾人精神文化生活。

第四十二条：残疾人文化、体育、娱乐活动应当面向基层，融于社会公共文化生活，适应各类残疾人的不同特点和需要，使残疾人广泛参与。

第四十三条：政府和社会采取下列措施，丰富残疾人的精神文化生活：……（四）组织和扶持残疾人开展群众性文化、体育、娱乐活动，举办特殊艺术演出和残疾人体育运动会，参加国际性比赛和交流；（五）文化、体育、娱乐和其他公共活动场所，为残疾人提供方便和照顾。有计划地兴办残疾人活动场所。

2016年，国务院印发的《全民健身计划（2016－2020年)》和《"健康中国2030"规划纲要》均包含了支持残疾人群体健身的内容。2017年2月，国务院公布《残疾预防和残疾人康复条例》，首次以法规形式明确了国家、社会、公民在残疾预防和残疾人康复工作中的责任，而参与体育活动是其中的重要组成部分。

由此可见，通过制定、颁布一系列政策法规，残疾人体育在我国已经被纳入政府基本公共服务体系，为残疾人参与体育、促进康复、融入社会、提升自我给予有力支持，有望促使体育成为残疾人的日常行为，真正让体育造福于残疾人。

市民体育权利的实际享有

在法学中，权利可以区分为应然权利、法定权利和实然权利三个层面：应然权利是指权利主体应该享有、获得的预备性权利，是一种道德权利；法定权利则是在规范性法律文件中明确规定的权利主体应享有、获得的权利，即立法确认的权利；实然权利是权利主体在实践中真正能够享有、获得的权利。在社会体育发展过程中，不仅需要政府和社会在公民应然权利上的觉醒，更需要立法机构在法定权利上的确定和政府在实然权利上的意识与作为。[①]

虽然法定权利、实然权利都非常重要，但相比而言实然权利是对于权利主体更具有实际意义、他们能够切身感受到的权利内容。法定权利在权利保障方面表现出无可替代的地位和意义，具有宣示权利内容、引领权利实现等积极作用，但法定权利必须转化为实然权利，人民才能实际享受到。为此需要社会各方面共同努力，使各项法律规范都能落实，公民的法定权利能得到切实保障。在民众体育权利的实然化进程中，政府的重要责任之一便是回应、满足民众的体育需求，采取行之有效的措施，促进各项法定体育权利得以实现，切实让体育为民众服务。

在市民体育权利实然化过程中，政府方面可以积极作为、提供体育公共服务的领域很多，例如展开体育场地和其他配套设施建设，使体育设施的空间分布更趋合理，推动基本公共体育服务实现均等化，广大市民能便捷地在家门口参与体育运动，压缩"健身运动半径"；立足于方便市民，完善全民健身

---

① 仇军：《大众体育中的公民权利与政府作为》，《体育科学》2003 年第 6 期。

服务体系等，如北京市体育局开展全民健身运动的思路即强调"服务在群众身边"：第一，构建群众身边的体育文化；第二，开展群众身边的体育场所设施建设工程；第三，建立群众身边的体育健身组织；第四，开展更多的群众身边的健身活动；第五，举办更多群众身边的赛事。① 实际上，许多内容在本书前几章中已经多有涉及，此处无须赘述，重点阐述市民体育运动发展过程中如何有效进行赛事打造、服务提供，以及针对残疾人体育采取的各种特殊服务措施等。

一　社会体育赛事体系营造

在社会体育发展过程中，赛事具有重要的杠杆作用，既可以检验市民参与体育运动的实际状况，也可以充分激发市民进一步开展体育运动和锻炼的积极性，持续提高运动水平。新中国成立以后，各地逐步设置了许多群众性体育赛事，近年来在全民健身计划引领下其品种更加丰富，形成了形式多样、种类繁多的赛事体系，在很大程度上满足了市民从事体育运动的需求。对于残疾人更是如此，过去长时期没有专门为他们举办的体育赛事，如今残疾人体育赛事逐渐形成体系，使他们得到了挑战自我、展现风采的机会和平台。

（一）群众性体育竞赛的完善

作为社会体育发展的重要标志之一，面向普通市民的群众性体育赛事呈现不断发展、完善的态势。一是以普通市民为参与主体的赛事数量迅速增加，二是某些专业赛事向普通市民开放。

---

① 杨磊、杨乔栋：《北京将为群众体育提供更大舞台，让政策惠及每个老百姓》，人民网，2017年5月4日。

　　从 20 世纪 50 年代开始，元旦越野跑就成为各地普遍举办的群众性健身赛事，吸引了众多市民参与其中，在运动中成长。有些人甚至几代人（家庭成员或师生）坚持参加元旦越野跑，例如成都市元旦越野跑至今已有将近 60 年历史，如今该项赛事已然成为"运动成都"全民健身品牌的"龙头赛事"。《成都市体育条例》也明确规定："每年元月一日为本市健身越野跑活动日。"师生在不同年代先后夺冠是其中非常温馨的记忆：王秀婵老人在 1965 年（第 4 届）和 1966 年（第 5 届）都是成都元旦越野跑女子组冠军，后来她从事体育教学工作，其学生都江获得 1988 年女子 5000 米组冠军，另一位学生赵超则在 1991 年（第 22 届）和 1992 年（第 23 届）两次获得冠军。① 当然，对于更多的市民而言，此项赛事重在参与，笔者高中阶段就曾参加当地的元旦环城赛，以后在成都当记者更多次采访元旦越野跑，屡次见证了人头攒动、万人竞技的热烈场面。此外，职工篮球赛、乒乓球赛乃至拔河比赛等也是各城市普遍开展的群众性体育竞赛。

　　近年来，各城市纷纷将面向普通市民的各种大众竞技类赛事形成体系，以市民运动会等形式全新推出，不同类型、风格各异的赛事延续全年。不仅各区、市积极举办全民健身活动，许多街道、社区也举办了辖区内市民参加的全民健身活动，让不同年龄、具有不同体育爱好的市民能在一年内的许多时段找到适合自己的体育竞赛，热情投入其中，在运动中获得健康。

　　从 2014 年起，成都市开始举办全民健身运动会，并稳步打造"运动成都"全民健身品牌，丰富和完善业余竞赛活动

---

① 周玥廷：《成都元旦越野跑已找到 23 位老冠军》，《成都商报》2013 年 12 月 26 日，第 17 版。

体系，全面构建"周周有活动、月月有赛事"的全民健身生态圈。2018 年，成都共组织以"运动成都"品牌为主题的全民健身活动 3178 项次，2019 年全市各级各类全民健身活动则达到 4260 余场，其中不乏特色鲜明的群众性体育活动。例如 2018 年龙泉驿区"新市民趣味运动会"设置了虫虫特工、企鹅接力、无敌风火轮等 5 个比赛项目，既注重体育运动的竞技性，又体现了趣味性，吸引数百名市民参与其中，共享运动的快乐。2019 年 12 月 1 日上午，成都市举行了首届社区运动节启动仪式。

图 4 - 1　成都全民健身运动会

图片来源：《"运动成都"成都市第六届全民健身运动会今日拉开帷幕》，《四川手机报》2019 年 3 月 15 日。

在推动市民体育开展时，成都市重视引导市民关注、喜爱一些"冷门"运动项目。成都市地处南方，冰雪运动一直没有得到较好发展，为吸引更多市民参与冰雪运动，发掘培养冰雪运动人才，"运动成都"成都市第五届全民健身运动会冰上系列活动不设门槛，市民都可报名参与，现场比赛突出了竞技性和趣味性，旨在让冰雪运动看得见、摸得着、玩得上，离市民生活不再遥远，现场还有专业社会体育指导员对参与市民进行辅导。①

随着普通民众健身意识提高，一些最初只对专业运动员开放的国内赛事也允许市民报名参加，为他们提供运动、锻炼的机会，马拉松赛就是最明显的案例。

始于 1981 年、国内最早举办的北京马拉松赛长期只允许专业选手参加，以后顺应全民健身的热潮，从 1998 年起，北京马拉松赛率先对业余选手开放——为了让更多的人参与马拉松赛，首次增设了半程马拉松、10 公里跑和迷你马拉松等项目，由于这一变化，参加北京马拉松赛的人数暴增，1997 年仅有 264 名专业选手，1998 年则飞涨到 30000 余人，从此万人"跑马"成为国内各地马拉松赛的常态，"跑马"也成为市民运动生活的"标配"，马拉松赛为推动全民健身运动开展、倡导文明健康的生活方式起了积极的促进作用，每年各地的马拉松赛都是一场市民的盛大节日。近年来，有关部门还出台了"大众选手等级评定实施办法"，对参加全程马拉松、半程马拉松和 10 公里跑三个项目的选手评定运动等级，依据他们在正式比赛中的成绩，分别授予精英级、一级、二级以及三级称号，且划分了不同的年龄组别，更能调动所有"跑马"爱好者的积极性。

其他专业比赛也在尝试吸引市民参加竞技。2016 年 9 月在包头市举行的内蒙古第九届"五当召杯"全国自行车邀请赛，除设置山地男子精英组外，还设有男子大众青年组和中年组、女子大众组等组别，市民均可报名参加，市民可与专业运动员同场比赛，学习经验，提高自己的运动水平。②

① 钱晞：《成都全民健身运动会冰上趣味赛收官》，《四川日报》2018 年 12 月 2 日。
② 查娜：《市民可免费报名参加全国自行车邀请赛》，《北方新报》2016 年 8 月 23 日。

最具有象征意义的，是 2017 年天津全运会首次增设群众体育项目，共设置 19 个大项 126 个小项，吸引全国几百万名群众积极参加"我要上全运"预赛，最终 7000 多人赴津参加决赛阶段较量；赛会还为群众体育项目提供了与竞技体育项目同等规格、标准、服务的赛事保障，连奖牌也一样，对群众运动员给予了最有效的激励。

（二）残疾人体育赛事的构建

人类社会的体育赛事设置，明显呈现从精英群体向外延展的态势，最初的体育竞赛显然以健全人、青年人、男性为参与主体，因为他们代表了人类运动竞技的最高水准，而其他群体是不被允许参加体育竞技的，例如古代奥运会禁止女性运动员参加，首届现代奥运会也将女性排除在参赛者之外，直到 1900 年巴黎奥运会才允许女性运动员参加。另外，起初奥运会上的女子项目明显少于男子项目，女子足球、拳击、摔跤等项目都是后来陆续增设的。女性尚且如此，早期更是缺乏针对残疾人、老年人等群体的赛事体系，而社会体育逐步发展的标志之一就是为这些群体设立各自的赛事，尤其残疾人赛事体系的完善更是社会进步的鲜明标志。

二战以后，全球范围内逐步重视残疾人体育权利的保障，先后举办了残疾人运动会、特殊奥运会等。

为了让在二战中因脊髓受损下肢瘫痪的士兵尽快康复，1948 年伦敦夏季奥运会期间，英国神经外科医生路德维格·格特曼爵士和一些热衷残疾人事业的人士，为一批轮椅运动员组织了运动会，称为斯托克曼德维尔运动会。4 年后，国际斯托克曼德维尔运动会联合会在英国成立，并于当年举办首届国际残疾人运动会，这便是"残疾人奥林匹克运动会"的前身。1960 年罗马夏季奥运会结束两周后，来自世界 23 个国家的

400 名残疾人运动员在罗马举行了第九届国际斯托克曼德维尔运动会，后来被国际奥委会正式承认为第一届"残疾人奥林匹克运动会"。此后残疾人奥林匹克运动会成为由国际奥委会和国际残疾人奥林匹克委员会主办、专为残疾人举行的世界大型综合性运动会，并确定每四年举办一届。从 1988 年汉城开始形成了残奥会和夏季奥运会在同一城市举行的惯例，2016 年里约残奥会共有来自 160 多个国家和地区的 4350 名运动员参赛，残奥会的规模和影响力不断扩大。我国残疾人运动员从 1984 年起参加残奥会，当年的残奥会在夏季奥运会之前举行，于是出现了一个奇特的现象：许海峰是中国第一位奥运冠军，但他并非第一个挂上奥运金牌的中国人——在那一年的残奥会上，患有先天性白内障的女选手平亚丽在跳远比赛中以 4.28 米夺冠，为中国夺得历史上第一枚残奥会金牌。而在里约残奥会上，中国代表团夺得 107 枚金牌、81 枚银牌、51 枚铜牌，创造了 51 项世界纪录，自雅典残奥会起连续四届残奥会位列金牌、奖牌榜"双第一"。冬季残奥会创办于 1976 年，在平昌冬季残奥会上，中国轮椅冰壶队战胜实力强劲的挪威队获得冠军，实现了我国冬季残奥会金牌"零的突破"。

特殊奥林匹克运动（简称"特奥运动"）是智力残疾人参与的体育运动，基本理念是"重在参与"，"勇敢尝试，争取胜利"的口号充分表达了这一理念。智力残疾人在正常人组织、引导下，力所能及地参加体育运动，可以显示勇气、增强自信、挖掘潜能、提高技艺；与其他智力残疾人和家人分享快乐、增进感情，融入社会，获得成功。特奥运动是一项特殊的体育事业，更是一项造福智力残疾人的社会福利事业。1968 年 7 月 20 日在美国芝加哥市举办了首届世界特殊奥林匹克运动会；1988 年 2 月，国际奥委会正式承认和接纳国际特奥会，它也是唯一得到国际奥委会授权，在世界范围内使用奥林匹克标志的组织。

从 1984 年开始，中国正式举办全国残疾人运动会，到 2019 年已举办了 10 届，每四年一次的综合性全国残疾人运动会形成制度，部分省（区、市）也举办各自的残疾人运动会。而首届全国特殊奥林匹克运动会则于 1987 年 3 月在广东省深圳市举行。2015 年 9 月 12 日，我国第九届残疾人运动会暨第六届特殊奥林匹克运动会在四川省成都市开幕，这是全国残疾人运动会和全国特殊奥林匹克运动会首次合并，并由同一省份在同一时期举办，也是四川省承办的最大规模的全国综合性体育运动会。①

相比之下，亚洲范围内的残疾人运动会举办较晚。亚洲残疾人运动会是亚洲规模最大的残疾人综合性运动会，由亚洲残疾人奥林匹克委员会主办，由其成员国轮流主办，每四年举办一届，2010 年举办了第一届，第四届将于 2022 年 10 月在中国杭州举行。

实际上，为残疾人举办的各种单项赛事还有很多，限于篇幅本文不再赘述。总之，社会为残疾人举办种类丰富、层次多样的体育竞赛，让他们在比赛中展现活力、赢得自信，意义非常重大。

二　社会体育中的服务升级

过去很长一段时间内，我国社会公共体育产品供给立足于"政府包办体育"的传统体制，社会公共体育产品供给与需求严重背离，难以满足市民的现实需要。实现社会公共体育产品

---

① 1993 年原定四川省承办第七届全国运动会，因为北京申办奥运会之需，主会场移至北京，四川仅协办了部分项目的比赛。

的普遍、均等供给，有必要形成社会合力、构建"多中心供给"的治理逻辑。① 在此过程中，政府及其体育管理部门的职责并未减轻，其服务、协调等任务更加繁重，例如推动学校、机关及企事业单位等向市民开放体育设施，提高设施利用率；通过创新服务形式、购买体育服务等便利市民从事运动健身活动等。

（一）推动专用体育设施对市民开放

由于开展学校体育教学、丰富干部职工文化体育生活的需要，国内许多机关、学校、企事业单位等都修建了单独使用的体育设施，在国内许多城市，体育设施大半集中在此。基于历史原因及管理便利等考虑，这些隶属于机关、单位的体育设施几乎不对外开放，在工作时间之外、双休日、法定节假日以及寒暑假等时段，基本上都处于闲置状态，利用率较低。另外，则是国家财力不足、投入有限，大规模新增体育设施、最大限度满足市民健身需要存在很大困难。

在此背景下，这些机关、单位的体育设施显然是优质的存量资源，而且这些体育设施本身就是国家投资兴建的，属于公共资源之列，具有鲜明的公益性，供给社会共享也在情理之中。因此，推动这部分体育设施向市民开放，盘活存量、提高效率、增加供给，使其充分服务于社会体育，很有必要，也很有意义。

为此，我国官方积极推动学校体育设施对市民开放，成为各地体育民生工程的有机组成部分。《全民健身条例》第二十八条中做出了这样的规定："公办学校应当积极创造条件向公

---

① 刘云发、陈滔：《政府管理创新与社会公共体育产品的均等供给》，《广州体育学院学报》2014 年第 3 期。

众开放体育设施；国家鼓励民办学校向公众开放体育设施。县级人民政府对向公众开放体育设施的学校给予支持，为向公众开放体育设施的学校办理有关责任保险。学校可以根据维持设施运营的需要向使用体育设施的公众收取必要的费用。"目前，全国各地陆续向本地市民开放了一批学校体育设施，如在成都市体育设施向市民开放的学校名录中，就包括全市21个区（市）县共计811所中小学、九年一贯制学校及职业学校。2016年至2018年，成都市公共体育场馆免费或优惠开放分别接纳健身市民179.39万人次、404.71万人次、488.74万人次。

目前，国内部分省级行政单位已经立法开放更多专用体育设施，如2019年5月21日广东省人大常委会审议通过的《广东省全民健身条例》第三十二条规定："国家机关、社会团体、企业事业组织中由政府投资建设的体育设施，管理单位应当创造条件向公众开放，实现资源共享。国家机关、社会团体、企业事业组织利用其自有场地配置体育设施的，所在地县级以上人民政府可以依法对其配置体育设施给予适当补贴。"

实际上，这些体育设施对市民开放涉及许多现实问题，既要保证市民安全使用，也要兼顾设施所属单位的利益，避免因为设施开放后使用者众多及意外伤亡、设施损坏严重等过度增加其管理、维护方面的经济和人力压力。为此，需要各地政府、体育部门等创新思路，建立相关的开放标准、安全管理、财政补助和保险机制等，促使此项利民工程顺利推进。

（二）社会体育服务意识提升与内容完善

过去几年里，全国城市普遍在强化社会体育服务方面下了大气力，各地体育部门等为市民从事体育运动提供服务的自觉意识提升，随之丰富了服务项目和内容，包括政府购买一些市场化体育服务、优惠供给市民使用，以及为市民提供网上查询信息、定制服务内容等。

上海市充分整合社会体育服务资源，着力为市民营造更优质的体育空间，吸引更多市民参与体育健身，让每天都成为"全民健身日"。作为该市首创的一项体育公共服务举措，"静安体育公益配送"按照"政府贴一点，场馆让一点，居民出一点"的原则，开创了对市民自主健身消费进行补贴的新模式，真正给市民送去实惠，也通过引导市民体育消费，反哺社会经营性健身场所、民营中小体育企业发展。该项目从 2019年 3 月正式推出到同年 9 月，已有 3 万余名市民下载小程序，用券数量超过 11 万张，换言之已服务市民逾 11 万人次。与此同时，静安区体育局定期对参与配送服务的单位进行规范性审查，不断优化项目配送方案、改进服务质量，实现精细管理、精准配送、精致服务。[①]

广州市为市民提供"互联网 + 体育"便民服务，实现体育精准惠民。该市"群体通"公共服务平台自 2013 年上线以来，为广州户外运动节系列活动、"市长杯"系列赛和各类群众体育活动赛事提供信息发布、线上报名、成绩公布等体育信息服务，后来又增加了市民在"群体通"App 查找周边开设的培训课程，一键报名、签到等服务项目，且应用范围覆盖广州、佛山、肇庆等粤港澳大湾区城市，到 2019 年 7 月累计 1000多万人次受惠。[②]

2019 年 1 月，浙江省首个地市智慧体育服务平台——"运动嘉"在嘉兴市正式上线启动。该平台设有"15 分钟健身圈"、场馆预定、精品培训、赛事活动等板块，可实现全民

① 秦东颖：《受惠"体育公益券"，静安人健身更勤了》，《解放日报》2019年 10 月 9 日。
② 孙嘉晖、夏振彬：《市体育局打造"群体通"平台，优化体育场馆资源配置》，《广州日报》2019 年 7 月 27 日。

健身数字地图导航、场馆在线预订和公益培训报名，其中场馆预订板块涵盖 40 个运动项目共计 872 家场馆（免费开放 828 家）。①

同一年，浙江省体育局印发《关于做好体育领域"最多跑一次"改革工作的通知》，确定在湖州市和长兴县试点，通过数字体育建设破解市民健身难题。湖州市加强信息化、智能化建设，建立公共体育"一站式"服务平台，为市民提供菜单式服务。市民可以登录平台查询全市体育场馆的运营项目、开放场次，线上支付后生成"运动订单"，解决"上哪儿健身"问题；市民点击"赛事活动"板块查看感兴趣的赛事活动，并在线完成报名、资格审查及成绩单下载等，解决"参与活动难"问题。此外，平台上还有"体育社会组织"和"健身指导"等板块，解决市民"加入组织难"及"如何健身"等问题。②

为社会体育服务是一项涉及诸多领域、方面的系统工程。此前各地从促进市民体质健康出发，强化公共体育服务，将健身指导和服务送到市民身边，引导市民增强体育健身意识、共享体育发展成果。这一系列服务举措实施后，市民能在身边便利参加体育锻炼，获得感和幸福感稳步提升，城市也因此营造了浓厚的全民健身氛围。

三 残疾人体育的特别服务

"以人为本、全心服务"是一切体育事业的基本立足点，更是残疾人体育事业发展的根本宗旨。由于残疾人的身体条件特殊，政府和社会需要针对其特点提供特别的服务措施。这些

---

① 《全省首个地市智慧体育服务平台上线》，《体坛报》2019 年 1 月 15 日。
② 史舒频：《够智能！湖州率先打造公共体育"一站式"服务平台》，《湖州日报》2019 年 6 月 27 日。

特别服务具体而言包括两大类：一是创设异于健全人、专供残疾人参与的特殊运动项目，二是兴建残疾人专用的体育场地和其他设施，为残疾人提供特殊运动器材和装备等。

（一）残疾人特殊运动项目的创设

虽然各类残疾人的身体状况、运动能力等差别很大，但都表现为生理或智力缺陷，许多专门针对健全人身体条件设置的运动项目对他们而言并不适合。残疾人体育运动项目应当突出两点：一是针对个体的缺陷和残疾状况、在医生或其他专业人员指导下参加体育活动，达到强身健体、促进康复、恢复机能、培养意志品质和生活自理能力等目的；二是在运动过程中注意做好防护措施，避免二次损伤。为此，在过去几十年里，全球为残疾人创设了许多符合其生理、智力状况，适合残疾人参与的运动项目，其中轮椅篮球就颇具代表性。

篮球运动自诞生以来，一直风靡世界，这项运动有闪电般的速度，全面挑战运动员的技术和体力，很容易让参加者血脉偾张、激情澎湃，也给观赏者留下无穷魅力。但是，健全人参与的普通篮球竞赛高速运转、对抗剧烈，并不适合残疾人参与；为了不让残疾人沦为篮球运动的"看客"，一批热心残疾人体育事业的人士开创了轮椅篮球运动项目，这是属于残疾人的篮球运动，他们在这个赛场上成为主角，同样感受到篮球运动的无尽欢乐。这项运动将运动员身体、心理上的康复，以及帮助他们摆脱病痛的折磨、回归社会和回归家庭作为初心和本源。

1946 年，为帮助在二战中受伤的士兵康复，英国医生格特曼将作为脊髓损伤治疗手段的轮椅马球改为轮椅篮球，组织了首次轮椅篮球赛。从 1960 年罗马残奥会至今，轮椅篮球始终是残奥会的正式比赛项目，它是残疾人运动中最具观赏性的竞技项目之一，也是残奥会上最引人注目、最受观众欢迎和喜爱的项目之一，各大电视台对这项比赛转播频率很高。

在改革开放以后，中国残疾人轮椅篮球运动也逐渐发展起来，1984 年举行的第一届全国残疾人运动会就将轮椅篮球列为表演项目，3 年后在河北唐山市举行的第二届残疾人运动会上，轮椅篮球成为正式比赛项目并延续至今。在成都市下属的都江堰市，轮椅篮球有较好的发展基础，这里是四川省唯一开展残疾人轮椅篮球运动项目的县级城市，当地不仅通过这项运动鼓励、引领残疾人走出家门，融入社会，还积极发现、培养轮椅篮球运动人才，为他们提供入选各省市专业队伍、参加全国比赛的机会——2010 年、2014 年都江堰市分别组建了轮椅篮球男队、女队，代表四川省参加全国轮椅篮球锦标赛；2019 年在天津举行的第十届全国残疾人运动会，都江堰市再次组建轮椅篮球女队，代表四川省参赛。

轮椅篮球只是社会各界为残疾人创设专门运动项目的一个缩影。此外，轮椅网球，坐式排球，盲人门球、足球等项目也是根据残疾人的特殊生理状况而设计的，如今都已经在全球范围内流行开来。四川运动员在轮椅网球项目上实力不俗，国家残疾人网球队中有一半队员来自四川，包括男子世界杯冠军董顺江、世界职业公开赛女单冠军王紫莹等，国家残疾人网球队的 3 位教练全是四川队教练。通过参加这些专为残疾人打造的体育运动，无数残疾人锻炼了身体，增强了自信，也获得了乐趣。

（二）残疾人体育的配套服务建设

残疾人参与的许多运动项目，与健全人的体育项目存在明显反差，因而在运动场地、器材和装备等的需求方面必然表现出差异。此外，残疾人体育运动开展也需要特殊的技能指导和康复保障等，这些都需要社会专门为他们提供配套设施服务。

在公共体育设施建设过程中，主动考虑残疾人从事体育运动的现实需要，建设专门的残疾人体育运动场地，或者设置无障碍体育设施，无疑是保障残疾人正常开展体育活动的基础。为此，国家在这个方面提出了明确要求。

1995 年 6 月国务院颁布实施的《全民健身计划纲要》做出了如下规定：盲校、聋校等特殊学校要重视开展学生的体育活动。要积极创造条件，切实解决学校体育师资、经费、场地设施等问题。并且在场地建设方面提出要求"加强管理，提高使用效率，为老年人、儿童和残疾人参加体育健身活动提供便利条件。"

2007 年颁布的《国务院办公厅关于进一步加强残疾人体育工作的意见》在这个方面更明确了具体要求。

> 加强残疾人体育训练基地建设，发挥国家残疾人体育综合训练基地的示范作用，保证残疾人运动员管理、训练、参赛和有关科研工作需要。各地要根据实际情况设立专门为残疾人体育锻炼和残疾人运动员训练服务的体育设施。
> 新建、改造公共体育设施要严格执行国家无障碍标准，全民健身设施、器材要考虑残疾人特殊需求。

此外，上述两个文件均对残疾人体育的其他保障工作提出了要求。如《全民健身计划纲要》中规定"丰富残疾人体育健身方法，培养体育骨干，提高残疾人体育运动水平"。《国务院办公厅关于进一步加强残疾人体育工作的意见》也指出："加强残疾人体育教育和科研工作。把残疾人体育纳入特殊教育和师范、体育教学计划，认真实施。开展残疾人体育科研工作，提高残疾人体育科技水平。"

　　过去若干年，我国陆续建立了一些残疾人体育训练基地，为广大残疾人参与体育活动、残疾人运动员训练提供了便利。除了位于北京市顺义区的"中国残疾人体育综合训练基地"之外，上海市、天津市、南京市、广州市、福建省福州市等地分别建立了残疾人体育中心或训练基地。此外，在 2011 年《残疾人文化体育工作"十二五"实施方案》中首次正式提出开展"自强健身示范点"建设，将其作为"自强健身工程"的一项重点工作内容，以满足残疾人群众日益增长的多层次、多样化需求。目前，全国残疾人健身示范点不少于 6449 处，2017 年全国示范点配备体育器材 130 余种，残疾人身边可用的体育器材增多；基层残疾人健身指导员数量显著增多，截至 2018 年 2 月，全国残疾人体育健身指导员约 13.94 万人，能够为残疾人从事体育运动提供多方面的帮助、指导。[①]

　　各地也在残疾人体育设施建设和服务方面下了很大功夫。"十一五"期间浙江省建成残疾人综合服务设施 137 个，总建筑面积为 69 万平方米，包括建成两个大型残疾人综合训练基地。这为残疾人开展体育活动提供了一定的场地保障。"十二五"期间浙江计划培养 1000 名残疾人社会体育健身指导员，新建、扩建、改建残疾人综合服务设施 34 个，新增残疾人综合服务设施建筑面积为 10 万平方米。[②] 浙江省嘉兴市残疾人体育活动各具特色，形成了"一地一品"的残疾人体育文化品牌，残疾人文体活动参与率达到 60% 以上，成功创建了全省唯一的全国残疾人文化体育建设示范市。

　　向残疾人赠送体育器材、帮助他们开展体育健身活动，也

---

① 于淼：《我国残疾人体育健身示范点建设项目研究》，《中国残疾人》2019 年第 12 期。
② 黄子诚：《浙江残疾人体育事业成绩斐然》，《体坛报》2013 年 6 月 20日，第 3 版。

是推进残疾人体育事业的重要举措。在 2018 年"汕头市残疾人体育健身计划"现场会上，该市残联通过各区县残联给 100 户重度残疾人家庭分发了体育器材，让体育健身成为残疾人的自觉行动，让"运动使生活更美好"的全民健身理念深入人心。① 成都市温江区努力提供专用健身器材，改善残疾人的健身环境，已建成 10 个残疾人康复体育社区服务站，为 1500 名重度残疾人送去专用体育器材，并对他们进行居家体育锻炼指导。②

此外，一批热心助残人士也为残疾人体育事业发展做出了巨大贡献。为组建四川省残疾人网球队并创造佳绩，总教练陈林可谓殚精竭虑、无私奉献。他原来是一名机关公务员，很喜欢网球，也曾利用业余时间担任教练工作，了解国外有轮椅网球项目、接受过残疾人网球教学培训，2008 年汶川地震使很多儿童残疾，陈林思量再三决定提前退休，创建轮椅网球队。当时他的想法有几点：帮助孩子们参加网球运动，尽快走出地震的阴影；填补四川残疾人网球项目的空白；孩子们掌握网球技能后，可以从事教练、陪练工作，实现就业。此后多年里，他去全省各地寻找残疾人运动苗子，对残疾人运动员进行统一训练、统一管理，几乎没有节假日，为四川省残疾人网球队先后培养出 300 多名残疾人运动员。在 2019 年全国第十届残疾人运动会网球比赛中，四川队取得了 8 金、3.5 银、3 铜的好成绩，囊括了金牌总数的一半，更牢牢占据了金牌数第一、奖牌数第一和积分第一。③

应该说，我国残疾人体育运动发展迅速，成效显著，但仍

① 周敏：《100 户残疾人家庭喜领体育器材》，《汕头日报》2018 年 12 月 27 日，第 4 版。
② 刘海：《成都：康复体育进社区，助残为民添活力》，新华社，2017 年 5 月 18 日。
③ 陈作：《四川省残疾人网球队——以爱心构筑希望，以实力走向胜利》，https://www.sohu.com/a/317067837_280500。

有很大的进步空间。我国现有 8500 多万名残疾人，其中仅有 800 万名残疾人经常参与体育运动，这个比例比较低，与残疾人强身健体、促进康复的现实需求还有较大差距。这就需要社会为残疾人体育事业提供更多、更好的服务，帮助残疾人加入体育运动行列中来。

市民对城市体育的促进作用

市民在城市体育中表现出"主人翁"地位，不仅仅因为他们是城市体育最重要的服务对象，更在于他们是城市体育发展的参与者、奋斗者，与其他力量一道推动城市体育发展，并为城市全面进步做出自己的贡献。概言之，具有现代意识的市民，不仅充分享受体育权利，而且自觉承担社会责任，"共建共享"才是市民与城市体育以及城市的关系最真切的体现和表述。

当下，我国正在全面推进社会主义社会建设，这不仅要求作为客体的社会在各方面都取得显著进展，而且要求作为主体的人积极开展自身建设。有人提出如此观点：社会建设的关键是"社会人"的建设，"社会人"是在"人的全面自由的发展"基础上，具有现代价值观念公民意识、权利意识和社会责任意识的现代公民。做自觉的"社会人"，不仅要实现"人的全面自由的发展"，而且要充分表现出现代价值观念以及现代公民应有的各种基本素质，既有为自身寻求权益的权利意识，也有承担社会责任的意识。① 这一点在社会体育、城市体育发展中同样适用，全民健身运动的普及是一个国家现代化程

---

① 巨生良：《社会建设几个重要问题的再认识及其重要意义》，《重庆邮电大学学报》2011 年第 1 期。

度的重要标志，"人人享有体育"一方面表现为公民的权利，另一方面要求城乡居民特别是市民主动拥抱体育，投身体育运动，"要我运动"甚至"逼我健身"不是全民健身活动蓬勃开展的正常样态，"我自愿健身、我追求健康"才是全民健身的应有状态。换言之，我国实施全民健身的国家战略，并不是让市民被动介入其中，单纯享受体育发展成果，而是积极参与其中，付出自己的努力、辛劳和智慧。社会体育的真正意义在于搭建从"健身"通往"健康"的桥梁，不仅实现个人的身体健康，也推进"健康中国"目标的实现。

一 市民健身推进体育强国建设

我国已经提出了建设体育强国的战略目标，竞技体育水平稳步提高为建设体育强国树立了"塔尖"，我国运动员在奥运会等国际顶尖赛事中不断斩获佳绩，在 2008 年北京奥运会上更是荣获金牌总数第一的殊荣，显示我国的运动水准上升到一个崭新的高度，足以与世界其他国家抗衡；但是，作为体育强国的另一项重要指标，国民身体素质的整体提升同样非常重要，这一指标堪称体育强国的"基座"，我们要真正实现体育强国梦，必须把"基座"夯实，把"底子"打牢，确保全民健康，而动员全民主动参与体育运动，通过持续的全民健身活动才能实现全民健康的目标。为此，中国共产党十九大报告中明确指出：广泛开展全民健身活动，加快推进体育强国建设。

在我国现行的战略构想中，体育强国建设、实现体育强国梦已经被纳入中国梦的范畴，体育被视为中华民族伟大复兴的标志性事业。众所周知，中国梦的核心是国家富强、民族复兴和个人幸福，中国梦首先体现为全体中国人的梦想，而民众的梦想聚合起来，汇聚成国家富强、民族复兴的梦想；在如此逻辑之下，个人健身与体育强国建设之间形成了紧密的关联：我国迈向体育强国需要全民支持，共同参与，全民参与、全民健身是实现健康中国的根本保障。明末时著名大儒顾炎武曾言"天下兴亡，匹夫有责"，如今真可谓"体育强国，人人参与"，而且这种参与直接与个人健康、幸福有关，许多人已经意识到"每天运动一小时，健康工作五十年，幸福生活一辈子"。

（一）市民主动健身"助推"全民健身

"全民健身促健康，共圆体育强国梦"已然成为国人的共识。建设体育强国，国家和政府的责任是非常明确的，因为提升全体国民健康素质需要进一步贯彻、落实全民健身战略，而构建全民参与的健身体系的必要逻辑前提在于形成完备的全民健身社会动员、服务保障系统，以推动广大群众普遍参与体育运动和锻炼，使我国真正具备与世界体育强国比肩的"基础"和"实力"。

但是，按照哲学上的原理，外因要通过内因才能发挥作用，在全民健身这个问题上，政府的一切工作努力，例如体育设施的完善、服务保障措施的提供等终究只是外因，广大民众、市民自己形成健身的意愿和自觉行动，才是从根本上解决问题的内因。换言之，外在的场地、设施、健身指导等保障只是必要条件，却不是充分条件，只有市民自己内心想要健身，这些保障性条件才能真正起到作用，推进全民健身活动蓬勃开展。

现阶段，我国全民健身活动取得了很大进展，但仍然表现出许多明显的不足。国家体育总局发布的《2014 年全民健身活动状况调查公报》显示，我国 6～19 岁、处于学龄阶段的中小学生体育活动参与度很高，94.6% 的青少年每周参加 1 次及以上体育锻炼，原因是他们有固定的体育课、课外体育活动及校外体育锻炼安排；而此后各年龄段人口参加体育锻炼的比例逐步降低：20~29 岁人群参加体育锻炼的人数占比为 48.2%，30~59 岁各年龄段人群参加体育锻炼的比例普遍在 40% 左右。而以经常参加体育锻炼的人数来衡量，20 岁及以上人群仅为 14.7%（城镇居民为 19.5%，乡村居民为 10.4%），尤其青年人比例普遍很低，30~39 岁年龄组经常参加体育锻炼的比例仅为 12.4%，20~29 岁年龄组也仅为 13.7%，这两个年龄段的比例处于最低水平。由此可见，我国相当多的市民尚未养成自觉健身、自主健身的习惯，数量众多的青年人参与体育活动不积极、不主动。更令人担忧的是，许多青少年进入大学以后，体育运动显著减少，身体素质明显下降，尽管国内高校普遍通过开设体育课、组织学生课余锻炼等形式增加学生的体育活动，但不少学生仍然消极对待，以至于教育部发布规定，明确提出加强大学生体育课程考核，不能达到《国家学生体质健康标准》合格要求者不能毕业。

实际上，将体育锻炼与毕业挂钩等硬性规定，固然能把部分国民"推"去参加体育活动，但并不能从根本上促进全民健身运动开展。我国《体育强国建设纲要》中提出，到 2035 年，经常参加体育锻炼人数比例达到 45% 以上，必须依靠全体国民特别是市民的自觉行动，只有大家都告别手机和电脑，主动走出家门，走进运动场地，全民健身计划才能稳步推进。

（二）市民善于健身实现"健康中国"

如前所述，一个民族的健康、强大，绝不只在于其专业运动员在奥运会比赛中能得到奖牌，更在于这个民族的成员经常参与体育锻炼，并且在此过程中更健康、强壮。

因此，全民健身的推进过程，远远不止于让城乡居民走出家门、参与体育，而且要达到一定的锻炼效果，即在身体素养、健康水平方面实现"走上去"的目标。概言之，市民不仅要主动养成"我要健身"的意识，更要在行动上做到"我会健身"、科学健身，采取切实措施保证自己体育运动和锻炼的效果，全面提高自身的身体素养和健康水平，如果人人都能如此，健身水准不断提高，则可以有效推动"健康中国"建设，助力我国建设体育强国。

实现体育强国必然要对全民健身的整体效果设定一定的验证指标。我国《体育强国建设纲要》提出的重要指标之一是到 2035 年，城乡居民达到《国民体质测定标准》合格以上的人数比例超过 92%，而 2014 年国民体质监测结果显示，我国城乡居民达到《国民体质测定标准》合格以上的人数比例为 89.6%，比 2010 年提高 0.5 个百分点。这组数据一方面说明近年来全民健身取得了明显成效，另一方面也说明比例提高速度较为缓慢，且进一步提高难度往往更大，实现预期目标任重道远。

在此背景下，比照《国民体质测定标准》、结合自身的现实情况和身体条件，选择合适的运动、健身项目或组合开展体育运动，就成为城乡居民特别是健身条件更优越的市民的使命和担当。一方面要积极参加运动和锻炼，使自己的体质达标，另一方面也要主动参与体质测试，参加测试固然会增加市民个人的工作量和其他负担，但只有广大市民积极配合，官方及时掌握民众的体质状况，才能检验目标的实现程度。

（三）社会体育发展"反哺"竞技体育

尽管全民健身活动以健康、快乐等为主要目的，不以运动成绩为旨归，但广泛开展全民健身活动，形成体育运动的潮流和风气，必然在相当程度上激励更多人从事体育运动，这将直接"反哺"竞技体育，夯实竞技体育的项目基础，为体育人才选拔和培养发挥至关重要的作用。

德国、巴西等国足球运动长期保持高水平，这与其国内民众广泛爱好足球运动、形成了坚实的"塔基"密不可分；中国乒乓球项目长时间称雄世界，同样离不开庞大的基层爱好者队伍。其实，美国职业橄榄球、篮球联赛始终保持极高的水准，同样在于其拥有很好的民众体育基础，而且通过相互衔接的学校体育训练形成了完整的人才输送体系，各职业队可以从大量的高素质大学生、高中生运动员中选拔佼佼者加盟，补充"新鲜血液"，NBA 历年的选秀就是如此，国人已经非常熟悉。正因为有众多苗子不断充实到职业俱乐部，自然能保证联赛的竞技水平。

此外，一些业余选手本身已经具备了很高的运动水平，可以直接参加各类高水平比赛。因在非典、新冠肺炎疫情防控中做出卓越贡献而被国人尊重、敬仰的钟南山院士就是一个实例：1958 年，在北京医学院读书的钟南山被抽调到北京市集训，次年 9 月在首届全运会上，他在 400 米栏比赛中所向披靡，以 54.4 秒的成绩打破全国纪录。

其实，成都也有类似的"医体两栖名人"。著名骨科医生、教授龚锦源堪称"被医生职业耽误的足球明星"，他中学时在重庆一家教会学校读书，该校拥有当地唯一的足球场，龚锦源在此球技大长，曾与当时的"亚洲球王"李惠堂切磋球技。1951 年，新中国举行第一届全国锦标赛，龚锦源代表西南队参赛，以标志性的外脚背抽射技惊四座。后来他进入四川医学院学习，其间国家队多次征调，龚锦源均婉言谢绝，最终成为著名的医生。不过，他仍踏上过绿茵场参加专业比赛——1958 年，四川足球队在甲级联赛中面临降级，时任国家体委主任贺龙亲自"点兵"，把龚锦源借调到四川队当中锋，结果他场场破门，帮四川队成功保级。①

二　市民体育消费促进产业发展

人的体育需要是体育生活方式产生的源泉，这些体育生活方式的养成、延续则需要各种设备、服务措施来支撑，提供保障、服务的过程又可以促进相应产业的发展壮大。在城市里，市民的健身需求不断高涨、体育消费日渐扩大对于体育产业发展具有重要意义。

体育消费是指人们在体育活动方面的个人消费支出，人们产生各种体育运动、锻炼的需求，进而主动参与各种体育活动、培训和竞赛等，则是体育消费的前提条件。如今，全民健身已经成为促进体育消费和发展体育产业的重要基础：越来越多的市民主动健身，自觉形成"我运动、我健康、我幸福"的意识，必然带动全民健身的参与基数迅速增长，增强体育消费黏性，民众体育消费大幅度增加，汇聚成巨大的产业需求，直接拉动体育产业发展。近年来，国内体育市场快速发展、规模不断扩大、整体趋势向好，在很大程度上即来源于全民健身的推动、民众体育消费水平的提高。

过去几年里，随着经济发展，市民生活水平得到较大提升、健康观念随之发生转变，越来越多的市民愿意花钱"出汗"，经常参加体育锻炼、健身活动逐渐成为他们的一种生活习惯，他们希望借此拥有健康体魄和完美身材。统计数据显示，我国城市居民用于个人健身的消费每年以30%的速度递增，明显高于全球20%的平均增速，如此巨大的消费需求使各地商业性健身俱乐部如雨后春笋般涌现。截至2015年，全

---

① 王拓：《龚锦源：与球王切磋，曾拯救四川足球》，《成都商报》2017年5月2日，第6版。

国共有各类健身俱乐部 5940 家，其中 140 多家采用连锁经营模式，专业机构预测未来几年国内城市体育健身产业将仍然呈现增长趋势，到 2022 年健身俱乐部市场产值规模将达到 300 亿元。

国内马拉松产业链的迅猛发展更与全民健身、众多市民爱好"跑马"密不可分。现阶段越来越多崇尚健康的人将跑步作为运动首选，马拉松成为年轻和时尚的代名词："当长跑风潮兴起，这种貌似孤独的跑步，便利用新媒体和中产阶级的影响力，大大增进社交，产生一种基于新的身体政治的人群……长跑也演变成为身体政治的集体行动，挑战并且改变陈旧腐朽的城市景观，然后，无数个人层级的解放终将汇聚而成社会的转型。"① 更有人戏称马拉松是"中产阶级的广场舞"，足见其影响之大、覆盖之广。

众多市民热衷参与马拉松运动，并非因为其"省钱"，相反马拉松是一项非常"烧钱"的运动。在 2018 年马拉松用户资金投入统计中，支出最多的项目为装备、参赛费用，占比分别为 42% 和 41%，另有 16% 的费用在培训上，仅仅剩余 1% 用于知识付费，说明用户更注重个人的亲身锻炼体验。在现实中，马拉松"跑友"已经不满足于普通的运动装备，他们普遍选择高科技装备，为此不惜投入高额的费用：在开始跑步之后的一年里，康康仅购买跑步装备就花了两万多元，参加马拉松比赛也是一笔巨大开销，去国内城市参加一次马拉松比赛的平均花费是 3000 元，去国外的花费肯定就更高了，一年下来光参加比赛也需要两三万元。② 这还是前几年的数字，如今各项开支显然更大。

---

① 吴强：《长跑是中产阶级的新宗教》，《时尚先生》2014 年第 12 期。
② 慈鑫：《马拉松式生活在中国悄然兴起》，《中国青年报》2014 年 1 月 5 日，第 4 版。

　　由于马拉松在人们的意识中成为必要甚至必需的消费符号，它不仅仅是一项身体运动、一场体育比赛，更像一个盛大的嘉年华活动，参加马拉松赛成为一场热闹的"全民狂欢"。① 于是，天遥地远在所不辞，"一号难求"不离不弃，"跑马"爱好者热情追逐着各地的马拉松赛事，2018 年我国参加马拉松及相关运动赛事规模累计达到 583 万人次，其中马拉松参赛规模达 265.65 万人次，半马参赛规模为 180.42 万人次。长此以往，每个人都产生了不菲的花销：美国权威杂志《跑者世界》估算，美国"节俭型""跑友"一生的跑步花费为 14358 美元，"普通型"为 56942 美元，"奢华型"为 212872 美元。中国"跑友"也推出了中国版："节俭型"要 14100 元，"普通型"要 243000 元，"土豪型"要 1101900 元。②

　　大批"跑友"共同支撑国内马拉松产业稳步增大。2018 年中国马拉松年度总消费额达 178 亿元，全年赛事带动的总消费额达 288 亿元，年度产业总产出达 746 亿元，在 2017 年 700 亿元产业总规模的基础上再度稳定增长。还有人预计到 2020 年，马拉松赛事价值将增至 1200 亿元。③ 如此庞大的产业，也带动了大量的社会就业：中国田径协会的报告显示，2017 年有超过 72 万人直接受雇于各类马拉松赛事，另有 200 万人通过马拉松运动实现了间接就业。

　　随着市民逐步养成终身运动习惯，形成"花钱买健康"的意识，体育培训市场也在各地逐渐被激活，出现了"从教练找学员，到学员找教练"的转变，以及青少年培训向成年

① 王红：《对马拉松运动"媒体奇观"现象的探析》，《新闻爱好者》2017 年第 8 期。
② 周恒：《马拉松"跑出"20 亿市场》，《每日经济新闻》2015 年 10 月 6 日。
③ 辛文：《中国马拉松年度报告出炉，1581 场马拉松跑过 2018》，《青岛晚报》2019 年 3 月 12 日。

人培训的延展，以前网球、帆船帆板、棒球等颇为"小众"的运动项目也越来越受到市民的青睐。2018 年，深圳市大梅沙一家水上运动中心即累计接待个人和团队培训近 5 万人次，同比增长 25% 左右，营业额同比增长近 30%。① 国家权威部门测算，到 2020 年全国体育培训行业总规模接近 2000 亿元，虽然青少年培训占比约为 60%，但余下的市场份额仍然很大。而且，市民接受体育知识和技能培训后，必然直接参与体育运动和锻炼，进一步促进体育器材、装备以及场地租赁、赛事服务等产业的发展。

全民健身引申出来的各种体育活动作为主体元素和载体平台，不仅促使体育本身的"活"性得到充分释放，而且为产业发展提供了巨大的动力。围绕"全体育"推进"全产业"发展，以全域体育为引领，不断拓展体育产业发展空间，多渠道扩大社会体育产品和服务的有效供给，已经成为各地的共识。今后全民健身活动必将带动体育与文化、旅游、教育、医疗、商贸、金融、养老等产业的跨界融合发展，成为各地经济发展的重要增长极。

总之，体育产业发展的重要基础在于普通市民成为消费主体，极大地扩充体育消费市场的终端，而全民健身最大限度地动员市民参与体育运动和锻炼、形成强劲的体育消费，无疑是今后一个时期国内体育产业及其全产业链持续发展的主要拉动力。

三　市民热情参与助力赛事举办

市民在体育赛事中同样发挥着重要的作用，这种作用着重

---

① 韩秉志：《全民健身助推体育产业加速"跑"》，《经济日报》2019 年 12 月 9 日，第 10 版。

体现在两个方面：一是在当地城市举办大型体育赛事时，市民以志愿者、东道主、大众运动员等身份介入其中，助力赛事顺利进行；二是在本地职业体育俱乐部的发展历程中充当球迷、拥趸等角色，以热情推动俱乐部健康发展。

（一）赛事举办中的市民参与

任何大型体育赛事的举办，都离不开当地市民的积极支持和热情参与，他们以多种角色参与赛事之中：有人担当志愿者，提供不同方式、不同类型的志愿服务；有人则是比赛的忠实观众，在比赛现场为运动员呐喊助威，鼓舞选手们以高昂的斗志进行比赛；更多人则在各自的岗位上认真履行职责，默默地支持赛事圆满举办。

在大型体育赛事中，"满城尽见志愿者"是一个普遍现象。2008 年直接服务于北京奥运会的赛会志愿者约 7 万人，为残奥会提供服务的赛会志愿者约 3 万人，城市志愿者总数在 40 万人左右，另有上百万人参与社会志愿者工作。此后，南京青奥会也号称组织了百万城市志愿者队伍。即将举办的成都大运会，志愿者规模也相当庞大：5000 名骨干志愿者、3 万名赛会志愿者、50 万名城市志愿者组成了声势浩大的"志愿者方阵"。

众多志愿者，是当地市民直接服务于赛事的缩影，在不同场地为赛事服务，许多人的志愿服务工作显得很不起眼，难以被外人注意。2019 年成都世警会在盛夏时节举行，在酷暑天气下，沙滩排球的志愿者在比赛期间需要快速完成平沙，一次完整的局中与局间平沙需要在 30 秒内迅速完成，而平均一场比赛至少平沙 6 次，一天最少平沙 36 次。几天比赛下来，志愿者们累得手磨出了血泡和茧子，手都无法伸直，有志愿者描述自己的工作状态：一天的志愿服务工作下来，累得感觉腿都不是自己的了，但很有成就感。①

实际上，市民对于赛事的付出远不止于直接的志愿服务工作。体育盛会在各个方面都需要全城动员，让市民以"主人翁"姿态热情参与，在与外界来宾的交往中表现高素质，树立良好的城市形象。可以说，每一位市民都是赛事的东道主，都是"城市形象大使"。

道理很简单，举办一次大型体育赛事，会吸引大批运动员、众多记者及海量观众、游客等来到举办城市，他们的目光不可能只聚焦于赛场，而是会关注城市的诸多方面，有些赛事长达两周、半个月，世界杯足球赛更是持续一个月之久，在众人长时间的挑剔眼光下，城市可谓"毫发毕现"，市民但凡有不合适、不文明的举动，都可能成为城市形象的"短板"，给来宾留下不佳的印象。为此，各城市举办大型赛事，往往会成为社会参与、公共治理的实战培训。市民不是赛事的旁观者，而是其有机组成部分，不是评判者，而是参与者。他们为赛事助力的方式也很多：有时运动员没赶上班车，出租车司机可以及时把他送到赛场，避免耽误比赛；有的外宾出去就餐、购物遇到语言交流障碍，热心市民为他们当翻译……在 2008 年北京奥运会期间，京城有上千万人参与"微笑北京"主题活动，这是市民关心赛事、支持赛事最生动、直观的表现。

市民的广泛参与，是举办一次高水平、和谐、文明体育赛事的基本保障。2010 年 12 月，时任国务院副总理李克强考察广州时，深有感触地说："举办亚运会，人人都是东道主，个个都是志愿者，亚运的成功举办靠的是大家的共同努力。前段

① 秦怡、杨晨：《世警会，让世界看到成都的魅力》，《华西都市报》2019 年 8 月 13 日，第 4 版。

时间，广州市民付出了很大的努力，现在环境好了，城市更美了，生活水平也提高了。"① 越来越多的普通市民也逐步形成了这样的意识，一位成都市民说："成都打造世界赛事名城，对成都人是一件骄傲的事，世界大赛落户成都，不仅是政府的事，也是市民的事。大运会要来一万多世界各地的朋友，当好东道主，是我们义不容辞的责任。"②

总之，大型体育赛事全方位、立体化展示城市形象和风貌，在很大程度上离不开市民的努力和奉献，他们热情参与，在各方面追求高水平和极致，不留"死角"，才能确保赛事的完美呈现。

（二）俱乐部发展的市民支持

职业体育是现代体育市场化、商业化、职业化的产物，它与城市表现出显著的互动关系：职业体育充分发育是衡量一座城市体育发展水平和国际体育影响力的重要指标，而城市是职业体育最坚实的基础，不仅提供职业体育发展必需的硬件设施，更提供了职业体育赖以生存的市场环境，当地市民则是其中不可或缺的要素。

当代职业体育的发展经历已经雄辩地证明：品牌与球迷（拥趸）是体育俱乐部取得成功最重要的财富，广大市民是俱乐部参加联赛及其他比赛的观众主体，许多忠实的球迷常年跟随俱乐部走南闯北、从东到西，坚持守卫看台，为自己钟爱的球队呐喊加油；大批球迷也是俱乐部经营活动最可靠的消费群

---

① 周志坤、岳宗：《情牵亚洲盛会意暖一枝一叶》，《南方日报》2010年12月15日，第1版。
② 孟武斌、王浩儒、何鹏楠：《大运会走进社区，成都市首届社区运动节来了》，https://baijiahao.baidu.com/s? id = 1651690873372825800&wfr = spider&for = pc。

体，他们积极购买球队销售的运动衣、鞋，以及其他品牌商品等，为俱乐部创造巨额的经济收益。更重要的是，球迷作为俱乐部的有机组成部分，与球队情感相通、心心相印，不遗余力地支持俱乐部的发展。

人们肯定不会忘记这样的场面：一旦球队在联赛中连续失利，面临降级，众多球迷心急如焚，着急为球队出谋划策；球队降级成为现实，无数球迷痛哭流涕，泪洒看台；功勋教练、球队核心即将离开，大批球迷殷殷陈情、苦苦挽留……前些年还有报道称，德国汉堡俱乐部成绩不佳、经济困难，一位从小就喜爱汉堡队的"死忠球迷"、著名企业家慷慨资助俱乐部2500万欧元，球队用这笔钱引进球员、增强实力，直接受益。

球迷关注、支持俱乐部，更表现为他们愿意为球队强大、俱乐部经营增效等发表见解，为俱乐部提供智力支援。意大利罗马俱乐部意识到这一点，在球迷聚集的一些社交网络平台上开设账号，为球迷参与提供平台，让球迷在这里各抒己见，俱乐部只把自己当成普通访客，与球迷们真诚相待，促成了球队与球迷的真正连接、平等沟通。

国内发育较为成熟的是足球俱乐部，许多俱乐部也意识到球迷在俱乐部发展、完善过程中的极端重要性，开始主动与球迷互动，感谢球迷对俱乐部的支持和鼓励。大连一方俱乐部曾公开感谢所有远赴客场为球队加油助威的球迷朋友："正是有了你们的一路相伴，我们的球队才永远不会独行。"并倡议球迷与俱乐部共同打造体现足球城底蕴、展示城市文明形象、球迷团结互助的球迷文化。而江苏苏宁足球俱乐部也曾举办年度荣誉球迷评选活动，向关心俱乐部的所有球迷表示最诚挚的谢意。

在鲁能体育成立二十周年之际，山东鲁能泰山足球俱乐部举办的特殊"生日"庆典就是向"鲁蜜"们致敬。当天，俱乐部邀请追随球队数十年的球迷和媒体朋友，举行鲁能体育球迷文化墙进驻荣誉室的揭幕活动，表示俱乐部将球迷文化建设作为立身之本，将广大球迷的拥护和支持作为实现足球梦想的根本动力。[①] 此前在 2017 年 3 月，鲁能把 12 号球衣永久保留给球迷，并将退役球衣悬挂在荣誉室；12 月，鲁能率先在中国职业俱乐部中举办"1212 鲁蜜节"活动，球迷业余联赛也常年连续举办。

四　市民体育运动提升城市品质

市民参加体育运动和锻炼，或参与群众性体育竞赛等，无论结果，还是参与过程都非常有价值、有意义。体育运动的直接结果是增强体质、健康身心，而参与体育的过程中市民可以学习体育礼仪、逐步形成体育气质和素养，养成良好的体育精神，这些可以从不同方面提升城市品质，促使城市在发展进程中更趋完善、和谐。

（一）体育运动给城市带来活力

广泛开展全民健身活动，营造出人人爱健身、天天乐健身的城市体育氛围，可以让市民动起来，也能让城市"活起来"。

广大市民在自觉健身的基础上掌握科学健身知识和技能，有助于延长寿命。持续 25 年时间、跟踪调查 8600 名丹麦受访者的研究结果显示，各种体育运动都能够提高人的寿命：骑自行车是最受欢迎的运动，很多丹麦人每周至少骑行 4 小时，由此带来寿命平均增加 3.7 年；经常打网球的人寿命延长最多，平均达到 9.7 年；其他常见运动中，习惯打羽毛球的人增寿

---

① 李志刚：《鲁能明日赴广州集训》，《齐鲁晚报》2018 年 1 月 6 日，第 15 版。

6.2 年，常踢足球者平均多活 5 年，而游泳、跑步的延寿效果分别是 3.4 年和 3.2 年。[①]

此外，经常性的体育运动和锻炼还能够让市民更加健康、充满生机，生命质量更好。众所周知，坚持体育活动的市民，无论健全人还是残疾人，都会取得一定的正面效果，体质增强、体魄和精神状态变得良好，许多残疾人也因为体育运动而康复、具备工作能力，工作效率提高、工作年限延长，可以把他们的主要精力投入工作中去，充分发挥、全面展示个人的潜力和才智，创造更多社会财富，在家庭中也能承担起应尽的责任，促进家庭和睦、幸福。另外，持续的体育锻炼能促进市民减少疾病和其他心理疾患，人格得到进一步健全，从而相应减少各种社会支出和成本。这一点很容易理解，市民少生病就可以大大节约医药费用，人们心理健康、在社会上与他人和谐相处、减少冲突和纷争等，自然可以有效减少社会治理成本。

总之，市民主动树立"健康第一、我要运动"的体育意识，自觉做运动、健康、向上的"阳光人"，可以产生积极效果，带动城市充满生机和活力。

（二）市民体育精神让城市更和谐

市民经常参加体育活动，不仅仅产生体格强壮、身心健康等直接益处，其意义更在于将体育运动作为一种持续性、过程性的自觉行为，能够帮助市民养成良好的体育气质和精神，这对于城市各方面的发展都是具有极大促进作用的。可以毫不夸张地说，通过广大市民会聚起来的城市体育精神是城市体育文化的核心，也是体育带给城市最宝贵的财富。

通常而言，体育运动能培养市民的三种精神。一是竞争精

---

① 赵乾铮：《常打网球，增寿十年》，《生命时报》2018 年 9 月 21 日。

神，固然群众性体育讲究"友谊第一、比赛第二"，竞技体育也强调"参与比获胜更重要"，但是一旦进入体育场地，人们都会力争上游、寻求更好成绩，奋力挑战自我、超越极限。二是团队精神，许多运动项目需要集体合作来完成，必然培养参与者的团队意识、合作态度。三是公平竞争的自觉，体育比赛中人人都努力追求胜利，但不能为了取胜而不择手段。竞赛规则为所有运动员设立了公平竞争的基础和底线，禁止贿赂裁判和对手、禁止服用兴奋剂等规定也最大限度地防范运动员"跑偏"。实际上，这些良好的体育精神，应用于工作、学习和社会服务中也非常有效，可以为市民的日常社会行为提供有益的准则。

现代城市生活呈现高强度、快速度等特点，市民们要在工作、学习中如鱼得水、应对自如，很有必要借助体育运动中积极进取、永不放弃、超越极限等顽强精神和态度，努力做好自己的事情，每个人都把自己的事情做好了，城市才能稳步前进。

如今已经进入工业化和后工业化社会，分工、协作是最鲜明的时代特征，人们以不同的团队形式参与社会工作，每个人的工作不可避免地都要跟其他人产生交集。在此过程中，如果每个人都能把体育运动中的团队精神充分发挥出来，主动与他人紧密合作、全力协同，在合作中释放自己的全部能量，有望更好地完成工作，获得成就感。

现代社会竞争无处不在，这与体育赛场的格局非常类似。体育比赛以规则为先，社会竞争以秩序为要。这一态势注定可以将体育运动中的公平竞争精神，全面融入社会生活，引导人们在日常工作、学习和生活中自觉维护秩序，避免个人行为越矩，保持社会和谐。

此外，体育活动中养成的一些礼仪，诸如尊重对手、文明观赛等，在社会交往中也完全适用。

总体而言，体育运动中积极进取、公平竞争、团结合作、超越极限等精神，都应该深刻地融入城市血脉，而有了这些体育人文精神的照耀和指引，市民将多一份上进、竞争、拼搏的积极态度，也会增加城市的动感气质，提升文明品质。

（三）市民志愿服务促进城市更友好

体育赛事是城市开展志愿服务的重要领域，国内许多城市都在举办大型体育赛事之前组建阵容庞大、人数众多的志愿者队伍，以赛事为契机完善志愿者招募制度，并推动志愿服务常态化、制度化，为所在城市留下训练有素、能力不凡的志愿者队伍。例如南京举办青奥会后，百万名城市志愿者悉数保留，全市注册志愿者达到140多万人。

同样的道理，志愿服务成为市民的自觉行动后，他们会主动在日常生活中发扬志愿者精神，为社会、他人提供力所能及的志愿服务工作，由此成为开展社会公益活动、促进社会友爱的重要力量。换言之，从体育赛事服务延展开来的志愿者精神，可以培养市民自觉关注城市、热心社会工作的积极性。

概言之，市民素质是城市文明程度的重要标志，是城市软实力的重要组成部分，这一点可以通过体育直观展现出来。体育是城市活力的一部分，更是激发城市活力的助燃剂，市民普遍热爱体育、广泛参与体育的城市，一定充满勃勃生机。体育运动深刻地改造了市民的行为习惯和精神气质，由此涵养出城市开放、团结、坚韧、乐观、包容等精神，将体育基因植入城市肌理，城市不仅更具有活力，而且品质得到极大提升。

第五章

成都：谋城实践的"着力点"

　　当下，成都将加快建设全面体现新发展理念的城市作为重要的目标任务，为此在 2018 年初的全市对外开放大会上，明确提出以创建"三城三都"为载体，塑造别样精彩的成都标识，其具体规划是建设"世界文化名城"、"世界旅游名城"和"世界赛事名城"，打造"国际美食之都"、"国际音乐之都"和"国际会展之都"。创建"三城三都"是新常态下成都寻求经济社会全面发展、同步发展、健康发展的必然选择，这些工程将从不同角度为成都加速建设西部经济中心、文创中心和对外交往中心助力加油、添砖加瓦。

　　在如此背景下，建设"世界赛事名城"显然已经成为成都谋求城市协调发展系统工程中的有机环节，即借助赛事和体育撬动城市经济要素的整合与优化，促进经济发展，带动城市功能完善和整体进步，从而让市民感受到切实的利益和实惠。概言之，成都建设世界赛事名城是"谋赛"、"谋城"与"惠民"的有机结合，其根本宗旨、最终着眼点在于惠民，造福市民，促使他们能够共享经济建设、社会发展的成果；谋求城市经济社会全面、同步发展即"谋城"无疑是核心，是整个过程中最重要的着力点，而"谋赛"即增加本地赛事尤其是高规格赛事的数量，提高赛事水平和质量，则是重要的抓手，或者说现实的着手点。

　　具体而言，成都希望以"谋赛"促进"谋城"和"惠民"，积极推进世界赛事名城建设，有必要在两个方面重点发力：一是对照国际知名的赛事名城，发现自身的不足和缺陷，及时夯实基础、弥补短板；二是面对国内诸多城市瞄准世界赛事名城建设、竞争颇为激烈的状况，成都要充分彰显自身特色，形成独特个性和比较优势；同时要有意识地与兄弟城市开展合作，实现优势互补，达到"抱团发展"、共同进步的效果。

"谋城"连接"谋赛"与"惠民"

在世界赛事名城建设过程中，"谋城"、"谋赛"和"惠民"始终是统一的有机体，其逻辑关联非常清晰：惠民是宗旨，谋城是核心，谋赛是手段，而"谋赛"和"惠民"又通过"谋城"紧密结合在一起。另外，这种关系并非呈现单向传导的态势，而是双向交互："谋赛"不是最前沿的工作，而是建立在一定的"谋城"基础之上，城市经济与社会发展达到一定阶段、一定水平才有机会举办各种大型体育赛事，"谋城"不仅是"谋赛"的目标所在，更是"谋赛"的重要根基；同样的道理，"惠民"过程也带有显著的互动性，市民不是被动等待城市充分建设、发展，自己享受发展成果，而必须主动参与其中，积极为城市全面、协调发展贡献自己的力量，"共建共享"才是城市"惠民"的真谛。实际上，在这种双向互动的城市运行过程中，"谋城"的核心作用体现得更加明显。

一　"谋城"为"谋赛"夯实基础

现代体育与城市始终是相伴而生的，体育因城而兴，城市是现代体育兴起、发展的基础，融入城市的体育最具魅力；城市因体而盛，体育使城市的内涵更加丰富，拥有体育的城市更显活力和生机。在成都建设世界赛事名城的过程中，"谋城"是"谋赛"的基础性条件，城市建设的成就、一流的硬件实力是必要支撑，是成都赢得各种体育大赛举办机会的前提和保障，而"谋赛"则是以办赛倒逼城市管理革命，为城市打造活跃健康的生活方式，"谋赛"与"谋城"的协同让举办体育赛事与推进城市持续发展走向共荣共生。

如今，国内许多城市都拥有了举办大型国际体育赛事的经历，各地对于申办全运会的兴致已经不高，但在 20 世纪，各地申办全运会积极性颇高，而当时国民经济、社会发展状况远不如现在，国家为此出台了一项规定，全运会由北京、上海、广州（广东省）三地轮流举办，这一规定直到 2001 年才正式取消，此后江苏、山东、辽宁、天津等省市相继举办了全运会。其实，此前也曾出现过打破"常规"的个案，那就是 1993 年的第七届全运会最初确定由四川省承办，但后来考虑到在当时的经济条件下，四川在办赛的场馆和经费上都有一定难度，更重要的是北京正在申办 2000 年夏季奥运会，需要在奥运会举办城市揭晓前举办一届全运会，给国际社会留下深刻印象，最终第七届全运会的举办模式变成了北京承办、四川协办，这也是首创。这个过程至少从侧面说明，城市经济发展、硬件设施的完善是举办大型赛事的基础条件。与周期性、阶段性的"谋赛"相比，"谋城"更具有延续性、持久性，正所谓"罗马不是一天建成的"，任何城市的建设都是贯穿城市发展历程始终的，"谋赛"则是"谋城"系列工作进行到一定程度后的必然选择，类似于"水到渠成"，不"谋城"则无以"谋赛"，这是一个基本的认知路径。

"谋城"为"谋赛"夯实基础，集中体现在两个方面：其一是针对具体体育赛事举办、承办的需要，专门进行必要的城市硬件设施完善、服务环境营造等，使赛事得以顺利举行；其二则是将城市现有的建设成果与赛事举行有机结合，这些建设成果本身并非特意为赛事举行而准备、规划，但在实践中被巧妙地运用于赛事进程中，在客观上促进了赛事的圆满举行。对成都而言，这两方面的情形同样存在。

（一）为赛事举行开展城市建设

举办、承办大型体育赛事需要所在城市多方面展开配合，这是不言而喻的。在体育大赛到来之前，城市都会进行长时间的准备、筹办，不仅要开展体育场馆、道路交通乃至宾馆酒店、机场等硬件设施建设和改造工作，还要对广大市民进行动员，着力提高城市管理和服务能力、市民整体素质等，为赛事举行创造良好的城市综合环境。

建设体育场馆，是针对赛事需要进行的城市建设的重要组成部分，往往也是外界最熟悉、最容易理解的一部分，中外先例不计其数，单以北京为例就可信手拈来：1961年第26届世界乒乓球锦标赛是我国举办的首次重大体育赛事，为此我国专门兴建了北京工人体育馆作为赛事的主体育馆，在这座崭新的体育馆里，中国男队第一次拿到团体冠军，庄则栋开创"三连冠"殊荣……2008年夏季奥运会是我国第一次承办奥运会，北京新增了主体育中心——鸟巢，以及国家游泳中心——水立方等一批标志性体育场馆。

成都的情形也是这样，为了推进世界赛事名城建设，成都市规划实施"天府奥体城"主体育场、主体育馆、游泳跳水馆、室内自行车馆、射击馆等场馆建设，抓紧建设世界大运会主会场——东安湖体育公园并努力将其打造成为成都地标精品建筑，对市区内高校的29个比赛场馆、16个训练场馆和4个备用场馆进行改造提升；同时推动区（市）县"一场一馆一池"和镇（街道）健身体育设施建设，通过市、区（市）县、镇（街道）三级场馆的建设，逐步形成布局合理、设施完备、功能齐全的体育赛事场馆体系，从硬件方面为世界赛事名城打造提供支撑和保障。众多体育设施的建设，首先体现为"谋城"的有效举措，同时也是"谋赛"的坚强后盾。

图 5 - 1　成都大运会主体育场建设

图片来源：《你好，"飞碟"！成都大运主体育场提前主体封顶》，《成都商报》2019 年 12 月 11 日，第 1 版。

　　大型体育赛事，无论是综合性的奥运会、亚运会、全运会、大运会等，还是单项的世界杯、亚洲杯足球赛等，都需要在多个体育场馆乃至多个城市的足球场举行，交通的便捷、道路的通畅由此也成为保障赛事顺利进行的重要内容。例如成都市为筹备世界大运会正在进行直连通道、地铁以及成龙简快速路、成洛简快速路等交通项目建设，为运动员、观众等顺利到达赛场提供便利的条件，这些同样是城市基础设施建设的重要组成部分。

　　除了这些明显的赛事配套建设活动，成都市还结合世界大运会赛事承办的现实需要，推动系列软件服务提升项目，例如动员 50 万名以上的城市志愿者，在全市范围内建设 1500 个志愿服务站点，打造体系完备、人员结构合理的大运会志愿者队伍；着力搭建国际融媒体矩阵，借助先进的 5G＋8K 等新技术，做好大运会全球传播、推广工作等。这些环节仍然体现为城市建设的内容，通过涵养人文素养、强化对外传播能力等，为城市持续、稳定发展积蓄充分的后劲。

以上叙述仅仅是城市围绕体育大赛举行而开展城市建设的一鳞半爪，其实相关内容还表现在许多方面，尤其是城市管理者理念和服务意识的改进等，无须一一赘述。这些城市建设行动具有明显的共性：一次建设，长期受益，为赛事投入，回报却是长期的，体育场馆、交通基础设施等硬件建设如此，市民素质提升、管理和服务能力提高等软件环境改善亦如此。

（二）城市建设成果应用于赛事

赛事的举办、承办总是短期过程，而城市建设和发展则是延续数百年、上千年的漫长过程，因此更重要的是将"谋城"的现有成果灵活、巧妙地运用于赛事举行，充分利用现有资源，减少新的高额开支。前述我国一度规定全运会只在三地轮流举行、限制其他城市申办，一个重要的考量就是提高现有体育设施的利用率，避免新增不必要的场馆建设等支出。

实际上，任何城市规划、设计赛事的基本出发点之一，就是有效发掘、利用现有城市建设的成果，并由此显现出各自的特色。体育赛事作为一种文化，要充分展现城市的文化底蕴、精髓等，这在国内各地的马拉松赛事中体现得非常明确。其赛道安排就足以表明这一点，赛道充分展示各城市的风貌和人文历史：兰州马拉松赛道集中在黄河沿岸，将黄河是兰州的"母亲河"的文化特色展示得淋漓尽致；西安更因为当地拥有国内闻名、完整的古老城墙，从 1993 年起举办西安城墙国际马拉松，通过"体育＋文化＋旅游"的模式传递西安城市文化的悠久、深远等。

与之类似，成都马拉松赛道同样利用了城市建设的成果。曾经获得"最美赛道"奖的赛道如同一条精美的"丝带"，串联起成都市诸多精华路段，沿途的金沙遗址博物馆、杜甫草堂、宽窄巷子、四川大学、望江楼公园、天府国际金融中心、环球中心，以及世纪城新会展中心等，这些不同时期的标志性建筑，浓缩了成都多年来城市建设的成就和文化积淀中最为辉煌的部分，无须在比赛前专门打造，只需要将其井然排布在 42.195 公里的赛道周边，就足以让赛道熠熠生辉，让运动员和外地游客叹为观止。

城市建设成就服务于赛事的案例比比皆是，世界各大城市普遍都形成了四通八达、便捷顺畅的立体交通体系，旅客吞吐量巨大的机场、火车站等是其中的核心组成部分，这些基础设施并非专为赛事举办而建设，但无一例外对于保障赛事顺利举行具有重要意义。成都也是如此，近年来双流国际机场航班日益密集，飞机起降频率已接近极限，为此成都在东部的简阳市境内开工建设第二机场——天府国际机场，这使成都成为国内少有的同时拥有两座民用机场的大城市，第二机场建设固然不是为体育赛事配套的行动，但兴建机场、扩大航空吞吐量无疑有助于赛事期间的人员、设备等运输。类似的情形不胜枚举，城市内部的许多高档酒店、宾馆等同样是赛事得以顺利举办的有力支撑，成都规划开展的交通道路提升、建筑品质提升、环境景观提升、重要节点提升 4 大类 18 项城市形象提升行动，提高了赛事承办能力和城市服务能级。

充分利用现有资源举办、承办体育大赛，是避免重复建设、减少开支、节约经费的有效举措。这个道理非常明显，此处不再赘述。

图 5 - 2　成都天府机场设计效果

图片来源:《成都天府国际机场内部设计亮相,预计 2020 年投用》,界面,2018 年 10 月 20 日。

二　"谋赛"促"谋城"更趋完善

大型体育赛事是推动城市建设和发展的契机,也被称为城市发展的"风口"。如前所述,为了适应举办赛事的需要,城市都会展开基础设施建设和改造工作,促进城市功能更加完善、管理和服务水平得到提高,市民素质全面提升,而赛事则是对这些工作的集中检验,充分检验城市建设和治理工作的成效,为后续实现有序发展提供思路和借鉴。此外,赛事还为城市留下多方面的"遗产",可以使城市长期受益。

（一）赛事举办检验"谋城"成效

举办、承办赛事的城市，在赛前针对赛事的要求进行各项基础设施建设，全面提升城市治理水平和市民素质，显然都带有浓厚的猜测、预计色彩，其实际效果如何，仍需要通过赛事举办过程的检验，硬件设施的过度建设、软件服务的力度欠缺等，都可能在"谋赛"与"谋城"之间产生一定程度的背离，影响两者的良性互动。

由于大型体育赛事是充分展现城市形象的机遇，因此许多城市在申办体育大赛特别是奥运会等世界性体育盛会之时往往会高调表态，给予最大力度的支持，兴建最大规模、高水平的体育场馆和其他配套设施等，以此赢得承办大赛的机会。但是，如此思路很容易导致建设过程中出现一些不切实际的行动，例如对于体育场馆的后续利用等缺乏周密考量，为赛事而修建的许多场馆，在赛后利用率很低、近乎荒废，不仅没有促进城市经济发展，为市民带来应有的福祉，反而拖累了当地经济发展，给市民增加了沉重的赋税等负担。1976年蒙特利尔奥运会就是一个深刻的教训，由于场馆建设等费用严重超支，最终造成15亿美元的亏空，政府不得不通过长期提高税收等手段加以弥补，由此给市民产生的负面影响是非常显著的。2004年雅典奥运会后经济增速明显下滑，各种体育和旅游、酒店业设施大量闲置，造成重大浪费，成为城市的负累，甚至被认为是希腊此后持续陷入债务危机泥淖的重要诱因之一。罗马曾经加入2024年夏季奥运会的申办行列，但该市当时的女市长表示反对：支持此次申办是不负责任的，事实上这是在要求罗马和意大利人民承担举办奥运会带来的债务，我们不支持这点。[1] 由于

---

[1] 《罗马或退出2024年奥运会申办》，新华社，2016年9月21日。

罗马市政当局如此表态，意大利奥委会最终放弃申办奥运会。

为此，成都市在开展城市体育场馆群建设时，提出了一些基本原则，如体育产业与城市功能相结合、现状利用与规划新建相结合、永久场馆与临时场馆相结合、赛事体育与群众体育相结合、近期实施与远期预留相结合等，既考虑满足赛事举办的现实需求，又能在赛后直接服务于城市发展和市民体育运动、锻炼等活动，避免造成资源浪费，实现两者的最优匹配。

与硬件设施可能存在过度建设不同，城市在赛事服务和保障方面的各种努力呈现"无上限"的态势和格局，换言之无论如何努力，追求到何种高度都不为过。但现实情形往往相反，一些城市在治理保障和软件服务方面"尚未准备好"，体育大赛已然到来。例如在 2016 年夏季奥运会前夕，里约治安问题突出，奥运会可能面临多重安全挑战，既有国际恐怖主义这种输入型威胁，也有由社会问题引发的公共安全威胁……使即将来里约参赛、观赛、工作、旅游的外国人担忧不已。① 而雅典奥运会在经济上入不敷出也与其理念偏差密切相关，该市在申办和筹备过程中，一直宣称要举办一届商业色彩最淡的奥运会，作为以旅游为支柱产业的国家，希腊竟然没有结合奥运进行中长期的旅游产业发展规划，直到 2004 年 5 月——奥运会开赛在即，希腊旅游部门才匆忙公布了一项旨在把雅典奥运会和希腊旅游捆绑宣传的应急对外宣传计划。② 这些先例充分说明，举办奥运会对一座城市是一次"大考"，城市如果在"谋城"方面存在欠缺和短板，其国际化水平和组织能力不足，难免会在承办规模巨大、要求严格的奥运会中"现形"，

---

① 卫张宁：《经济危机拖累里约奥运会：被负面消息包围》，《京华时报》2016 年 7 月 11 日。
② 刘凡：《巨额投入拖累雅典奥运景气》，《市场报》2004 年 8 月 27 日，第 25 版。

把城市规划、建设和协同发展等方面隐藏的问题、弊端暴露出来。

当然，国内城市在这些方面通常做得较好，往往提前进行了审慎的规划和部署，进行了很好的治理保障和软件服务工作，并广泛开展市民动员，为赛事顺利举行奠定坚实的基础。大赛一方面检验了前期的"谋城"成果，另一方面也为后续的"谋城"实践提供了思路和方向。

（二）赛事成功馈赠"谋城""遗产"

成功举办一次大型体育赛事，将给城市留下丰厚的"遗产"，包括体育遗产、文化遗产和社会遗产等，在 2018 年 5 月召开的一次会议上，国际大学生体育联合会主席奥莱格·马特钦博士坦言"赛事最重要的就是创造遗产"，这些都印证了一个基本观点和理念：体育赛事要促进城市发展，而非城市为了赛事而建设。

赛事最直接、可见的"遗产"自然是为赛事举办而兴建的现代化基础设施，它们不仅有助于刺激当地经济发展，而且可以鼓励大众参与、在此举行各种类型的运动和比赛等，丰富市民的体育文化生活。

赛事另外一项直观的"遗产"，是其具有引爆效应、集聚效应、乘数效应等，为举办城市赢得知名度、美誉度和影响力等，这些同样对于实现城市发展综合效益的最大化有很大的帮助。

实际上，除了上述立竿见影的显在效益之外，体育大赛还为城市发展和进步带来许多长期效益，在物质方面，赛事可以促进城市功能定位调整，进而带动发展模式转型。

借助举办奥运会的契机，北京在城市定位和发展方向等方面进行了重新审视，在发展理念、建设规划和功能定位等诸多

领域都确立了建设宜居城市的思路，强化生态环境建设使城市
人居环境质量得到明显改善，优化轨道交通等基础设施则方便
了市民的生活，也提高了城市的效率和对外联系条件，奥运会
对于北京的城市建设和管理进步发挥了重要的助推作用。

　　1992 年夏季奥运会的举办，则为巴塞罗那开启了一种新
的城市发展模式。赛前，巴塞罗那市和西班牙政府都希望借举
办奥运会的契机，加快巴塞罗那城市转型，摆脱当地后工业时
期发展动力不足的困境，迅速转型为旅游和服务型城市。而奥
运会的成功举办帮助巴塞罗那实现了目标，1993 年巴塞罗那
首度进入全球游客最喜爱目的地前三位。此后 10 年内，访客
量增长 5 倍，城市完成了产业结构的转变。有学者指出：奥运
对于巴塞罗那的意义不只是那些新建的建筑，更重要的是促成
了这座城市的重生。还有经济学家将举办奥运会带来的社会经
济发展称作"巴塞罗那效应"。① 成都也明确提出"以承办重
大赛事为契机，以体为媒、以赛兴业，用运动的活力激荡赛事
经济新蓝海，为城市高质量发展注入全新动能"。

　　此外，大型体育赛事还会促进城市综合治理水平、市民素
质进一步提升，赛事组织者、城市管理者、志愿者乃至普通市
民都能通过大赛举办获取更多知识和经验，并因自己成为赛事
的一份子感到自豪，增强城市向心力、凝聚力等。

　　在赛事筹备、举办过程中，城市管理机构逐渐培养起强大
的组织能力和社会动员能力、团结协作精神，形成开放、开明
的观念和行为模式，以及迅速决断、克服困难的决心等，这些
实践经验的积累将推动城市管理进一步走向治理文明。

　　在北京奥运会筹办期间，全市范围内广泛开展了"迎奥

---

① 谢笑添：《奥运会让巴塞罗那"重生"，多样化运营拒绝"白象"》，《文
汇报》2014 年 9 月 10 日。

运，讲文明，树新风"活动，如每月 11 日的"排队日"，每月 22 日的"让座日"，并且对 140 万名窗口行业职工进行文明举止教育培训，极大地提高了窗口行业的服务意识和水平。这些举措因奥运而起，但在奥运会后很好地坚持下来，形成了长期效应，最终促进城市文明进步，直接造福于市民百姓。

体育大赛举办能够推动奥林匹克精神在城市、市民中浸润和渗透，赛事是城市文化建设的重要内容，有助于筑厚城市的体育文化底蕴；赛事还可以带动广大市民对于一些新兴、时尚运动项目产生浓厚的热情、参与兴趣，推进这些项目在当地的蓬勃发展，有利于进一步增添城市体育活力。有关这一点，本书前面章节已有较为详尽的阐述，此处不再赘述。

总之，"谋赛"不仅推进城市基础设施建设、产业转型和升级、体育产业与其他产业联动发展，而且是对一座城市环境综合治理状况、管理水平和服务保障能力、市民素质和文明程度等城市综合能力的大检阅，对于城市各方面的发展将起到不可估量的促进作用。为此，成都市已经出台建设计划，利用世界赛事名城建设的契机，从赛事培育和体育产业发展、基础设施完善、城市管理提升、消费升级、文商旅体融合发展等方面综合施策，最终实现城市发展能级的提升。[1] 而 2019 年夏季举行的世警会就是成都实施这些规划之后面临的第一次高规格、综合性赛事的实践考验。

赛事期间，来自 79 个国家和地区的运动员、家属、观众和游客等总计 10 余万人次，这么多人在短期内涌入城市，首先是对赛事组织、保障能力的考验。这些人在赛事前后走到成都街头、特色景区，游览天府绿道、文创集市、文化遗产，无

① 钟茜妮：《建设世界赛事名城，成都吹响集结号》，《成都商报》2019 年 8 月 23 日，第 1 版。

疑是对中国最佳旅游城市、美食之都、文创名城水准的检验；他们深入成都人中间交流，也是对市民素质和文明素养的检视。令人欣喜的是，由于有坚实的城市综合实力作支撑，成都举办世界综合大赛的能力获得了认可，成都首次迎接的"会考"取得了成功。①

三　"谋城"与"惠民"有机互动

在人文主义的映射下，城市不仅被视为一个物质空间体、经济体，更应该被当成一个综合性的人文生命体，这也注定城市的终极使命是为市民服务，城市建设、发展的一切成果都以被市民共享为依归。由此可见，"谋城"与"惠民"是高度相通的：城市发展的各项成果提供给市民共享，在体育领域改变市民的生活方式、提高他们的身体素质、健全其人格等，而市民的这些有益变化又直接助力城市产生巨大活力，增强生产力和创造力，推动城市发展。同时，"惠民"过程也是汇聚民力、民智的过程，市民从自身体育需求出发，对于城市的体育公共服务体系建设提出合理化建议，促使其空间分布、种类配备和功能设计等更趋完善、合理，市民也有责任爱护各种公共体育设施，各方面共同努力才能促使城市的体育环境、氛围更好。

（一）市民参与促进体育"惠民"

成都市明确指出：举办国际体育赛事，建设世界赛事名城，最终目的是实现全民健康，实现全面建设小康社会的目标。对此，有学者做出这样的解读：创建世界赛事名城，以人民为中心，将增进人民的体育福祉，推动建设美丽宜居公园城

---

① 文阳：《赛事名城，助大城崛起》，《成都商报》2019年8月19日，第1版。

市。体育作为城市文明进步、和谐发展的关键要素，是人民幸福生活的重要保证。承办大型体育赛事将以满足人民群众对健康生活的需求为目标导向，推动全民健身与全民健康深度融合，有助于加快体育融入市民生活的进程，营造健康运动场景、提升全民身体素养、推广健康休闲方式。[①]

作为成都市建设世界赛事名城的关键环节之一，构建完善的"亲民、便民、惠民"的全民健身公共服务体系显得非常重要，而要真正实现"亲民、便民、惠民"，一方面固然要求政府和社会积极努力，提供完备的设施、便捷的服务保障措施，为市民获取这些设施和保障、体育公共服务奠定基础，另一方面也需要市民主动参与其中，充分利用现有条件开展体育运动和锻炼，而且体育"惠民"作为一个持续性过程，市民的自主参与、自觉行动显得更加重要。

成都市体育局在 2019 年对外公布的系列数据显示，近年来成都市体育公共服务体系建设日趋完善，体育为民、惠民集中体现在以下几个方面。

第一，全民健身场地设施建设取得巨大进展。场地设施建设是政府为市民提供体育公共服务的重要内容之一，是保障全民健身活动顺利开展的基础平台，因此也是全民健身工作的重中之重，成都市区域内已建成县级全民健身活动中心 22 个，社区多功能运动场 342 个，体育公园 48 个，全民健身广场1556 个，健身站点 5372 个，全民健身路径工程 7598 个，健身步道 3203.32 公里，市民健身活动拥有了坚实的基础。

第二，市民健身组织和服务网络趋向完善。当下，成都市有市级体育协会 62 个，基本涵盖了全民健身的各项活动；市

---

① 鲍明晓、赵剑缘：《以世界赛事名城建设助力成都突围发展》，《先锋》2019 年第 9 期。

内有各类健身俱乐部 567 家；全市年均培训各级各类社会体育指导员 2000 名以上，目前在册社会体育指导员总数达 3.8 万人；建成 31 个国民体质监测中心、站（点），覆盖成都市全部 22 个区（市）县，形成了较为健全的国民体质监测与科学健身指导服务网络。

第三，市民观摩、学习机会迅速增多。作为世界赛事名城建设的实际成果之一，越来越多高水平国际赛事在成都轮番举行，这一态势对于市民开展体育运动同样具有直接的帮助和促进作用。一方面市民有机会现场观摩，另一方面顶级运动员通过进社区、进学校等活动，与市民当面交流、切磋，在各个项目上形成示范、带动效应，引领市民掌握运动知识和技能，逐渐热爱这些体育运动。当然，这一过程不仅为全民健身工作注入强大的动力，其实也为在蓉举办的各大国际赛事提供了更多专业、热情的观众，为许多新兴运动项目开展提供了潜在的爱好者群体，明显表现出"双赢"的性质。

其实，成都市的这些举措，首先体现为城市建设和发展的显著成就，这些成就可以直接惠及市民，实现的条件也很简单，只要市民主动走出家门、拥抱体育，参加运动健身，接受各项服务。换言之，在推动全民健身、实现体育"惠民"方面，政府和社会已经做出了极大的努力，算得上"舞台搭好、幕布拉开"，就等市民"主角"上场健身、运动了。

而国家统计局成都调查队曾经发布的《成都市民健身及体育消费情况调查报告》显示，近年来成都市民的主动健身意识有较大提升，但仍然存在一些不足：市民对健身的认识较为到位，"提高健康程度"是绝大多数市民健身的最主要原因，其后为"瘦身和保持体形"和"兴趣爱好"，市民健身以预防性功效为主要目的；不过，实际参与运动的比例尚不理想，只有 23.4% 的人每周健身 4~5 次，45.8% 的人每周健身

2~3次；各年龄段市民参与健身的情况差异也很大，16~25岁的市民平均每周健身1~3小时，26~35岁、36~45岁、46~55岁的市民平均每周健身3~6小时，56~60岁及60岁以上的市民平均每周健身6~9小时。中青年的健身时间较短，除了健身意识不足之外，可能还与工作压力大挤占个人时间有关。此外，市民健身地点主要为免费场所，即"公路"、"小区"、"自己家中"及"公园"，付费健身意识还不充分。①

总体而言，开展世界赛事名城建设是体育"惠民"系统工程的重要环节，可以为市民带来更健康、时尚的生活方式，有助于提升市民身体素质和精神面貌，提升市民的生活品质。而这些预期目标的实现也需要市民主动配合，政府和社会通过多种手段和形式动员市民，使更多市民有意愿、有条件参与健身活动，城市形成浓厚的体育氛围，全民健身就真正达到了"惠民"和"谋城"的双重效果。

（二）市民作为推动体育"谋城"

成都市已经提出，建设世界赛事名城是市民养成健康生活方式的迫切需要。健康是促进人全面发展的必然要求，也是城市走向国际化、现代化的基础条件，市民对新时代美好生活的追求必须以健康体魄为支撑。建设世界赛事名城，承办国际赛事，可以唤醒城市的运动基因，帮助成都市民在运动中张扬生活个性、提高生活品质。②

前面已经多次提及，城市为市民提供健身、锻炼的良好环境，以此提高市民文化体育生活水平及文明素养，只是提供了

---

① 戴璐岭：《成都市民运动健身热情高，体育消费潜能有待激发》，http：//scnews. newssc. org/system/20161010/000712709. htm。

② 肖竹、陈浩：《以赛谋城，以赛兴业》，《成都日报》2019年8月23日，第5版。

外部条件，具备了让市民"动起来"的基础性保障，而真正能够产生实效的，是让市民主动参与、科学健身，"动"得有效，这些更多有赖于市民自觉意识的养成，在思想上形成"我要健身、我要健康"的意识，并在具体行动上体现出来。

从一些新闻报道中，人们看到不少成都市民已经逐步形成了一种意识：作为成都的市民，我们要提高运动水平，才能跟得上城市发展的节奏，不拖赛事名城的后腿。[①] 但这种意识尚未转化成广大市民的自觉行动，全民健身实践开展仍有较大的发展空间。

首先，部分市民只是在思想上"动起来"，并未在行动上真正"动起来"。前述的一些统计数据表明，成都市民普遍意识到参加体育运动、锻炼和健身活动非常重要，但一些市民就是不愿意放下手机、离开电脑、关掉电视，参与到体育运动中，经常性参加体育运动的成都市民比例不仅较西方发达国家有较大差距，与国内一些先进城市相比也有进一步提升的空间。

其次，不少市民参与体育活动带有明显的被动性、应付性、缺乏主动性。现阶段，某些高校、机关单位和社区等仍然在以各种手段刺激市民参与到体育运动，有的机关单位、社区等组织广播体操、健步走、越野跑等群众性体育活动时，规定参与者可以获得奖品或纪念品，一些高校更直接规定"体育成绩不合格不能毕业"，通过这些激励性、硬性举措拉动甚至强迫社会成员参加体育运动和锻炼，导致许多市民被动、消极应付，只在组织活动时参与，或者仅仅为了体育成绩合格而运动，缺乏长期性、系统性和自觉性。

---

① 孟武斌、王浩儒、何鹏楠：《全民健身从我做起！成都市首届社区运动节来了》，https://cd.qq.com/a/20191201/019593.htm。

最后，许多市民缺乏针对性锻炼、科学健身意识。从 2016 年的统计数据来看，成都市民更倾向于在免费场所运动、健身，主动付费健身的意识不足，而且人均支付的运动装备、器材、培训等费用也低于上海、深圳等城市，实际上付费健身更能够获得针对性服务：既可选择适合自己的运动项目、健身方式，也可以得到专业教练的指导和技能传授，全面提升锻炼效果。

此外，统计调查结果还反映出市民运动、健身的一些现实困难，例如中青年人工作时间长、压力大，没有时间参加体育运动，居住周边体育设施匮乏，无法满足自己的健身需求等。其实，市民积极作为，也能在很大程度上解决这些问题，时间是有一定弹性的，只要刻意去"挤"，有意识减少玩手机、看电脑，以及一般性应酬等占用的时间，总能找到时间健身、运动；市民也可以向有关方面提出合理化建议，针对城市体育设施空间分布、种类搭配等存在的问题表达意见，推动设施数量的增加、配备位置的优化、服务措施的完善，以及组织更多市民喜闻乐见、积极参与的赛事活动等，这样不仅有助于保障市民参与体育健身活动的现实需要，也能改善城市体育环境。

总之，体育"惠民"不仅在于政府和社会让市民"动起来"，以多方面的保障和服务让他们"动"得舒适、开心，更在于市民主动作为，利用现有条件、针对自身需要开展健身活动。否则，即使有再好的体育设施、再完备的服务保障措施，最终仍然不会取得效果，自然也无助于"谋城"。

成都在"谋城"实践中如何夯实基础

成都市在"谋赛"与"谋城"的过程中，首先需要抓好的一个重要"着力点"，就是夯实基础、弥补短板，以期尽快形成与世界赛事名城建设相匹配的硬件设施和软件服务环境。

如今全球公认的世界体育名城，诸如美国纽约、英国伦敦、法国巴黎、西班牙巴塞罗那等，其建设路径差异巨大。有些城市以举办奥运会为先导，例如伦敦已经举办了三届夏季奥运会，巴黎、洛杉矶也将各自举办第三届奥运会，东京即将举办第二次奥运会，以奥运会为中心维系和拓展全球影响力，带动城市稳步成为体育名城；纽约等城市则从未举办过奥运会，但各类知名单项赛事长年不断，且职业体育发达，在美国四大职业联盟中，纽约拥有 8 支球队，同样营造了良好的体育氛围，形成全球知名度和影响力。由此可见，世界赛事名城建设可谓"殊途同归"，国内体育界人士曾归纳这些城市共同具有以下特征：一是体育赛事丰富；二是场馆设施优良；三是体育产业发达；四是群众体育活跃；五是特色项目突出。① 而专家也提出赛事名城的共同特征和评价指标主要包括：体育赛事体系健全合理、举办有全球影响力大型赛会或长期承办国际高等级单项运动积分赛、具有国际影响力的城市自主 IP 赛事、完备的赛事场馆体系、众多的高水平城市职业体育俱乐部、高度专业化的赛事商业体系、发达的赛事传媒体系。② 换言之，这些特点和指标，在很大程度上可以为国内城市持续开展赛事名城建设提供奋斗目标、标杆和借鉴。

国内曾有研究者对体育赛事发展展开比较研究，将上海与纽约、伦敦、墨尔本这几个公认的国际赛事知名城市展开对比分析，最终得出的结论是：上海在体育赛事数量上的差距并不明显，但在赛事质量方面仍有差距，主要体现在：固定赛事少；赛事的级别不高，影响力相对较弱；赛事本土化程度不高；群

① 朱小龙、景泽庚：《建设体育名城，广州的全新历史使命》，《南方日报》2018 年 9 月 20 日，第 13 版。
② 鲍明晓：《深化体育开放合作，打造世界赛事名城》，《先锋》2018 年第 10 期。

众体育赛事发展较弱；体育赛事管理水平上存在一定差距。[①]

"举重以明轻"，成都在世界赛事名城建设方面与上海尚有一定的差距，因此上海表现出来的一些普遍性问题在成都同样存在，而某些在上海已经得到较好解决的问题在成都仍然比较突出，如职业体育俱乐部偏少尤其缺乏高水平职业体育俱乐部等。另外，某些现存问题在短期内难以有效缓解，例如群众性体育赛事发展较为薄弱的问题，在国内各地市民体育运动参与程度远低于全球发达国家的现状下，很难彻底解决。基于这些现实条件，成都在通过"谋赛"带动"谋城"的过程中特别要注意弥补以下几个方面的短板：其一，建设系列高水平职业体育俱乐部，增厚赛事名城的"底色"；其二，增加高级别赛事数量，重点突破国际主流体育项目；其三，着力构建本土化赛事体系，打造一些项目上的"赛事高地"。

一　亟须加强职业体育俱乐部建设

现代体育发展到今天，职业体育水平已成为衡量一座城市体育发展水平和国际体育影响力的重要指标，任何城市要想成为公认的世界赛事名城，一个重要前提便是职业体育蓬勃发展，有众多高水平俱乐部作为支撑。职业体育俱乐部对于赛事名城建设的直接意义体现在两个方面：一是各俱乐部都会参加常规的职业联赛和其他比赛，这些比赛通常采取主客场制，拥有多家职业体育俱乐部的城市必然每年都增添大量高水平赛事，吸引观众观赏和媒体关注；二是俱乐部中往往有一些明星运动员，他们具有很强的影响力、号召力，对于城市范围内社会体育的开展具有积极作用。

---

① 张颖慧、姚芹、李南筑：《上海体育赛事发展的国际比较——以与纽约、伦敦、墨尔本的比较为例》，《体育科研》2010 年第 1 期。

由于国内外经济发展、文化背景等存在差异，职业体育俱乐部的发育状况也表现出许多不同，国外流行的棒球、橄榄球、赛艇、拳击、冰球等俱乐部在国内并不出彩，甚至棒球、橄榄球等项目普及程度都比较低，而国内较为热门的乒乓球、羽毛球、棋类等俱乐部在国外同样缺乏充足的市场，不过重视足球、篮球和排球等"三大球"俱乐部则是中外共同的。对照国内职业体育俱乐部的发展水平，甚至纵向比较成都本地职业体育俱乐部的演变状况，都可以清晰地感觉到当下成都职业体育俱乐部发育很不充分，需要从多个方面"恶补"。

（一）重塑职业体育辉煌

曾几何时，成都是国内数得上的"体育重镇"，"三大球"、乒乓球、网球、棋类等运动项目都在国内保持较高水平。

20世纪80年代初，中国女排在世界大赛中勇夺"五连冠"，四川选手张蓉芳、朱玲、梁艳、巫丹等先后随队赢得了这些荣誉，梁艳更是当时唯一参与了全部5次夺冠过程的运动员。在20世纪末，由周建安、张翔、张利明、朱刚等国家队"四大金刚"担纲的四川男排在国内打遍联赛无敌手，可谓风头一时无两，当时成都另一支男排队伍——成都军区队也是联赛劲旅。

1994年是中国足球职业联赛元年，当时国内足球顶级联赛——甲A联赛的揭幕战在成都进行，此后四川全兴队的每一次主场比赛都吸引众多球迷现场助威，成都成为享誉全国的"金牌球市"，才有了1995年国内媒体疾呼"保卫成都"。1998年，成都五牛队也冲进甲B行列，成都同时拥有两支甲级足球队，蓉城市民看球非常过瘾，驰骋绿茵场的马明宇、姚夏、魏群、黎兵等人成为众多球迷眼里的明星，甚至被视为"城市英雄"。

图 5 - 3　成都金牌球市（华西都市报资料）

图片来源：《谁来拯救四川足球》，《华西都市报》2019 年 1 月 10 日，第 A8 版。

　　乒乓球对于成都的意义非同小可：1977 年，女选手杨莹与朝鲜女将合作，捧起世乒赛女子双打金杯，这是四川选手首次赢得世界冠军荣誉；1988 年，陈龙灿在汉城奥运会乒乓球男双比赛中夺取冠军，这也是中国最早的乒乓球奥运金牌。

　　成都"棋城"美誉由来已久，改革开放初期尤以围棋和国际象棋更突出，涌现了许多著名棋手，其中女棋手名气更盛，中国第一位国际象棋女子国际特级大师刘适兰、首位女子围棋八段棋手孔祥明都出自蓉城，围棋名手还有宋雪林、郑弘，以及当时国内围棋第一人聂卫平"克星"黄德勋等。

　　但是，过去若干年里，成都职业体育俱乐部发展明显遭遇了"瓶颈期",不仅没有显著提高,反而有"沉沦"之嫌,至少与国内其他城市相比差距在拉大。

足球、排球的辉煌已然远去,男排多年来一直在联赛中处于徘徊不前的状态,足球更在顶级联赛中失去了踪影,这在国内中心城市中是比较罕见的。

在篮球联赛中,四川队于2016年利用特殊的"三外援"规则夺取冠军,这是近20年来四川"三大球"项目唯一赢得的联赛冠军,但此后四川男篮又迅速回归中流,再无惊人之举。

相对而言,成都棋类项目并未明显表现出颓势,过去几年里郑惟桐(象棋)、党毅飞(围棋)相继赢得世界冠军,实现了成都棋手多年未圆的梦,且郑惟桐一直雄踞国内超一流棋手行列。但当下国内围棋明显更受重视,影响力更大,因此成都与上海、北京等城市相比没有优势可言,更因为临近的重庆在围棋、国际象棋项目上"迎面赶超",让人感觉成都反差极大。围棋职业联赛兴办以后,以古力为首的重庆俱乐部多次荣膺全国冠军;如今,重庆女子国际象棋选手呈现"集体爆发"的惊人态势,几乎占据了国家队的半壁江山,在中国女队夺取2019年国际象棋世界团体锦标赛冠军的队伍中,全队5人中有3位主力队员谭中怡、黄茜、雷挺婕来自重庆,她们跟队友一道取得了空前的九轮比赛全胜战绩①;在中国女队蝉联2018年国际象棋奥赛冠军时,重庆妹子黄茜、雷挺婕仍然是主力,谭中怡则得过"棋后"头衔,完全压制了成都棋手的风头。另外,成都始终没有出现过像北京聂卫平和谢军,上海胡荣华和常昊,浙江马晓春、诸宸和丁立人,重庆古力等那样的具有划时代意义的超级明星棋手。

在此背景下,成都重新建设较为完备的职业体育俱乐部显

---

① 当时中国女队有两大绝对主力侯逸凡、居文君没有参赛。

得非常必要，由于前些年"欠账"较多，想在短期内全面完成这项工作难度颇大，因此比较现实的举措有二。一是优先发展重点项目，抓紧组建职业体育俱乐部；目前在国内，中超（足球）和 CBA（篮球）是职业化程度最高，影响范围、受关注最广的职业联赛，因此这两个项目的俱乐部应当成为优先选择，成都已经拥有一支 CBA 球队，但缺少中超球队，这个"缺口"理应尽快补上，恢复"金牌球市"的荣光，也营造具有蜀中特色的浓郁体育氛围。二是借鉴深圳等城市的做法，出台政策和优惠措施吸引职业体育俱乐部"落户"；职业体育不同于以往的专业体育发展模式，它是争取以俱乐部的总部、主场坐落在本地为首要原则，这样就能给当地带来稳定的高水平比赛，刺激体育产业发展。近年来，深圳市在这个方面取得了明显成效，截至 2018 年底，进驻深圳的职业体育俱乐部数量达到 13 家，甚至包括冰球俱乐部，成都市显然也可以借鉴这种"筑巢引凤"的办法，缩短俱乐部的建设过程，力争尽快增加本地职业体育俱乐部的数量，提高其竞技水平。

（二）着力打造"体育偶像"

由于竞技体育曾经创造过辉煌，四川、成都体育发展史上并不缺乏偶像级人物，第一代"女排之花"张蓉芳、梁艳，"跳水女皇"高敏，"乒乓王子"陈龙灿，奥运赛场上"巾帼战胜须眉"的张山，奥运"五金王"邹凯，以及几代田径短跑高手陈家全、李涛和李雪梅等人都是中国体坛响当当的"名角"，自然是众人仰慕的体育偶像。

体育明星偶像化，可以为社会体育发展带来积极刺激，产生正面效应。偶像化的直接结果就是拥有大批"粉丝"或追随者，这些人的重要行为模式之一便是模仿偶像，体育明星的示范效应、成功都会对粉丝和其他体育爱好者产生影响，有利于提高大众对体育活动的关注度与参与度；在一些小众化的运动项目上，体育明星的引领还能促进这些项目在社会上推广和发展。

更重要的是，一些体育偶像的影响远远超出了体育范围，成为城市乃至国家精神文明建设的有益组成部分，顽强战斗、勇敢拼搏的"女排精神"，球技高超、尊重对手、文明竞技的"志行风格"①，以及在围棋擂台赛上勇于挑战、不言放弃的"聂旋风斗志"等，都曾经在全国范围内产生广泛影响，鼓舞了无数国人。如今，许多城市市民都津津乐道于各自的体育偶像。将其视为"城市英雄"，上海人自我宣传时常说"姚明的高度、刘翔的速度"，武汉则将网球女星李娜的拼搏精神作为城市的宝贵财富之一，重庆古力、广州易建联等人也是各自城市标志性的形象代言人。遗憾的是，放眼当下的成都，很难找到一个能达到如此高度的体育运动员。

现阶段，体育偶像往往产生在公众关注度、职业化水平较高的项目上，因此成都完全可以将职业俱乐部建设与体育偶像培养结合起来，在本地具有优势、竞技水平高的项目上着力打造体育偶像。这些体育明星不仅要取得优异成绩，而且要表现出足够的亲和力、感染力，平易近人、善于沟通，能够对大众体育发展起到很好的辐射功能，作为成都的"体育名片"，成长为城市代言人。目前，成都市已经明确提出：培育和打造更多具有国际影响的体育明星，带动、引领全民健身开展和运动项目推广。

二　抓紧开展赛事提档升级

成都近年来频频举办各类赛事，不但单项赛事、自创 IP 赛

---

① "志行风格"以著名足球运动员容志行的名字命名，也是国内唯一一以体育明星个人名字命名的精神。

事多，而且国际性赛事多，平均每年就超过 20 余项。不过，在充分肯定成绩的同时，人们切不可忽视现存的问题和不足，那就是在成都举行的高水平、高级别赛事尚不是太多，尤其是国际主流赛事、综合性赛事，如此短板也迫切需要得到弥补。

（一）综合性赛事的突破与升级

在举办体育赛事方面，国内各大城市普遍将综合性体育大赛作为优选目标。处于顶端的北京自不待言，已经成为全球唯一获得夏季奥运会和冬季奥运会承办权的城市，而且先后举办过亚运会、全运会以及世界大运会等，几乎算得上"大满贯"；在其他城市中，广州举办过亚运会和全运会，南京举办过青奥会和全运会，上海举办过东亚运动会和全运会，杭州即将举办亚运会，天津举办过全运会……相形之下，成都和武汉、重庆等城市显得比较"落寞"，迄今没有举办奥运会、亚运会、全运会①等区域性综合运动盛会的经历，但成都与另外两座城市相比也有一些优势，即将举办的世界大运会能够在某种程度上弥补这种缺憾。

在改革开放之初，大运会是国人非常看重的全球性体育大赛，当时中国体育界力图在世界体坛崭露头角、全面崛起，因此格外重视各种世界性赛事。由于大运会素有"小奥运会"的称号，中国非常看中每一次大运会出征，许多项目都派出国家队主力选手参加，因而当时诸多国内顶尖体育明星都在大运会上有过精彩亮相："体操王子"李宁在 1981 年大运会上连夺三金；早期两代"跳水女皇"陈肖霞、高敏也曾在大运会上力压群芳，陈肖霞更是中国获得大运会金牌的第一人。此

---

① 前面已经提及，四川省（当时重庆市仍在四川省行政区划范围内）曾经协办第七届全国运动会，但不是主要承办地。

后，随着中国竞技体育水准的全面提高，大运会受重视的程度有所下降，但在 2001 年北京大运会上，中国体育的三位代表性巨星——姚明、刘翔和李娜都取得了斐然成绩，由此在国际体坛崭露头角。近年来，由于中国竞技体育步入世界先进水平，而且国内参加大运会的运动员由教育部门选拔，加之国际奥委会在奥运会体系中增加了青奥会，大运会受重视的程度大为降低，逐渐淡出了人们的视线，现在已经很少有人将其视为能够跟奥运会、亚运会等赛事并列的体育大赛。另外，最近 20 年里，世界大运会以"十年一轮回"的高频度结缘中国：2001 年北京大运会后，深圳市在 2011 年举办了大运会，然后才是成都，这使成都在举办综合性赛事方面没有多少优势可言。当然，大运会作为综合性的全球体育赛事，对于检验成都城市建设、赛事组织和保障、市民素质等还是很有价值的。

其实，成都有关方面已经意识到这一点，在《成都市城市总体规划（2016 - 2035 年）》第三阶段（2026 ~ 2035 年）的目标中，明确提出积极申办青奥会、亚运会、东亚运动会或全运会等综合性运动会。实际上，一些现实情形使预期目标在实现中必须有所抉择：杭州在 2022 年将要举办亚运会，而此项赛事需要在亚洲各国之间轮流举行，中国城市不可能在 2030 年以前再度举办亚运会，成都的"亚运梦"很难在短时间内实现。东亚运动会自 2019 年起已经更名为"东亚青年运动会"，竞技水平必然下降，加之参赛区域严重局限，影响力受到限制，申办价值无法与先前的东亚运动会同日而语。

基于此，成都市当下有必要侧重于青奥会和全运会，尤其应当力争举办青奥会，既丰富城市举办大型综合性赛事的经验，也有利于扩大城市在全球范围内的影响力、辐射面和美誉度。有研究者总结道：依托承办青奥会的机遇，南京实现了"办赛事、建城市、留遗产、惠民生"的统一，城市功能品质得到进一步提升，每一个市民也都从中受益。而在精神层面，通过青奥会向世界传播了"卓越、友谊、尊重"的奥林匹克价值观和精神，也将激励更多南京人、中国人乃至全球青少年更热爱体育。[①] 如此显著的社会效益，理当激励成都将青奥会作为未来一个时期内申办国际性综合体育赛事的重点目标。

（二）单项赛事精品化与主流化

承办高级别综合性体育赛事固然对于城市发展作用很大，但由于综合性赛事数量有限，且普遍在大洲、国家之间轮流举办，同一城市短期内连续举办多次综合性大赛的现实可能性并不大，而争取举办更多单项体育赛事同样很有意义。

实际上，无论国际国内，都存在两种建设体育名城的基本模式，国际上许多著名体育城市从未举办过奥运会，但以众多高水平单项赛事轮番上演吸令全球瞩目；国内亦然，通过举办奥运会、亚运会等综合性赛事提升城市在全球的影响力的"北京模式"是其一，另一模式则被称为"上海模式"——单以举办综合性赛事而言，上海在国内城市中并不突出，只举办过两届全运会（1983 年和 1997 年）和一届东亚运动会，在数据上甚至不如广州（举办过亚运会和两届全运会），但近年来上海相继举办了为数不少的高级别甚至是全球最高级别的国际单项赛事，例如网球大师赛、F1 中国站赛事、中国斯诺克公开赛、国际田联钻石联赛上海站以及 NBA 中国赛等，国内知名学者鲍明晓风趣地将其命名为"单项冠军"之路，这一发展路径同样可以有效扩大城市在全球，特别是对欧美国家、欧美人群的影响力。

从现实可行性、可操作性而言，成都学习上海经验似乎更

---

① 宋忠良、张玉国：《南京打造世界体育名城的优势及挑战》，《体育科技》2018 年第 5 期。

契合现状，因为单项赛事在数量上远多于综合性赛事，而且彼此之间竞争性、对抗性不强——同一类赛事，可以在同时期、时段内在不同城市分别举办。比如马拉松大满贯赛包含了六个年度城市马拉松赛：波士顿、伦敦、柏林、芝加哥、纽约、东京等，仅美国境内就有 3 座城市举办；职业网球公开赛同一年内也分别在伦敦、巴黎、墨尔本、纽约等城市举办，即使 NBA 中国赛，也先后在上海、北京、广州、深圳及台北等城市举行过。换言之，上海举办了高水平的网球赛，并不妨碍成都也举办类似比赛，而即将在中国举行的 2023 年亚洲杯足球赛同时安排在北京、天津、上海、重庆、成都、西安、大连、青岛、厦门、苏州等 10 座城市进行，大家都有机会承办部分比赛，这跟综合性赛事承办中的"零和博弈"迥然不同。

另外，单项赛事种类众多、数量繁杂，不同运动项目、不同级别赛事的辐射力、影响力差别很大，需要各城市慎重选择。鉴于成都在举办国际体育赛事方面已经有了较好的基础、实现了"常态化"效应：2018 年举办了 21 项，次年则达到 22 项，单纯追求数量上的扩展不再是最重要的任务，而应当着重选择国际体育界关注度高的主流项目，并且着力提高赛事的规格和水平，使"谋赛"的意义和效果最大化。

前面多次提及，"谋赛"的目标在于"谋城"，在城市举办赛事数量有限的前提下，优选赛事的首要原则便是尽量举办有超强拉动和辐射能力的赛事，使之对城市经济、社会、文化和市民的全面发展表现出积极、正面的带动作用。为此，应当契合国际社会普遍认同的一些体育原则和标准进行赛事的规划和设计：年轻、时尚化是当下体育运动发展的重要趋势之一，奥运会增设项目的主要标准便是"深受青少年喜爱"，东京奥运会和巴黎奥运会临时增设的运动项目都是富有都市气息、体现观赏性，能吸引更多年轻人关注的项目；另外，举办国际赛事需要在"常态化、国际化和专业化"等专业体育标准之外，充分考量赛事对于西方特别是对欧美主流社会的影响，因为这样才能吸引更多欧美运动员和其他人士的参与、关注，利用赛事平台拓展成都与欧美国家、城市的体育和人文交往及商贸、经济合作等，确保赛事在社会效益、经济效益、文化效益等方面都发挥出积极作用。

最近几年，成都相继举办了 ATP250 成都网球公开赛、都市自行车世界锦标赛、FISE 世界极限运动巡回赛、"熊猫杯"国际青年足球锦标赛、男女乒乓球世界杯赛，并将举办世界乒乓球团体锦标赛、亚洲杯足球赛等大型单项赛事，每一项赛事都具有很大的价值，但如果从追求更高标准、更加卓越的视角出发，仍然可以发现一些细微的瑕疵——网球和足球比赛的规格尚显不足，可以努力提升档次；还可以申办篮球等热门项目的国际比赛，如斯坦科维奇洲际篮球冠军杯是在中国举行的最高级别的官方国际篮球赛事之一，十几年来已经辗转国内许多城市，到达过北京、广州、深圳等一线城市，莅临了南京、杭州、兰州等城市，甚至在洛阳、柳州、清远等城市也"留下足迹"，而成都却始终无缘，其实可以积极申办。此外，2019 年末亚洲体育舞蹈联合会总部正式签约落户成都，成为首个落户成都的国际组织总部。体育舞蹈是当今较为时尚的体育项目，成都也曾在 2017 年举办世界体育舞蹈节，融合了世界体育舞蹈联合会旗下两大顶级赛事——世界标准舞锦标赛和世界表演舞锦标赛。如此，成都将在赛事承办等方面获得一定优势，应当充分利用这一机遇，推动成都建设世界体育舞蹈名城。

三　着力经营本土 IP 赛事

目前，成都已经拥有成都马拉松赛、"成都杯"国际网联青年大师赛、"一带一路"成都国际乒乓球公开赛、"熊猫杯"国际青年足球锦标赛等一批城市自主 IP 赛事。本土化品牌赛事需要长期培育、经营，逐步提升国际影响力和美誉度，最终成为"城市名片"。在这些赛事中，综合考虑综合运动项目的热度，民众参与的广度，成都的现有基础、比较优势等因素，成都马拉松最有希望迅速成长为赢得全球声誉的本土 IP 赛事，值得重点打造、经营。

（一）为何选择成都马拉松赛

做出如此论断，是基于多个维度的审视：第一，就运动项目本身而言，乒乓球不如网球、马拉松等项目更受到全球民众的关注，而且"一带一路"成都国际乒乓球公开赛自身存在竞技水平、参赛运动员等方面的差距，经营空间不大；第二，在网球项目上，成都在国内城市中没有优势可言——2016 年，ATP250 赛事首次落户成都，使成都成为继上海、北京、深圳之后，第四座拥有 ATP 世界巡回赛的中国城市，"第四城"本身即意味着时间上的滞后；更关键的是，成都网球巡回赛跟上海大师赛完全不在同一级别上，上海大师赛一直是亚洲最高级别的 ATP 巡回赛，且经过多年的努力，上海已然将网球赛事打造成为闪亮的"城市名片"，成都固然仍有希望实现"逆袭"，但在短期内赶超上海的可能性较小。

面对这些现实情形，国内专家给成都提出了明确的建议。单项赛事方面，可考虑山地、水上、冰雪和高尔夫等大型户外运动类赛事，以及马拉松、铁人三项、棋类运动、马术、体育舞蹈、电子竞技等休闲时尚类赛事。[①] 在这些项目中，成都马

---

① 薛欢、罗斯、滕杨：《打造世界赛事名城，用本土元素塑造成都时尚 IP》，《成都晚报》2018 年 9 月 26 日，第 4 版。

拉松赛显然基础最好，而且获得了发展良机，有望在国内众多马拉松比赛中脱颖而出。

其实，按照国内的衡量标准，成都马拉松似乎劣势很明显：论历史，国内最早的当属北京马拉松（1981 年第一届），其次是杭州马拉松和大连马拉松（1987 年第一届），成都马拉松则迟至 2017 年才创办；比排名，"2018 中国最具影响力马拉松赛事"排名前五分别是北京、上海、兰州、广州和厦门马拉松，成都马拉松并未进入前 10 位，仅仅位列第 18 名，国内主流城市除了南京之外，重庆、杭州、武汉、深圳、西安等城市马拉松排名都超过了成都。

不过，成都马拉松却在 2019 年 5 月 14 日迎来了最大的"利好"：世界马拉松大满贯联盟、中国田径协会、成都市人民政府等方面共同在北京召开新闻发布会，宣布成都马拉松成为世界马拉松大满贯联盟（WMM）的候选赛事，这是中国首个被提名世界马拉松大满贯的候选赛事，不仅是成都马拉松的空前机遇，也将对中国马拉松发展格局带来深远影响。

世界马拉松大满贯的意义和价值无须多言，已经入选的 6 站都是全球规模最大、规格最高、影响力最广的马拉松系列赛事，其赛事竞技水平、组织水平、关注程度等均代表了世界马拉松比赛的最高水平，因此也是全球"跑马"爱好者追逐的热门赛事，许多长跑迷怀着"朝圣"般的心情报名参加马拉松大满贯赛事，其影响力、辐射力和美誉度足见一斑。

成都马拉松在国内率先入围世界马拉松大满贯候选赛事，无疑给成都马拉松的发展带来了光明的前景，也使成都在国内城市马拉松赛事竞争中占据先机，成都市自然要因势利导，着力将这一赛事打造成本土最具魅力的 IP 赛事。其实，且不论成都马拉松能够通过世界马拉松大满贯联盟的长期评估，在未来几年后正式成为世界马拉松大满贯的一员，现在成都马拉松

图 5 - 4　成都马拉松（红星新闻）

图片来源：《直击 2019 成都马拉松！海量现场图看"速度与激情"点燃这座城》，澎湃，2019 年 10 月 27 日。

已经声名大振，今后几年里"世界马拉松大满贯候选赛事"的特殊地位必然会吸引更多长跑爱好者报名参赛，这个过程本身即可大幅提升成都市的国际影响力。

（二）如何经营成都马拉松赛

任何赛事都需要长期经营、运作，但并非时间长就一定影响大、排名靠前，国内马拉松排行榜足以说明这一点。对于成都马拉松而言，要想在短期内达到很高的水平和高度，需要付出格外的努力，多方面经营好赛事，早日实现预期目标，真正进入世界马拉松大满贯赛事的行列，产生更大的美誉度和辐射力。

在全力争取进入大满贯行列的同时，成都马拉松还面临着在国内"向前挪位"的现实要求，但人们应该清醒地看到，国内"最具影响力马拉松赛事排行榜"的评比规则与国际通行标准存在一定差异，国内评选设置了六大指标——舆情热度（30%）、赛事级别（20%）、奖金设置（15%）、参与情况（15%）、赛事设置（10%）、专业性（10%），舆情热度占据了最大的比重。有人对比国内多项马拉松赛事后发现：在赛事级别、参与情况、奖金设置和专业性方面的数据相差无几，只因在舆情热度上的差距，赛事综合影响力排名迥异。于是国内许多城市马拉松赛事过分关注报道、传播，甚至刻意走"网红"路线，形成了颇有些怪异的"传播的马拉松"现象。① 而通行的国际标准，始终将参赛选手水平、比赛成绩、赛事规范性等作为优先考量指标，这显然更符合体育赛事的本质规定。

20 世纪 80 年代，北京马拉松举办不久即在国际上享有较好声誉，重要原因之一在于比赛中运动员创造了好成绩，进入了当时的世界先进行列，但此后国内马拉松比赛的成绩逐渐与世界领先水平拉开了距离，这种差距直接阻碍国内赛事入选大满贯，因此在观摩 2019 年成都马拉松后，世界马拉松大满贯联盟主席蒂姆·哈兹玛没有透露成都马拉松进入大满贯的时间表，只是给出了自己的建议："希望成马能吸引更多的世界级高手参赛。"② 同样，国内记者也观察到成都马拉松竞技水平与世界级水平差距不小：埃塞俄比亚选手旺德森·齐格耶在成都马拉松男子组夺冠的成绩是 2 小时 09 分 51 秒，但其同胞贝克勒同年在柏林马拉松的夺冠成绩竟达到 2 小时 1 分 41 秒。

另外，近年来国内马拉松赛事"遍地开花"，在赛事数量急剧增加的同时，部分赛事暴露出竞赛组织不规范、跑者服务

---

① 庹继光：《"传播的马拉松"利弊及其调适》，《西部广播电视》2019 年第 19 期。

② 黄一可：《成马给成都带来什么》，《成都日报》2019 年 10 月 29 日，第 5 版。

不到位等问题，多场比赛中出现了跑者猝死等极端情形。这些都需要引起成都方面的高度重视，在赛事组织运营过程中极力避免。

更重要的是，成都马拉松力图进入大满贯行列，必须着力进行赛事品牌打造、文化沉淀等，这需要进行长期的努力和探索，世界赛事水平最高的六大满贯赛事，都在长期发展过程中形成了独特的文化：东京热情、柏林开放、波士顿严肃、芝加哥迷人、伦敦快速、纽约包容，为此国际田联路跑委员会主席卡洛·卡帕博提醒中国同行："如果赛事组织者自身对跑步文化的积累都不够，赛事也不可能成长为大家所希望的那种富有文化底蕴的样子。中国的路跑运动正处于学习和实践相结合的阶段，我相信中国会很快赶上来，但文化是需要付出心血去积累的。"[①] 这些善意的提醒对于成都马拉松赛事培育、对于成都体育文化的积淀都是很有价值的。

"谋城"实践中实现协同发展

近年来，国内各大中心城市相继举办了众多大型体育赛事，充分体会到体育、赛事与城市发展之间可以构建良性互动关系。目前已经有许多城市明确提出建设全球知名体育城市或赛事城市，另有一些城市虽然没有直接表态，却在暗中发力，直接指向类似目标。在国内诸多城市几乎同步提出建设世界赛事（体育）名城的背景下，如何发掘成都的文化特色和地域优势，充分彰显成都特色，形成独特风格，与其他城市开展错位竞争，避免惨烈的正面对抗，是值得深入思考的现实问题；

---

① 杨磊：《交流互鉴、融合发展，马拉松让中国与世界紧密相连》，http：//sports. people. com. cn/n1/2019/0603/c401891 – 31116877. html。

另外，成都更应该有一种自觉，与兄弟城市实现优势互补，在建设过程中"抱团发展"，共同进步。

一　国内众城市的"谋赛"蓝图

体育、赛事直接撬动经济发展、引领城市进步、促进市民素质全面提升等作用，促使各地纷纷将体育或赛事名城、强市乃至中心城市建设作为重要抓手，一如当年各地竞相"上马"开发区、工业园一样。

（一）各地相继出台建设规划

从已知的公开材料来看，上海是国内较早规划体育名城建设的。2002 年 12 月，上海市发布了《关于加快上海体育事业发展的决定》，明确把"将上海建成亚洲一流体育中心城市"作为上海体育事业发展的主要目标；2007 年，上海市体育局在《上海市体育发展"十一五"规划》中第一次提出设想"把上海建成国际体育知名城市"；2012 年 5 月，上海市体育局在《上海市体育事业与体育产业发展"十二五"规划》中再度明确，上海要基本建设成具有国际知名度和影响力的国际体育强市。2015 年出台的《上海市人民政府关于加快发展体育产业促进体育消费的实施意见》中，指出上海体育产业未来 10 年发展目标中居于首位的是建设全球著名体育城市，即到 2025 年上海基本建成全球著名体育城市，实现这一目标有三个维度，其中重要的一维便是打造体育赛事之都。

2003 年，北京市也开始规划建设"国际化体育中心城市"，并在 2008 年夏季奥运会后提出了具体的建设思路和步骤：坚持奥运场馆的综合开发与利用，精心培育一批具有国际影响力的体育品牌赛事，着力推动群众体育的社会化，大力推进体育体制改革，为建设国际体育中心城市提供制度保障，以及加速体育与相关产业的发展、为建设目标提供支撑等。①

广州打造国际体育名城，同样呈现 10 余年来循序渐进、目标不断升级的过程："十五"规划目标是实现"全国一流体育强市"，"十一五"规划进一步明确把广州建设成为全国一流、国际瞩目的体育强市，"十二五"规划中正式提出建设"国际体育名城"的崭新奋斗目标，广州体育事业逐步冲出亚洲、迈向世界。②

2012 年，南京市政府与江苏省体育局签订《关于推进亚洲体育中心城市和世界体育名城建设的战略合作协议》，提出 3 年内基本建成亚洲体育中心城市，到 2020 年建成具有鲜明特色和较强国际集聚辐射能力的世界体育名城。青奥会后，南京连续承办了多项国际顶尖赛事，信心也显得更足：南京将传承青奥精神，以一流的场馆、一流的建设、一流的服务，赢得更多赛事的青睐，加快健康南京、体育赛事名城的建设步伐。③

2016 年，深圳体育发展"十三五"规划出台，提出经过 5 年左右的努力，深圳要建立健全符合现代体育发展规律的体育管理体制和运行机制，打造"体育强市"。

武汉和西安也不甘落后。近些年，武汉频繁举办国际国内重大赛事，无论数量还是质量，都已紧追北京、上海、广州，位居中国中部城市第一，包括武汉马拉松、亚洲羽毛球锦标赛、武汉网球公开赛在内的近 20 项国际国内重大体育赛事，

① 赖臻：《北京将全力打造国际体育中心城市》，《北京青年报》2010 年 11 月 17 日。
② 朱小龙、景泽庚：《建设体育名城，广州的全新历史使命》，《南方日报》2018 年 9 月 20 日，第 13 版。
③ 祁绩：《跑出南京"加速度"，迈向"世界体育名城"》，《江苏商报》2019 年 4 月 23 日，第 11 版。

构成了武汉这座中国"赛事名城"的基本款。[1] 围绕建设"活力西安、健康西安、赛事名城"的目标，西安体育不断追赶超越，精品赛事"朋友圈"不断扩大，影响力与日俱增，一系列大赛的举办，聚焦了全世界的目光，赛事所传递的包容、进取、开放等精神，也诠释了大西安的独特魅力。[2]

2017 年杭州也提出打造国际会展之都、赛事之城，并将《杭州市会展业促进条例》作为强有力的保障举措，明确市政府应将会展业发展情况纳入部门和地区考核，设立会展业发展扶持资金，打造国际会展之都、赛事之城。[3]

加上成都，几乎国内所有重要城市都没有在这场角逐中"缺席"。

（二）各地的特色举措与优势呈现

在体育或赛事名城、强市乃至中心城市的建设进程中，国内许多城市都采取了独特思路和得力措施，以促进预期目标尽快实现，并由此形成了鲜明的特色。

北京举办了一系列大型综合性赛事，基本在走争夺"全能冠军"的道路，深圳的赛事体系建设与北京类似：深圳体育赛事格局进一步国际化、高端化，成为全国唯一海陆空皆有大型体育赛事的城市。[4]

相比之下，更多城市都在朝"单项冠军"的方向迈进，不仅以举办高规格的单项赛事为突破口，而且优先发展部分体

---

① 高崇成：《武汉渐成"赛事名城"》，《武汉晚报》2018 年 6 月 12 日。
② 闫斌：《打造"赛事名城"，西安再出发》，《西安晚报》2019 年 1 月 15 日，第 10 版。
③ 岳德亮：《杭州致力打造会展之都赛事之城》，《中国改革报》2017 年 10 月 12 日，第 6 版。
④ 黄文：《今年深圳将办 542 场体育赛事活动》，《深圳晚报》2019 年 4 月 30 日，第 A22 版。

育项目，在这些单项上形成"体育高地"。如前所述，上海在田径、赛车、网球方面已经体现颇为明显的优势，而且瞄准了电子竞技——象征体育赛事未来的新兴项目。电竞产业，已成为体育产业中冉冉升起的耀眼新星，数据显示 2018 年中国电竞产业市场规模突破 880 亿元，其中 80% 以上的电竞公司与职业俱乐部、明星选手都集中在上海，国内最重量级的电竞赛事几乎都已落户上海。中国电竞，首看上海。[①]

南京的主攻方向也非常明确。在全力冲刺"世界体育名城"的过程中，南京格外重视轮滑、羽毛球等项目建设，2016 年世界速度轮滑锦标赛、2017 年首届世界全项目轮滑锦标赛和 2018 年世界羽毛球锦标赛等顶尖赛事接连落户南京。2016 年，国际轮滑联合会授予南京"世界轮滑之都"称号，南京成为全世界第一个被授予该荣誉的城市，当地还规划举办国际顶级羽毛球赛事、打造"世界羽毛球之都"，并努力成为世界自行车联盟命名的"自行车城市"。[②]

广州则在职业体育俱乐部发展方面给人留下了深刻印象。在国内，足球和篮球联赛影响最大，而广州职业俱乐部堪称牢牢占据了这个领域的"高地"，广州恒大、广东宏远都是在各自项目上连续多年的联赛冠军，综合实力稳居国内最前列。此外，广州同样是国内知名度很高的"棋城"，在围棋、象棋和国际象棋项目上都具有很强的竞争力，尤其以象棋特别耀眼。从新中国首届全国冠军杨官璘开始，一直延续到"岭南双雄"吕钦、许银川并峙时代，广州象棋半个世纪以来长盛不衰。

国内其他城市也很重视利用特色赛事带动当地体育事业发展。起初，环太湖国际公路自行车赛、斯诺克世界杯、无锡国

① 徐晶卉、唐玮婕：《上海开足马力巩固电竞产业优势地位》，《文汇报》2018 年 11 月 29 日。
② 《南京 2020 年欲打造世界体育名城》，《扬子晚报》2012 年 9 月 5 日。

际马拉松赛，是江苏省无锡市体育赛事中最闪亮的三块"牌子"。从 2017 年起，无锡陆续举办了世界跆拳道大满贯冠军系列赛、世界跆拳道团体世界杯锦标赛、2018 年击剑世锦赛等，又赢得了 2021 年跆拳道世锦赛举办权。跆拳道和击剑项目异军突起，使"三足鼎立"升级为"五朵金花"，无锡在世界顶级赛事圈内，不断刷新自己的"城市坐标"。[①] 山东省威海市则将铁人三项赛作为"拳头赛事"重点打造，经过 11 年的持续经营后，这项赛事终于享誉全国，在"2018 中国体育文化博览会和中国体育旅游博览会"上入选全国"体育旅游十佳赛事"，与中国网球公开赛、F1 中国大奖赛、环青海湖国际公路自行车赛、中国杯帆船赛等并列。[②]

国际知名城市的成功经验、国内兄弟城市的实践做法，对于成都建设世界赛事名城都是具有参考和借鉴意义的。成都市体育部门负责人明确表达了如此观点：对标伦敦、巴黎、东京、纽约等全球体育名城，向北京、上海、广州、深圳等体育先进城市学习"取经"。[③] 学习、取经不仅是简单的考察、交流，更应该是深刻的思考、领悟，在借鉴兄弟城市有益经验的同时，有意识地避免"以短克长"，耗损巨大的人力、物力和财力进行重复建设，而要相互之间形成错位发展的良性格局，在实践中做到优势互补、"抱团发展"。

二 成都的实践与优势累积

长久以来，成都"休闲城市"的色彩都很浓郁，"有一种

---

① 陈轶:《顶级赛事提升城市形象，无锡从"三足鼎立"到"五朵金花"》，《无锡日报》2019 年 10 月 21 日。

② 于晓波:《"体博会"山东揽获体育旅游双"十佳"》，《大众日报》2018 年 12 月 15 日，第 2 版。

③ 熊艳:《高标准打造世界赛事名城》，《成都日报》2019 年 7 月 17 日，第 7 版。

修行，叫成都的慢生活"是许多成都人颇为满意、外地人非常向往的生活方式，还催生了另一句城市形象宣传口号——"成都，一座来了就不想离开的城市"。在过去的赛事经营中，成都结合城市的特点，选择与此相适应的特色赛事，这在一定程度上形成了成都体育活动的鲜明特色，也为进一步建设世界赛事名城提供了有益借鉴。

（一）成都"谋赛"与城市文化契合

成都是中国首批历史文化名城，也是国内古都之一，在千百年来的发展过程中，形成了"创新创造、优雅时尚、乐观包容、友善公益"的天府文化。成都在体育赛事的经营过程中，也很注重借助赛事的独有魅力以及强大传播力、良好的口碑效应等，把成都这座千年古城的文化基因、特质和气度传递出去，让世界周知，促进全球了解成都，逐步理解成都的文化精髓。

2005 年，成都首次举办国际赛事——世界大力士冠军赛，成为中国第一次举办此项赛事的城市。其实这就是一次"另类"、趣味性很强的竞赛，非常契合成都的文化内涵，而大力士冠军赛的创始人之一巴里·福兰克一语道破了比赛对于成都的重要意义："在西方，很少有人听说过成都这个地方，相信通过这个比赛，很多西方人对成都这个美丽的城市会有所了解。"①

此后，成都再度获得 2015 年第 14 届 IVV 国际市民奥林匹克运动会承办权，成为第一座举办世界上参与度最广的"市民奥运会"的中国城市。这是一届普通市民"人人运动、人人参与"的体育狂欢活动，充分体现了运动与文化、运动与旅游的结合，其突出特点是"市民是主体，参与是主线"，市

---

① 孟武斌、薛剑、周维：《大力士冠军赛引发收视潮，世界将了解成都》，《成都晚报》2005 年 10 月 6 日。

民报名不设参赛门槛，竞技也不设名次，普通市民无论体力如何，只要有心参加，都可以在"市民奥运会"上找到适合自己的项目。而成都承办这次运动会的目的之一，一方面是丰富"运动成都"内涵，大力倡导徒步、自行车、游泳等户外运动，推动全民健身，实现健康的生活理念和生活方式；另一方面则是展示成都体育文化对外开放形象，让世界了解成都，让成都走向世界。[①]

对于刚结束的世警会，有述评认为该项赛事与成都的气质相匹配：在国际性体育赛事中，世警会有些特别，不是纯粹的竞技型比赛，除了是全世界警察与消防员的"奥林匹克"，又是休闲和娱乐性最强的国际性体育赛事。运动员们带着家人和朋友，自费参加比赛，领略举办地的风土人情，感受异国他乡的城市魅力。这一次，世警会既竞技又休闲的特点，再一次与成都实现了完美的结合：成都既现代、时尚，又安逸、休闲，真是"天作之合"。[②]

概言之，注重在体现休闲体育特色的领域举办各种大型赛事，形成比较优势，已经成为成都的重要经验。

在世界城市评判体系中，城市文化始终都是极为重要的指标，而成都在创建世界赛事名城的过程中，也非常重视赛事与城市文化特色的有机结合，在成都的"三步走"预期目标中，2035 年即收官阶段，成都将力争洲际锦标赛以上级别赛事达70%，具有自主品牌和成都文化特色赛事达50%。这是成都为自己在全球体育城市版图上划定的"坐标"，也是主动通过体育赛事展现城市文化内涵的自觉。

---

① 黄一可、胡锐凯：《成都市民快来，市民奥运会人人可参与》，《成都日报》2015 年 9 月 25 日。

② 李奕、杜玉全：《一场创下多项纪录的国际赛事圆满收官，让世界看到怎样的成都？》，《成都商报》2019 年 8 月 21 日，第 3 版。

（二）成都建设赛事名城的优势

近年来，在权威机构英国 Sportcal 发布的《国际体育城市影响力排名榜》上，中国城市表现抢眼，在 2019 年发布的排名榜上，中国打破了美国连续三年的垄断，升至第一名。中国在 2013 年至 2026 年，已经和即将举办的具有重大国际影响力的体育赛事超过 43 个，在榜单中的总分高达 40709 分，领先于美国的 40619 分，其中成都举办世界大运会也做出了应有的贡献。[①]

与中国排名跃升同步的，则是成都排名的"暴力拉升"。最初几年，在"国际体育城市影响力排名榜"上进入前 30 位的中国城市依次有北京、上海和南京；2017 年南京排名第 19 位，首次超过上海；2018 年南京名次再度提升至第 10 位，仅次于北京（第 9 位）；在 2019 年的排名中，中国三座城市入围前 30，分别是北京、南京和成都，其中成都的排名从 2018 年的第 89 位到 2019 年的第 28 位，首次位列城市榜单的前 30位，上升幅度惊人，也是中国中西部地区第一个入围前 30 位的城市——这一排名发布不久，成都再度赢得 2025 年世界运动会举办权，又将增加自己的积分。

另外，成都推进赛事名城建设的力度得到充分肯定，浙江一位体育相关部门官员在公开演讲时直接赞誉：上海、成都等地相继出台了有含金量的支撑政策。[②]

此外，成都还在积极推动马术运动的开展，举办中国马术超级大奖赛暨马上生活节则是很好的契机。成都方面对此高度

---

① 黄名扬、谢陶：《成都全球赛事影响力"暴力拉升"，靠的是什么?》，《每日经济新闻》2019 年 5 月 5 日。
② 李华：《体育赛事赋能城市的五大价值和两个路径》，http：//www. yt325. cn/news - show - 1387. html。

重视，一位曾经主管体育工作多年的官员激动地表示：国际超级大城市、一线城市，哪个城市没有马术运动，马术运动就像世界名城的标签，如果你连有影响力的国际马术赛事都没有，那么只能说这个城市还略微欠缺。成都要提升一种勇敢、向上、拼搏、团结、合作、协调的城市精神，而马术运动与我们城市所需要的精神是一致的。马术运动有助于提升市民的素质，使大家崇尚健康、文明向上的生活方式。① 而国内专家也建议成都将马术运动作为重点经营的领域。

上述各种既有成就、后续发力方向和发展措施等，都会对成都建设世界赛事名城起到积极作用，促进成都形成自身的独特优势。

不过，成都也应该清醒地认识到：《国际体育城市影响力排名榜》是一项动态排名，成都这几年国际赛事较多，因此在榜上排名飙升，尤其发布机构对于世界大运会的评分较高，其在指数分析中所占权重仅次于奥运会、残奥会、橄榄球世界杯及国际足联世界杯，被列为"第五大体育赛事"，这是成都排名大幅度提升的关键因素之一。但在国人心目中，世界大运会的影响力、辐射效应未必能与亚运会等赛事相比，因此成都人也没有必要"沾沾自喜"，仅凭这个榜单就感觉自己的城市在体育综合实力方面已经明显超越上海、广州、深圳等城市，这些城市的许多经验、举措始终值得成都学习和参考。另外，成都人还应该正视一个事实：虽然成都进入了前30位，但具体位次与北京（第8位）、南京（第11位）仍有明显的差距。

三　成都的开放性与责任感

国内诸多城市同步建设体育、赛事名城或中心城市，无形

① 《覃文林：将马术超级大奖赛作为城市名片来打造》，https：//www.sohu.com/a/206221837_485930。

中会形成竞争关系，但这种竞争不能演变成恶性竞争，而应该在"全国一盘棋"的自觉意识指导下实现良性竞争与友好合作的有机统一，最终共同提升中国的体育实力，成都无疑也应当加入"抱团发展"的行列。此外，成都在发展特色运动项目、承接国内外大型赛事时，既要考虑时尚、新兴等市场方面的因素，也要注重群众基础、"接地气"等现实需要，对于武术等传统体育项目给予高度重视，促进其健康发展，真正造福市民。

（一）俱乐部建设避免恶性竞争

在国内众多城市的规划中，加强职业体育俱乐部建设、培养具有较高知名度和影响力的体育明星都是其中的重要内容，如此必然产生竞争，但各城市之间不能形成恶性竞争态势，否则很容易导致"互相拆台"、两败俱伤等严重后果。

建设高水平职业体育俱乐部并非易事，要想在短期内培养出偶像级体育明星更是难度极大。在此背景下，许多城市提出吸引俱乐部、顶尖运动员的设想也在情理之中，而且体育领域本身就需要一定的流动性，适度的流动有助于促进竞争，优化运动队伍的分布格局，从整体上提升该项目的竞技水平等。但是，如果各地都忽视本地俱乐部的建设和发展、忽略后备人才队伍的培养，一味将目光盯在引进、"挖角"等方面，则会对国内职业体育造成不良影响，过去几年国内足球、篮球界都不同程度地出现过类似问题，由于青年训练工作不够扎实，各地可用之才颇为匮乏，而一线球队又追求近期内联赛成绩上升、市场运作有新的炒作"热点"，不少球队纷纷四处高价挖人，不但国内较高水平球员的薪酬、转会费等居高不下，一些境外球员也趁机来华"捞金"，个别球队甚至开出匪夷所思的"天价"试图拉拢在欧洲顶级联赛中踢球的国际一流球星加盟。

表面上看，国内职业体育市场非常"红火"，球员转会就能使薪酬纪录不断被刷新，一些俱乐部似乎也在国际比赛中取得了不错的成绩，但最终反映到国家队的成绩截然相反，不仅足球队"冲出亚洲"近乎奢望，一直居于亚洲领先水平的篮球队如今想进入奥运会也是难上加难，与以前能够轻松获得奥运入场券形成了鲜明对比。俱乐部层面的这些操作甚至对于国家队竞技水平提高产生了负面影响——不少媒体公开评论，某些球员为保证自己在俱乐部的主力地位、高薪收入，代表国家队比赛时"出工不出力"，刻意避免高强度对抗，以免造成运动伤害。在此情形反衬下，一些尽力的球员显得格外突出：金敬道身体条件一般，但表现非常优秀，拼抢、奔跑从来不惜体力，在屡屡被球迷质疑"出工不出力"的国家队，金敬道的这个特质，显得尤其可贵。[1]

由此可见，国家队的"病症"在很大程度上要从俱乐部层面寻找"病因"，至少目前可以采取一些有力举措遏制恶性竞争。第一，严格制定合理的"工资帽"，俱乐部的钱虽然是自己的，但俱乐部参加联赛竞争必须遵循规矩，相关方面核算出适度的"工资帽"，可以在一定程度上避免少数俱乐部肆意"哄抬身价"、无秩序抢明星或尖子运动员，防止顶尖选手"扎堆"现象出现，使联赛保持充足的竞争性和观赏性。第二，以有力措施规范年轻球员出赛，不仅要规定上场的人次，更要明确一些具体数据：每个年轻选手的赛季上场总时间、单一场次年轻球员出赛时间等，避免某些俱乐部"钻空子"，例如出现年轻门将替补上场踢前锋，3分钟后又被换下等恶劣情形；同时规定严厉的罚则：一旦俱乐部在这些数据上严重不达

---

[1] 蔡创：《国足看重金敬道不惜体力，里皮依旧信任老国脚》，《青年报》2018年10月3日。

标，单场比赛甚至整个赛季的总分都要受到消极影响，甚至可能失去该级别的参赛资格。第三，正本清源，鼓励各俱乐部积极培养优秀年轻球员，对于培养工作落实得好、成效显著的俱乐部，从经费、参赛机会等方面给予倾斜，甚至在联赛积分上直接激励，"下猛药"改变当下俱乐部懈怠、青年训练乏力等不良局面。

此外，为防止俱乐部层面持续出现恶性竞争局面，各城市应当形成一种自觉，根据当地的群众体育基础、人才储备等现实条件开展俱乐部建设，不必各地都搞"大而全"，单独形成完整的职业俱乐部体系，囊括各种热门项目，尤其不要在本地人才匮乏、运动条件不完善的前提下盲目跟风，搞"低水平重复"，而要结合当地实际情况追求"小而精"，职业体育俱乐部特色鲜明、优势突出，力争做到每一家俱乐部都能成为"城市名片"。

（二）赛事名城建设中充分合作

避免俱乐部层面的恶性竞争，尚不足以体现赛事名城、体育名城等建设进程中"全国一盘棋"的整体思路和战略高度，当下国内各城市的发展规划普遍只考虑自身的建设需要，缺乏与其他兄弟城市展开合作的意识，几乎没有为城市之间有效合作预留空间，这同样是一个较为明显的瑕疵，有必要在今后实践中加以弥补。

"全国一盘棋"实际上是在全国范围内寻求资源共享、实现资源最优配置，避免无谓的资源浪费和损耗，体现在赛事名城打造、经营过程中，非常重要的一点是各城市不要追求面面俱到、运动项目全系列发展，形成"千城一面"的重复模式，而是因地制宜、各有侧重，发展各自的特色、优势项目，城市之间形成差异，既充分显示比较优势，又为开展合作提供了足够的空间。

北京冬奥会开幕的日期日益临近，"3亿人上冰雪"成为国内社会体育发展的重要目标。各地开展冰雪运动也成为流行的时尚，但各地没有必要机械理解，而应当契合本地实际推进冰雪运动发展——由于缺乏群众基础、练习人数少等，我国南方大部分城市冰雪运动发展不充分、竞技水平远不及北方，尤其是东北城市，如今固然有必要推动本地市民走上冰雪，但未必需要把冰雪运动列为重点发展的竞技体育项目，更无须"一窝蜂"建设冰雪职业俱乐部。最近几年，成都市依托西岭雪山等自然资源，积极开展体育旅游，吸引各地游客在此滑雪，与冰雪"紧密接触"，并在市区建设多家滑冰场馆、为市民开展冰上体育运动提供培训服务等，结合城市的实际状况满足市民开展冰雪运动的需要，其实就很合理。概言之，国内城市自身资源、条件差异很大，在一些具体项目的开展、提升方面应当因势利导，无须追求一致。

各城市之间在体育领域开展紧密合作，在赛事名城、体育名城等建设过程中建立"合作城市"或"伙伴城市"等关系，则是一种更高层面的自觉意识。

现阶段，国内机场建设进展很大、航空体系日渐完善，尤其是高铁迅速延伸到各地，城市间交通愈发便利，为临近城市相互扶持，最大限度地共享各自的体育场馆设施、赛事组织经验等奠定了坚实基础，两座或更多城市共同承办大赛成为现实，在京津冀、长三角、珠三角地区更是如此。不过，要实现这一构想，需要城市之间形成合作意向，并在实践中密切携手。

作为携手的第一步，临近城市之间可以在体育场馆、其他体育设施建设方面有所分工，不再各自为政在本地建设完整的运动、竞赛设施体系，而是以几个城市为一个有机整体，将不同的体育设施分散在不同城市，既减少经费开支、资源消耗，又能提高体育设施的利用率。

携手的后几步，则是在赛事申办、组织、人才培训等方面开展合作，共同夯实体育大赛的人才队伍。在这个方面，成都拥有专业体育院校——成都体育学院，且可以与四川大学、电子科技大学等高校开展合作，具有得天独厚的优势。

城市间携手的核心环节之一，则是各城市在大型赛事举办过程中紧密协作。一座城市获得赛事举办权后，临近城市在人才方面提供帮助，既保障赛事顺利举行，也为临近城市的参与人员增加实战经验，为今后开展赛事组织、运行等活动奠定基础。

不言而喻，城市间合作的最高目标，是在申办奥运会、世界杯足球赛等全球顶级赛事中相互配合，争取成功。尽管成都在官方目标中没有提及申办奥运会，但在 2018 年成都"两会"上，市政协委员蒲虎在提案中提出"成都市应大胆提出并积极申办奥运会"，虽然现阶段成都可能还不会正式提出申办，但为此做充足的准备是非常必要的。

目前来看，高铁已经将成都与重庆、西安无限"拉近"，未来几年内成都与武汉的交通也将更加便捷，这几座城市恰好囊括了我国中西部的直辖市、副省级城市，体育设施相对比较完备，加之"一带一路"倡议使中西部地区显得更加重要，未来这些城市"抱团"申办奥运会并非没有机会，如果动手早、举措有力、成效明显，还是有一定希望的。

世界杯足球赛本身就是分赛区举行的，一旦中国申办此项大赛，国内许多城市都有机会成为分赛区，成都已经两次成为亚洲杯足球赛的赛区，具备了一定基础，但也应该清醒地看到，世界杯的承办要求绝非亚洲杯可比，如果想要最终获得这样的机会，成都还需要在各方面付出极大的努力。

（三）赛事规划中关注本土项目

在推进赛事名城建设中，一个重要的考量便是以赛为媒，推动城市发展，因此充分考虑热门、时尚、新兴运动项目在情理之中，可以赢得欧美人群的关注，为城市赢得发展机遇。但是，赛事名城建设的最终目的是惠民，让体育造福市民群众，因此要"接地气"的问题，注重发展有群众基础的特色运动项目，武术则是首先要考虑的。

作为东方传统体育的杰出代表，武术除了体育方面的价值，其在展现中华传统文化上的重要性毋庸置疑："武术传播的核心是文化传承，脱离文化传承的武术传播是无源之水、无本之木。"[1] 武术是中国传统文化的"全息影像"，武术对外传播方略应从中华文化的角度出发，以弘扬中华文化精神为根本。[2] 因此，武术传播兼有文化、体育两个方面的意义。2017年1月，中共中央办公厅和国务院办公厅联合印发《关于实施中华优秀传统文化传承发展工程的意见》指出："支持中华医药、中华烹饪、中华武术、中华典籍、中国文物、中国园林、中国节日等中华传统文化代表性项目走出去。"而2019年《体育强国建设纲要》也明确提出"对标奥运会要求，完善规则、标准，力争武术项目早日进入奥运会"。

武术传播不仅是海外传播，国内传承同样非常重要，其道理很浅显：国人如果都不热爱武术，很少习练武术，我们如何对外国人、国际奥运会介绍武术的魅力。因此，在国内群众，尤其是青少年群体中普及武术，意义非常重大。

对于这一点，广东省已经非常重视。2019年7月1日起

---

① 郭玉成：《中国武术传播论》，复旦大学出版社，2008，第3页。
② 郭玉成、刘韬光：《文化强国视域下武术国际传播方略》，《成都体育学院学报》2012年第4期。

施行的《广东省全民健身条例》在第三十八条第二款中规定：
"县级以上人民政府体育、民政主管部门应当指导民族传统体
育社会组织建设，扶持推广武术、健身气功等民族民俗民间传
统运动项目，引导公众科学健身。"该条例是一部地方性法
规，如此明确的规定必然有助于武术运动的进一步发展。以峨
眉武术为代表的四川武术在国内久负盛名，有关方面也发布了
《四川武术文化传承发展工程实施方案》，作为更有力的保障
举措。广东省的做法值得成都市、四川省借鉴。

　　其实，重视武术不仅能够满足市民和群众习练武术的需
要，对于各地开展竞技武术运动也具有现实意义。2020 年 1
月 8 日，国际奥委会执委会会议将武术列入第四届青年奥林匹
克运动会的正式比赛项目，武术首次成为奥林匹克系列运动会
正式比赛项目。可以想见，未来几年内我国会愈加重视武术运
动和竞赛，一座城市夯实了武术运动的基础，既可望取得更优
异的竞赛成绩，也有可能承办更多高水平的武术赛事尤其是国
际赛事，推进城市形象传播。

　　概言之，"谋赛"与"谋城"紧密结合，使赛事经济、体
育产业、城市转型等诸多方面融为一体，促进成都全面发展，
最终实现"惠民"目标，是成都建设世界赛事名城构想的实
质所在。以"谋城"为核心的系列实践活动，不仅仅是申办、
举办体育赛事，以此为契机，努力把赛事的国际影响力持续转
化为城市的全球影响力；更是不断丰富城市的体育内涵、体育
精神，促使体育全方位渗入城市、市民生活，使体育成为城市
的精神和灵魂，使市民生活品质因体育而发生改变，变得更加
积极、健康、团结合作、奋发向上。而要实现"谋城"的目
标，成都现阶段则需要在弥补短板、夯实基础，错位竞争、
"抱团发展"等方面切实着力，尽快取得进展和突破。

参考文献

一 论著

〔美〕爱德华·格雷泽:《城市的胜利》,刘润泉译,上海社会科学院出版社,2012。

毕世民等:《中国古代体育史》,北京体育学院出版社,1990。

〔美〕布鲁斯·加里森、马克·塞伯加克:《体育新闻报道》(第2版),郝勤等译,华夏出版社,2002。

陈天华:《陈天华集》,湖南人民出版社,1982。

〔美〕丹尼尔·戴杨、伊莱休·卡茨:《媒介事件:历史的现场直播》,麻争旗译,北京广播学院出版社,2000。

〔美〕道格拉斯·凯尔纳:《媒体奇观:当代美国社会文化透视》,史安斌译,清华大学出版社,2003。

邓伟志主编《社会学辞典》,上海辞书出版社,2009。

杜婕、张秀萍:《奥运传播与文化》,北京体育大学出版社,2006。

郭玉成:《中国武术传播论》,复旦大学出版社,2008。

郝勤:《体育新闻学》,高等教育出版社,2004。

〔美〕杰克·海敦:《怎样当好新闻记者》,伍任译,新华出版社,1980。

梁启超:《新民说》,辽宁人民出版社,1994。

〔捷〕夸美纽斯:《大教学论》,傅任敢译,教育科学出版社，1999。

梁晓龙等：《举国体制》，人民体育出版社，2006。

〔美〕刘易斯·芒福德：《城市发展史——起源、演变和前景》，宋俊岭、倪文彦译，中国建筑工业出版社，2005。

卢元镇主编《体育社会学（第二版）》，高等教育出版社，2006。

鲁威人：《体育新闻报道基础教程》，中国国际广播出版社，2017。

梅贻琦：《中国人的教育》，中国工人出版社，2016。

马克思、恩格斯：《马克思恩格斯全集》（第二十三卷），人民出版社，1972。

〔加〕马歇尔·麦克卢汉：《理解媒介——论人的延伸》，何道宽译，商务印书馆，2000。

〔德〕诺贝特·埃利亚斯：《论文明、权力与知识——诺贝特·埃利亚斯文选》，刘佳林译，南京大学出版社，2005。

阮伟：《赛事：城市动态传播之灵魂》，社会科学文献出版社，2014。

苏竞存：《中国近代学校体育史》，人民教育出版社，1994。

谭华：《体育史》，高等教育出版社，2005。

体育概论编写组编《体育概论》，北京体育大学出版社，2013。

王逢振主编《电视与权力》，天津社会科学院出版社，2000。

王栻：《严复集》，中华书局，1986。

王文俊等：《张伯苓教育言论选集》，南开大学出版社，1984。

颜绍泸、周西宽：《体育运动史》，人民体育出版社，1990。

颜天民：《体育概论、体育史、奥林匹克运动、体育法规》，广西师范大学出版社，2000。

张京祥：《西方城市规划思想史纲》，东南大学出版社，2005。

中共中央马恩列斯著作编译局编《马克思恩格斯选集》（第一卷），人民出版社，1972。

〔美〕朱利安·哈瑞斯等：《全能记者必备》，宋晓男等译，中国新闻出版社，1988。

二　期刊论文

包振宇：《奥林匹克五环的锻造与救赎——工业革命与现代奥林匹克运动关系解读》，《天津体育学院学报》2012年第5期。

鲍明晓：《深化体育开放合作，打造世界赛事名城》，《先锋》2018年第10期。

鲍明晓、赵剑缘：《以世界赛事名城建设助力成都突围发展》，《先锋》2019年第9期。

陈国强：《中美马拉松赛的媒体报道比较研究——以2014年波士顿和杭州马拉松为例》，《体育科研》2015年第5期。

丁一、姚颂平：《美国职业体育俱乐部与城市发展相互关系研究——基于20世纪90年代以来的数据分析》，《成都体育学院学报》2012年第10期。

董青、洪燕、陈捷：《新媒体时代体育传播分析》，《体育文化导刊》2011年第7期。

冯培明：《清末民初的城市公园与现代体育的发展》，《体育学刊》2016年第5期。

郭玉成、刘韬光：《文化强国视域下武术国际传播方略》，《成都体育学院学报》2012年第4期。

郭正忠：《唐宋时期城市的居民结构》，《史学月刊》1986年第2期。

何金廖、张修枫、陈剑峰：《体育与城市：德国城市绿色空间与大众体育综合发展策略》,《国际城市规划》2017 年第 5 期。

胡明洋、曹政、管延伟、薄纯磊:《马拉松赛事与城市发展的联动性研究》,《辽宁体育科技》2018 年第 6 期。

黄渭铭:《孔子在体育方面的思想》,《体育文化导刊》1984 年第 3 期。

金钟、于永慧:《韩国对 2002 年韩日世界杯的经营及其效果》,《体育学刊》2008 年第 1 期。

巨生良:《社会建设几个重要问题的再认识及其重要意义》,《重庆邮电大学学报》2011 年第 1 期。

李开文、李易:《中国古代学校中的体育教学思想——文武兼备　学以致用》,《文山师范高等专科学校学报》2009 年第 4 期。

李伟艳、郎勇春:《现代学校体育育人思想的发展研究》,《当代体育科技》2018 年第 22 期。

李小兰:《现代大型体育赛事的内涵、特征与社会功能》,《体育文化导刊》2010 年第 4 期。

梁松尚:《民国时期的体育场研究》,《体育文化导刊》2016 年第 8 期。

林伯原:《试论两宋民间结社组织的体育活动》,《体育科学》1987 年第 2 期。

刘桂海:《"体育是什么":一个概念史的考察》,《体育与科学》2015 年第 4 期。

刘叶郁:《规约的惩罚:古代奥运会拒绝女性参与的社会学解读》,《南京体育学院学报》(社会科学版)2016 年第 2 期。

刘永风、何金、汤卫东:《论残疾人体育权利的发展与保障》,《山东体育学院学报》2008 年第 12 期。

刘永风、汤卫东、何金:《论我国残疾人体育权利保障中的软法体系建设》，《首都体育学院学报》2010 年第 6 期。

刘云发、陈滔：《政府管理创新与社会公共体育产品的均等供给》，《广州体育学院学报》2014 年第 3 期。

马尚奎：《新中国初期我国群众体育发展的历程探究》，《兰台世界》2013 年第 7 期。

尼科斯·亚罗尔斯：《古希腊的体育教育》，阿凡译，《体育文化导刊》1990 年第 3 期。

宁欣：《中国古代市民争取话语权的努力——对唐朝"罢市"的考察》，《中国经济史研究》2009 年第 3 期。

牛永刚、和海珍：《毛泽东撰写〈体育之研究〉原因考略》，《体育文化导刊》2014 年第 5 期。

仇军：《大众体育中的公民权利与政府作为》，《体育科学》2003 年第 6 期。

任刚：《宋代诗词中的体育活动解读》，《语文建设》2014 年第 8 期。

宋忠良、张玉国：《南京打造世界体育名城的优势及挑战》，《体育科技》2018 年第 5 期。

苏肖晴、易剑东：《中国近代体育用品的生产与销售》，《体育文史》1997 年第 3 期。

孙文：《精武本纪序》，《体育文史》1983 年第 1 期。

谭华：《现代体育形成的前提条件》，《成都体育学院学报》1995 年第 1 期。

庹继光：《"传播的马拉松"利弊及其调适》，《西部广播电视》2019 年第 19 期。

庹继光、寒莉：《社会楷模"网红化"传播现象辨析》，《编辑之友》2018 年第 8 期。

庹继光、田秋生：《体育传播中的媒介话语权分析——以电视体育传播为例》，《广州大学学报》2008 年第 5 期。

王红：《对马拉松运动"媒体奇观"现象的探析》，《新闻爱好者》2017 年第 8 期。

王静：《体育促进中国文化对外传播的研究》，《体育文化导刊》2012 年第 10 期。

文瑾：《宋代市井体育休闲文化考略》，《新闻爱好者》2009年第 16 期。

吴方敏：《2016 武汉马拉松全媒体报道观察分析》，《新媒体研究》2016 年第 15 期。

徐臣攀：《中国古代市民与市民城市——以市民从业与消费为中心》，《西部学刊》2018 年第 12 期。

阎世铎、陈雪玲、董新平：《欧洲体育场馆的"二次革命"》，《国际市场》1997 年第 10 期。

于淼：《我国残疾人体育健身示范点建设项目研究》，《中国残疾人》2019 年第 12 期。

余文倩：《西风渐进：民国时期成都市民的娱乐生活——以现代体育的传入与流行为中心》，《成都大学学报》2011 年第 3 期。

张丽萍：《欧洲中世纪基督教文化对体育的全面影响》，《当代体育科技》2012 年第 36 期。

张全明：《论中国古代城市形成的三个阶段》，《华中师范大学学报》（人文社会科学版）1998 年第 1 期。

张锐：《古希腊雅典的体育教育》，《中国学校体育》1995年第 1 期。

张吾龙：《赛事组织对现场观众影响的策略》，《广州体育学院学报》2006 年第 2 期。

张新：《论现代体育"文明竞赛"的历史生成》，《成都体育学院学报》2019 年第 6 期。

张学军：《宋代瓦舍与体育》，《体育文化导刊》2009 年第 11 期。

张颖慧、姚芹、李南筑：《上海体育赛事发展的国际比较——以与纽约、伦敦、墨尔本的比较为例》，《体育科研》2010 年第 1 期。

赵新平：《从路歧人、瓦舍、会社看宋代市民体育的开展状况》，《成都体育学院学报》2009 年第 10 期。

三　学位论文

丁一：《中美职业体育俱乐部与城市互动关系的比较研究》，上海体育学院博士学位论文，2013。

冯培明：《论清末民初我国城市公园与现代体育的发展》，华南师范大学硕士学位论文，2009。

马晓枫：《传播的奥运　奥运的传播——奥运与大众传媒关系研究》，华中师范大学硕士学位论文，2007。

邢尊明：《我国大型体育赛事优化管理理论与实证研究》，福建师范大学博士学位论文，2008。

查雨霏：《电视媒介对广西形象建构初探——以〈大美广西〉为例》，广西大学硕士学位论文，2013。

四　报刊文章

鲍明晓：《利用大型体育赛事促进城市发展》，《万盛日报》2017 年 11 月 3 日。

蔡闯：《一座美丽的城市，一场美好的盛事》，《光明日报》2010 年 11 月 26 日。

蔡创：《国足看重金敬道不惜体力，里皮依旧信任老国脚》，《青年报》2018 年 10 月 3 日。

蔡元培：《对于新教育之意见》，《东方杂志》1912 年第 8 卷第 10 期。

蔡元培：《在浙江旅津公学演说词》，《大公报》1917年7月14日。

陈冰、王仲昀：《上海体育产业：多元创造，潜能无限》，《新民周刊》2019年第19期。

陈独秀：《今日之教育方针》，《青年杂志》1915年10月15日，第一卷第二号。

陈独秀：《新青年》，《新青年》1916年9月1日，第二卷第一号。

陈甘露、赖芳杰：《成都打造全民健身第四城》，《华西都市报》2016年3月29日。

陈菁菁：《无锡马拉松连续三年荣获"金牌赛事"》，《无锡日报》2018年1月28日。

陈轶：《顶级赛事提升城市形象，无锡从"三足鼎立"到"五朵金花"》，《无锡日报》2019年10月21日。

程晖：《环青海湖赛让体育赛事成为青海经济增长新亮点》，《中国经济导报》2016年10月31日。

程彤辉、王烨捷：《中外教练直戳校园足球软肋》，《中国青年报》2015年7月13日。

慈鑫：《马拉松式生活在中国悄然兴起》，《中国青年报》2014年1月5日。

邓红杰：《体育产业助推城市转型发展——全民健身战略下的万盛实践之二》，《中国体育报》2019年4月26日。

范海杰：《促进体育与城市融合发展》，《徐州日报》2018年2月16日。

弗兰克·阿斯卡尼：《体育是电影不尽的灵感源泉》，《中国艺术报》2012年11月26日。

高崇成：《武汉渐成"赛事名城"》，《武汉晚报》2018年6月12日。

〔法〕顾拜旦：《体育颂》，詹汝琮译，《新体育》1982 年第 8 期。

韩秉志：《近 7 年参加体育锻炼人口增加 5.7%》，《经济日报》2016 年 6 月 24 日。

韩秉志：《全民健身助推体育产业加速"跑"》，《经济日报》2019 年 12 月 9 日。

韩成栋：《重庆马拉松赛 19 日南滨路开跑，央视体育频道将全程直播》，《重庆日报》2011 年 3 月 3 日。

郝勤、宋秀平、李杨：《古代四川的民间体育竞技》，《华西都市报》2016 年 8 月 13 日。

胡锐凯、肖竹：《连续六年高增长　成都体育产业进入快车道》，《成都日报》2018 年 9 月 18 日。

黄名扬、谢陶：《成都全球赛事影响力"暴力拉升"，靠的是什么?》，《每日经济新闻》2019 年 5 月 5 日。

黄文：《深圳体育产业带动相关产业产值近 4300 亿元》，《深圳晚报》2018 年 4 月 25 日。

黄文：《今年深圳将办 542 场体育赛事活动》，《深圳晚报》2019 年 4 月 30 日。

黄一可：《传播城市知名度和美誉度　增强城市软实力和影响力》，《成都日报》2018 年 5 月 13 日。

黄一可：《成马给成都带来什么》，《成都日报》2019 年 10 月 29 日。

黄一可、胡锐凯：《成都市民快来，市民奥运会人人可参与》，《成都日报》2015 年 9 月 25 日。

黄子诚：《浙江残疾人体育事业成绩斐然》，《体坛报》2013 年 6 月 20 日。

季芳：《北京冬奥组委派出观察员平昌取经》，《人民日报》2018 年 2 月 9 日。

季芳：《如何提升公共体育服务?》，《人民日报》2013 年 1 月 9 日。

季芳：《外国媒体聚焦羊城，广州亚运会开端良好》，《人民日报》2010 年 11 月 12 日。

季浏：《"欲文明其精神，必先野蛮其体魄"》，《文汇报》2007 年 4 月 2 日。

贾晓宏：《运动不足是最大的"流行病"》，《北京晚报》2015 年 8 月 24 日。

蒋百里：《军国民之教育》，《新民丛报》1902 年第 22 号。

金汕：《北京给世界留下独一无二的遗产》，《光明日报》2008 年 9 月 11 日。

金学耕、赵嫣、刘恺：《俄罗斯体育部长穆特科：赛事筹办向北京看齐》，新华网俄罗斯喀山，2013 年 7 月 16 日。

赖臻：《北京将全力打造国际体育中心城市》，《北京青年报》2010 年 11 月 17 日。

雷玲、王定立：《亚运会畅想：武汉走向世界舞台》，《武汉壹周》2012 年 10 月 31 日。

李晶：《萨马兰奇语录：我从中国收获了爱和友谊》，《成都商报》2010 年 4 月 22 日。

李睿、迟昕欣：《广州亚运会引世界关注，近九百家媒体蜂拥来报道》，《今晚报》2010 年 11 月 19 日。

李硕、季芳：《中国残疾人体育彰显国际影响力》，《人民日报》2017 年 9 月 6 日。

李皖生：《步行与健康的新概念》，《科学养生》2009 年第 10 期。

李奕、杜玉全：《一场创下多项纪录的国际赛事圆满收官，让世界看到怎样的成都?》，《成都商报》2019 年 8 月 21 日。

李泽文：《顶级赛事来皖的台前幕后》，《新安晚报》2013

年 7 月 12 日。

李志刚：《鲁能明日赴广州集训》，《齐鲁晚报》2018 年 1 月 6 日。

刘凡：《巨额投入拖累雅典奥运景气》，《市场报》2004 年 8 月 27 日。

刘海：《成都：康复体育进社区，助残为民添活力》，新华社成都，2017 年 5 月 18 日。

刘洪宇：《盛会"一石入池"，城市经济被激活》，《辽宁日报》2012 年 6 月 1 日。

刘师培：《军国民的教育》，《中国白话报》1904 年第 10 期。

刘硕阳：《厦门马拉松，精彩十八年》，《人民日报》2020 年 1 月 9 日。

骆晓昀：《上海启示：公共面积少，体育服务不能少》，《瞭望东方周刊》2019 年第 21 期。

马晨曦：《马拉松赛带动衡水招商引资"跑"上快车道》，《衡水日报》2016 年 9 月 19 日。

毛庆、张昊：《近九成市民为青奥会举办自豪，过半市民幸福感因此提升》，《南京日报》2014 年 7 月 14 日。

毛泽东：《体育之研究》，《新青年》1917 年 4 月 1 日，第三卷第二号。

孟武斌、薛剑、周维：《大力士冠军赛引发收视潮，世界将了解成都》，《成都晚报》2005 年 10 月 6 日。

倪方六：《中国古代体育场是啥模样》，《北京晚报》2015 年 10 月 8 日。

《广州亚运会：科技让亚运生活更美好》，《人民日报》2010 年 11 月 26 日。

《罗马或退出 2024 年奥运会申办》，新华社罗马，2016 年

9 月 21 日。

《南京 2020 年欲打造世界体育名城》，《扬子晚报》2012年 9 月 5 日。

《全省首个地市智慧体育服务平台上线》，《体坛报》2019年 1 月 15 日。

《运动是最好的抗衰老药》，《大河健康报》2018 年 11 月30 日。

《走路预防心脏病》，《幸福：悦读》2017 年第 11 期。

彭博：《产业规模近 2000 亿元》，《南方日报》2018 年 12月 27 日。

彭凯平：《幸福产业是新的经济增长点》，《人民日报》2019年 8 月 20 日。

彭祥萍：《四川去年举办马拉松规模赛事 62 场，成马获"最美赛道"》，《成都商报》2019 年 3 月 14 日。

祁绩：《跑出南京"加速度"，迈向"世界体育名城"》，《江苏商报》2019 年 4 月 23 日。

钱晞：《成都全民健身运动会冰上趣味赛收官》，《四川日报》2018 年 12 月 2 日。

秦东颖：《受惠"体育公益券"，静安人健身更勤了》，《解放日报》2019 年 10 月 9 日。

秦怡、杨晨：《世警会，让世界看到成都的魅力》，《华西都市报》2019 年 8 月 13 日。

阙政：《全民健身：让市民享受美好时代》，《新民周刊》2019 年第 19 期。

任璇：《全球 14 亿人缺乏锻炼!》，《健康时报》2018 年 9月 11 日。

社论：《大家都来关心奥林匹克》，《体育报》1979 年 12月 17 日。

史舒频:《够智能!湖州率先打造公共体育"一站式"服务平台》,《湖州日报》2019年6月27日。

苏全有:《"东亚病夫"从何时开始流行?》,《南方都市报》2015年7月21日。

孙嘉晖、景泽庚:《广州市民畅享体育新生活》,《广州日报》2018年10月25日。

孙嘉晖、夏振彬:《市体育局打造"群体通"平台,优化体育场馆资源配置》,《广州日报》2019年7月27日。

王拓:《龚锦源:与球王切磋,曾拯救四川足球》,《成都商报》2017年5月2日。

王小青、徐墉:《杭州亚组委赴武汉考察大型国际赛事筹办工作》,《杭州日报》2019年10月21日。

王雄:《福建晋江确定申办2020年世界中学生运动会》,新华网福州,2017年6月1日。

卫张宁:《经济危机拖累里约奥运会:被负面消息包围》,《京华时报》2016年7月11日。

文阳:《赛事名城,助大城崛起》,《成都商报》2019年8月19日。

翁夏:《对标先进借鉴经验,高标准筹办亚青会》,《汕头日报》2019年11月11日。

吴强:《长跑是中产阶级的新宗教》,《时尚先生》2014年第12期。

肖春飞:《何振梁三说刘翔》,《济南时报》2008年3月17日。

肖竹、陈浩:《以赛谋城,以赛兴业》,《成都日报》2019年8月23日。

辛文:《中国马拉松年度报告出炉,1581场马拉松跑过2018》,《青岛晚报》2019年3月12日。

熊艳:《高标准打造世界赛事名城》,《成都日报》2019年7月17日。

徐晶卉、唐玮婕:《上海开足马力巩固电竞产业优势地位》,《文汇报》2018年11月29日。

徐小怗、邵艺:《南京青奥会绿意深几许?》,《中国环境报》2014年9月2日。

徐墉:《杭州亚组委赴日本考察大型国际赛事筹办工作》,《杭州日报》2019年3月12日。

薛欢、罗斯、滕杨:《打造世界赛事名城,用本土元素塑造成都时尚IP》,《成都晚报》2018年9月26日。

闫斌:《打造"赛事名城",西安再出发》,《西安晚报》2019年1月15日。

颜芳:《国际奥委会盛赞南京青奥会》,《新华日报》2014年8月29日。

严蕾:《高志丹:中国冬季运动发展将向日韩学习》,新华社,2018年9月13日。

谢笑添:《奥运会让巴塞罗那"重生",多样化运营拒绝"白象"》,《文汇报》2014年9月10日。

杨骏、唐璨:《重庆盘活主城区边角地　建设社区体育文化公园》,《重庆日报》2018年9月30日。

杨磊、杨乔栋:《北京将为群众体育提供更大舞台,让政策惠及每个老百姓》,人民网,2017年5月4日。

杨薇、冯婧婧、陈炜贤:《可爱"绿羊羊"展现广州时尚文明风貌》,中新网,2010年11月27日。

姚冬琴:《外媒的奥运视角》,《中国经济周刊》2008年9月1日。

叶志明:《生活体育演绎快乐健身》,《文汇报》2008年11月29日。

《北京市 44 个社区体育设施将升级》,《京华时报》2016 年 12 月 17 日。

尤梦瑜、王黎刚:《"三大赛"打造海南体育旅游金名片》,《海南日报》2018 年 10 月 15 日。

于晓波:《"体博会"山东揽获体育旅游双"十佳"》,《大众日报》2018 年 12 月 15 日。

乐艳娜:《个体体验校正中国印象》,《环球》2008 年第 17 期。

岳德亮:《杭州致力打造会展之都赛事之城》,《中国改革报》2017 年 10 月 12 日。

查娜:《市民可免费报名参加全国自行车邀请赛》,《北方新报》2016 年 8 月 23 日。

张海虎:《青海体育:倚仗"劣势"频亮剑》,《西海都市报》2011 年 3 月 9 日。

张建松、吴霞:《体育精神融入城市血脉　体育塑造上海城市的品格》,《解放日报》2011 年 6 月 15 日。

张蕾:《深圳人均体育消费 2500 元》,《深圳商报》2018 年 12 月 24 日。

张伟:《我国体育人口不到 10%》,《新民周刊》2009 年 11 月 4 日。

张源源、王成兵、卢伟:《青奥完美无缺,南京美不胜收》,《南京日报》2014 年 8 月 29 日。

章丽倩:《"300 指数"总分上升令人满意》,《东方体育日报》2019 年 8 月 23 日。

赵乾铮:《常打网球,增寿十年》,《生命时报》2018 年 9 月 21 日。

郑轶、陈晨曦:《体育改革深化　内涵更丰富功能更多元》,《人民日报》2016 年 12 月 30 日。

钟茜妮：《建设世界赛事名城，成都吹响集结号》，《成都商报》2019 年 8 月 23 日。

钟文：《巴塞罗那是一座拥有体育精神城市》，《人民日报》2013 年 7 月 29 日。

周恒：《马拉松"跑出"20 亿市场》，《每日经济新闻》2015 年 10 月 6 日。

周敏：《100 户残疾人家庭喜领体育器材》，《汕头日报》2018 年 12 月 27 日。

周玥廷：《成都元旦越野跑已找到 23 位老冠军》，《成都商报》2013 年 12 月 26 日。

周志坤、岳宗：《情牵亚洲盛会意暖一枝一叶》，《南方日报》2010 年 12 月 15 日。

朱小龙、景泽庚：《建设体育名城，广州的全新历史使命》，《南方日报》2018 年 9 月 20 日。

朱彦：《以赛事为平台，带动体育产业发展》，《南京日报》2018 年 5 月 11 日。

宗倩倩：《亚洲杯 18 座申办城市考察结束》，《钱江晚报》2019 年 9 月 11 日。

五　网络文献

北京冬奥申委：《奥林匹克价值观的系统建构与教育价值》，http：//news. youth. cn/gn/201503/t20150328_6551245. htm。

陈作：《四川省残疾人网球队——以爱心构筑希望，以实力走向胜利》，https：//www. sohu. com/a/317067837_280500。

成硕：《韩国平昌奥组委"取经"里约奥运》，http：//world. people. com. cn/n1/2016/0823/c1002 - 28659620. html。

戴璐岭：《成都市民运动健身热情高，体育消费潜能有待激发》，http：//scnews. newssc. org/system/20161010/000712709. htm。

李德英：《公共空间与大众文化：以近代成都少城公园为例》，载《第二届世界中国学论坛论文集》，上海，2006。

李华：《体育赛事赋能城市的五大价值和两个路径》，http：//www. yt325. cn/news－show－1387. html。

林伟：《毛泽东对奥运会的贡献我们不会忘记》，http：//cpc. people. com. cn/GB/64093/64103/7682241. html。

孟武斌、王浩儒、何鹏楠：《大运会走进社区，成都市首届社区运动节来了》，https：//baijiahao. baidu. com/s？id＝1651690873372825800&wfr＝spider&for＝pc。

彭澎：《盘点亚运会——亚运会究竟给广州带来什么？》，http：//blog. fang. com/22324976/11017340/articledetail. htm。

史玮、张越、李思仪：《萨马兰奇：通过萨马兰奇体育频道让全世界更了解中国体育》，http：//www. cankaoxiaoxi. com/sports/20170904/2227694. shtml。

田伟、陈建族：《10年间广州体育场地数量增长近一倍》，http：//gd. people. com. cn/n/2015/0331/c123932－24340243. html。

王亚夫：《古希腊时期的城市规划思想》，https：//www. sohu. com/a/252261238_100210613。

维尔弗里德·莱姆克：《体育对实现可持续发展目标的作用》，https：//www. un. org/zh/chronicle/article/20822。

杨磊：《交流互鉴、融合发展，马拉松让中国与世界紧密相连》，http：//sports. people. com. cn/n1/2019/0603/c401891－31116877. html。

杨平：《体育让城市更美好》，http：//www. yznews. cn/p/285832. html。

《成都市体育局学习贯彻市委常委会议精神　研究部署落实举措》，http：//tyj. sc. gov. cn/sctyj/jcgk/2019/6/11/d98cc5

1d4d9e48638cb4079180b18a8e. shtml。

《覃文林：将马术超级大奖赛作为城市名片来打造》，https：//www. sohu. com/a/206221837_485930。

《青奥会给我们留下了什么》，http：//opinion. people. com. cn/n/2014/0828/c159301 - 25556140. html。

后　记

  2019 年暑期，成都承办了第十八届世界警察和消防员运动会（简称世警会），成为亚洲第一个举办世警会的城市，这次体育赛事对于成都而言同样意义非凡，它是迄今成都市举办过的最大规模的体育盛会，其成功举办为成都进一步积累了举办重大国际赛事的经验，对于推动成都世界赛事名城建设具有里程碑意义。

  我曾经担任过多年的体育记者，自然对于体育赛事、体育传播，以及体育与城市的发展等问题比较熟悉，因此在与其他蓉城市民一道围观世警会的精彩比赛之余，便也不禁有所思考：能否结合当下自己的研究领域和方向，写一点东西？前后思考了几天，最终决定从成都建设世界赛事名城的视角切入，深入分析体育与城市协同发展的问题，并且初步形成了大体框架。

  恰好在秋季开学前夕，我曾经指导过的硕士研究生、如今在四川轻化工大学任教的张晁宾来成都找我，两人谈起各自最近的科研工作时，晁宾感觉自己难以找到合适的题材做一点较为深入的研究，希望我能为他出一些点子，而我也觉得自己撰写一部书稿太过辛苦，有心找人合作；基于如此想法，双方基本上"一拍即合"，迅速达成了初步协议，共同撰写这部书稿。后来，考虑到书稿中许多内容涉及法律问题，又邀请刚从复旦大学毕业、拥有法学与新闻传播学双重学术训练基础的李缨博士加入，共同完成本书的初稿撰写。

三人合作的想法确定后，必然涉及具体的分工问题：晁宾年轻、精力旺盛，正处于科研"上台阶"的年龄段，自己主动提出要多做一些事情，我也有心让他多接受一些锻炼，自然在初稿的撰写方面有意识地向他"倾斜"；全书第四章的内容涉及诸多法律问题，交给李缨博士来完成，余下的部分则由我来"操刀"。于是，我们确定了如下基本分工。

庹继光：撰写第三章、第五章，负责全书统稿，并承担联系出版社等事务性工作，明确为本书第一作者。

张晁宾：撰写绪论、第一章和第二章，为本书第二作者。

李缨：撰写第四章，为本书第三作者。

去年秋季开学后，我们分头开始撰写各自负责的书稿内容，我除了抓紧搜集资料、写第三章和第五章之外，还赶紧草拟本书的内容简介、主题和意义等，提供给出版社申报选题之用，为书稿寻找可靠的"后路"。在此过程中，幸得社会科学文献出版社韩祎然编辑等人大力支持，在较短时间内即成功向出版社申报选题，并及时签订了出版合同，解除了我们的"后顾之忧"。我们颇受鼓舞，写作速度似乎也比先前加快了一些。最终在今年元旦后不久，大家把各自承担的部分完成了，行文风格各异，甚至在格式上也存在些许差异的书稿汇集到我这里，等待我统一风格、修改瑕疵、调校格式，尽快把基本成形的书稿提交出版社，毕竟这部书稿还是讲究时效的。

临近春节，原本打算好好出去消遣、放松一下，甚至已经计划了国内、境外的不同旅游线路，但突如其来的新冠肺炎疫情止住了我们出游乃至探访亲友的步伐，只好蜗居在家。本来，发生如此严重的疫情对于所有人而言都不是好事，疫情打乱了人们正常的生活安排和节奏，但对于完成书稿统稿等工作来说，也算得上"因祸得福"，简单划一的生活使我拥有大量的整块时间去理顺文字、核对注释，并且可以在空荡荡的学校操场上独自漫步，思考许多细节之处的行文语气、逻辑勾连等，竭尽所能减少可见的瑕疵和缺憾，让书稿更加完善。如此单调、重复的生活几乎持续了近两个月，终于处理完全部的书稿，又分别发给两位合作者斟酌，最终大家都觉得文稿已经没有明显的瑕疵，可以提交出版社了，此时已经到了暮春时节。

目前，书稿即将付梓，作为撰写者的代表，我都有许多话想说。有许多人值得我们或者我自己表达谢意。

感谢相关学者为本书的撰写提供学术思想。在书稿撰写过程中，我们从海量的学术著述中汲取了丰厚的"精神营养"，这些学术精华在相当程度上支撑起本书的骨架和脊梁。

感谢刘海贵教授热情作序。刘海贵教授是我在复旦大学从事博士后科研工作期间的导师，也是李缨博士在复旦大学攻读博士学位时的导师，历来对弟子的学术发展和进步高度关切，时常表达关爱之情，此次再度为弟子的新作撰写了热情洋溢的序言，个人常感愧对导师的赞美，更愿意把老师的话语视为今后继续奋斗的行动指南，不遗余力朝着老师引导的方向和目标前进。

·感谢四川师范大学人文社科处、文学院分别为本书出版提供资助，解了我们尤其是本人的"燃眉之急"，否则本书的出版不免会多许多周折，甚至在撰写中途"夭折"也未可知。

感谢两位合作者张晁宾硕士和李缨博士与我一道完成了书稿的撰写工作，大家一起期盼新书问世。当然，作为本书的第一作者，我必须对全书可能存在的观点偏差、文字疏漏等承担完全的责任，即使这些不足或瑕疵并不在我个人负责的章节中，因为全书的框架结构是我提出来的，最终的书稿也是我负责统稿、校对的，对于一切不应有的疏忽我都不能逃避责任。

最后，衷心感谢社会科学文献出版社的韩祎然、吴云苓、宋静等诸位编辑，他们帮助我们完成了论著出版过程中的诸多事务，从申报选题、签订合同及编校书稿、封面设计等，他们都尽心尽力，最终促使小书得以在最短时间内与读者见面。

一连串感谢的话说完，自己顿时觉得心里轻松、舒坦了许多。

当然，对于我们而言，本书的出版都只是学术生涯的一次短暂停顿，是各自学术经历中一个小小的逗号。或许可以等到拿回崭新的样书，或许还来不及等到那一天，我们又得重新"上路"，开始忙碌新的学术活动。

"在路上"，其实是所有学术工作者的常态。在此，唯愿各位同道都走得顺畅、稳妥，能够尽快达到预期目标。

以此与大家共勉。

虞继光
庚子年农历七月于狮山陋室

图书在版编目（CIP）数据

体育与城市互动提升论：基于成都建设世界赛事名城/庹继光，张晁宾，李缨著.--北京：社会科学文献出版社，2020.9

ISBN 978-7-5201-6910-3

Ⅰ.①体… Ⅱ.①庹… ②张… ③李… Ⅲ.①运动竞赛-关系-城市-形象-研究-成都 Ⅳ.①G808.22 ②F299.277.11

中国版本图书馆 CIP 数据核字（2020）第 128083 号

体育与城市互动提升论：基于成都建设世界赛事名城

著　者／庹继光　张晁宾　李　缨

出　版　人／谢寿光
组稿编辑／邓泳红
责任编辑／张　超　吴云苓

出　　版／社会科学文献出版社·皮书出版分社（010）59367127
　　　　　地址：北京市北三环中路甲29号院华龙大厦　邮编：100029
　　　　　网址：www.ssap.com.cn
发　　行／市场营销中心（010）59367081　59367083
印　　装／三河市尚艺印装有限公司

规　　格／开本：787mm×1092mm　1/16
　　　　　印张：19.25　字数：236千字
版　　次／2020年9月第1版　2020年9月第1次印刷
书　　号／ISBN 978-7-5201-6910-3
定　　价／128.00元

本书如有印装质量问题，请与读者服务中心（010-59367028）联系